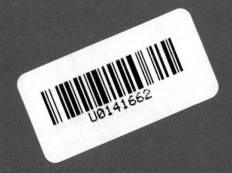

唐浩明——著

貳

張之洞

這是一個成功的人生——

少年解元，青年探花，中年督撫，晚年宰輔。

這也是一個備受奚落的人物——

起居無時，號令無節，行爲乖張，巧於仕宦。

國家圖書館出版品預行編目資料

張之洞／唐浩明著. -- 初版. -- 臺北市：遠流, 2002[民91]
冊： 公分

ISBN 957-32-4712-7(全套：平裝). -- ISBN 957-32-4713-5(第1冊：平裝). -- ISBN 957-32-4714-3(第2冊：平裝). -- ISBN 957-32-4715-1(第3冊：平裝). -- ISBN 957-32-4716-X(第4冊：平裝). -- ISBN 957-32-4717-8(第5冊：平裝). -- ISBN 957-32-4718-6(第6冊：平裝)

857.7　　91013621

張之洞（共六冊）

〈貳〉

作者　唐浩明
主編　李佳穎
執行編輯　洪淑暖
封面設計　唐壽南
發行人　王榮文
出版發行　遠流出版事業股份有限公司
臺北市汀州路三段一八四號七樓之五
郵撥：0189456-1　電話：(02)2365-1212
傳真：(02)2365-7979　(02)2365-8989
著作權顧問　蕭雄淋律師
法律顧問　王秀哲律師／董安丹律師
印刷　一展印刷事業有限公司
初版一刷　2002年9月1日
初版二刷　2003年3月15日
ISBN　957-32-4712-7（全套：平裝）
ISBN　957-32-4714-3（第二冊：平裝）

YLib 遠流博識網
http://www.ylib.com　E-mail:ylib@ylib.com

定價250元

目錄

上卷（下）

第四章 晉祠知音

1 為了五萬兩銀子，張之洞不得不違心替票號老闆辦事

桑治平回到太原後，將此次解州之行的詳情向張之洞作了稟告。閻敬銘用世之心既未消亡，復出的可能性就存在着。這些年來之所以詔命數下而不應，除開先前的過節沒有化除之外，關鍵之處乃在於他不知道太后將會如何安置他，會給他一個甚麼職位。張之洞覺得自已有責任向太后挑明這一點，告訴太后：閻敬銘是個咸豐朝就做過藩司，同治朝就做過巡撫、侍郎的有功老臣，此番既然再次請他出山，宜拜協辦大學士，至少應給一個尚書；否則，就不能表明朝廷敬老尊賢的誠意。

但如此重大的人事建議，是不能隨便向太后提出來的，張之洞深知此中干係。今日朝中可以向太后進這種言的，只有恭王、醇王等幾個很親近的王公大臣。是否可以通過醇王來向太后轉達這個意思呢？冷靜地掂量掂量自已與醇王的關係，張之洞只得放棄了這個想法。要麼，將此意思告訴子青老哥，再請老哥寄信給醇王呢？繞一個這大的圈子，也似乎過份了點。

反覆斟酌後，張之洞決定不提這個敏感的事，而是以山西巡撫的身份，重提光緒三年閻敬銘在山西的業績，以至於三晉父老至今仍不忘朝廷的恩德。又細細地說明閻敬銘前些年之所以未應詔復出，實因右臂麻痹、左腿痛風之故，並非出於別的原因。此次派人前去解州，親眼看到閻敬銘腿臂風痹之疾已近

痊癒，精力彌滿，足可為國再擔大任，且本人亦願意為朝廷效力。

他將親擬的這份奏折交人謄正後，鄭重其事地放炮拜發，然後開始部署必須立即着手的幾樁大事。首先要做的是鏟除罌粟，恢復莊稼。張之洞將它列為治理山西的頭等大事。他把藩司葆庚請來，要葆庚主持這件事。

葆庚裝了一肚子勸張之洞不要清查庫款的理由，但張之洞就是不提清庫這樁事。葆庚也就不便說。他以一副極為誠懇的態度對巡撫說，鏟除罌粟，復種豆麥是件很好的事，但這裏面困難很大，農人也不是不知道豆麥的重要，但罌粟的收入要強過豆麥十倍，利益驅使他們棄道義於不顧，現在要他們丟掉這樁大宗收入，他們會有牴觸。何況山西農人已多年不種莊稼了，許多農家的耕牛賣了宰了，種籽也沒有了，現在一時半刻叫他們從哪裏去找耕牛種籽？

張之洞說，罌粟獲利再多，也不能種下去。農人愚昧，只圖眼前，不圖將來，只顧自己，不顧國家。這就需要我們來強行撥亂反正。本部院將向朝廷稟報此事，請來聖命，不管有多大的阻力，都不能動搖；至於缺少耕牛種籽，可以向鄰省去買。葆庚忙說，買牛籽要大批銀子，現在藩庫緊絀，哪來這筆銀子！

此事張之洞早已思慮良久。的確，眼下藩庫的賬簿上是拿不出這筆銀子來，那銀子又從何處出？山西積貧，簡直找不到籌措這筆開支的任何法子。思來想去，還只有把希望寄託在清理庫款上。憑着多年官場的經驗，張之洞知道藩庫裏必有油水可撈。不僅僅是為着整飭吏治的長久目標，即便為解決眼前的燃眉之急，也必須清查藩庫，而且還必須從中清出一筆銀子來。否則，這個山西巡撫怎麼做得下去！

為清庫這事，葆庚已費盡心機。他比誰都明白，此事真正非同小可，一旦查出自己的問題來，必被革職查辦，說不定還會抄家坐班房，自己的一生毀了不說，還要累及妻妾子女。一定要制止這個愛出風頭的名士巡撫的沽名釣譽之舉。王定安的計策不妨拿來試試。

「中丞，聽說您要清查藩庫賬目？」猶豫片刻，葆庚還是提出了清庫的話題。

「是的。」張之洞坦誠地回答。「山西藩庫三十年來未清理過，真是咄咄怪事。普天之下，怕找不出第二個來了。我身為山西巡撫，怎麼能容忍這種怪事繼續存在？」

張之洞的答覆如此斬釘截鐵，葆庚一時語塞，遲疑片刻後說：「三十年來沒有清查過，賬目混亂，許多舊賬已無從查起，如何着手？何況一旦認起真來，便要牽涉到好些個前任巡撫，豈不更麻煩？」

「葆翁放心。」張之洞胸有成竹地說，「清查起來困難很多，這是一定的，但事在人為，只要下定決心去做，沒有辦不成的事。至於對歷屆前任的牽涉，我想自然免不了，將來要具體對待。凡不是存心貪污中飽，我看都可以不再追究，把賬目理清楚就行了。如果有人在裏面混水摸魚，把朝廷的銀子和山西父老的血汗據為己有的話，張某人將對他不客氣。」

說到這裏，張之洞想起了曾國荃。他知道葆庚與曾國荃的關係非同尋常。為了讓這位布政使明了自己的堅定態度，他特意強調：「不管他是誰，也不管他過去有多大的功勞，如今有多高的地位，我張某人都不會畏懼。只要真憑實據在手，我都敢參劾。」

葆庚的心震動了一下。張之洞的這番話，與他先前的那些奏折上的文字如出一轍，果然是一個名不虛傳的強硬漢子。看來要制止他不清庫款是做不到的了，只有拿出王定安的中策來，若能接受，至少這把火不會燒到自己頭上來。

葆庚立即換了一副完全贊同完全擁護的態度，笑着說：「中丞，您的膽識和正派令我欽佩不已。我在山西做了五年藩司，藩庫不清，我是負有責任的。五年前我從甘肅來到山西時，就看出這個問題，也想向沅甫宮保提出。但中丞知道，那時山西旱災嚴重，賑災之事尚且辦不贏，哪有空閒來忙這搭子事。後來沅甫宮保調赴前線，靜瀾中丞來太原。我又想跟他提出此事。中丞，不是我背後說靜瀾中丞的壞話，他是個多一事不如少一事的人。相處一段時期後，我就看出他這個性格，這事也便不能提了。現在中丞有這個決心，我就有了靠山。這本是我的份內事。乾脆，您就把它交給我吧，我一定會把三十年舊賬料理得一清二楚。至於鏟罌粟發種籽那些事，不如交給方臬台去辦。」

由藩司來清理藩庫，本是件順理成章的事，何況他又主動請纓。通常情況下，此事是可以交給此人來辦的。但張之洞這段時期來已風聞葆庚為官不廉，閻敬銘更是明白地指出葆庚該參劾。這種主動請纓不能接受。

張之洞微微一笑，說：「葆翁願意來清查庫款，當然很好。但此事既然是藩司的事，你還是以不插手為宜，可使辦事人顧慮少些。從山西的長治久安來說，鏟除罌粟復種莊稼，是關係到千秋萬代的大事，更顯得重要，你去督辦此事最好。」

張之洞這人，居然一點面子都不給，葆庚心裏又氣又怕，臉上澀澀的，很不是味道，好半天才皮笑肉不笑地說：「也好，也好，還是中丞考慮得周到。」

他生怕張之洞打發他到遠離太原的邊鄙之地去受苦，忙又說：「陽曲一帶罌粟種植面廣，我先到那裏去查訪查訪，離太原近，衙門裏的事也好照應。」

張之洞並沒有想到要把葆庚支出太原，聽他這樣說，想想目前讓他離開一陣子也好，於是說：「實地查訪，的確是應該的。不過，你也年歲不輕，就在陽曲附近看看吧，不要太辛苦了。呆個十天半月就回來，我還有許多事要向你請教哩！」

「不敢，不敢！」葆庚趕緊起身。「請教二字不敢當。都是為朝廷辦事，辛苦一點也是應該的。」

送走葆庚後，張之洞開始細細地思索着：清理庫款一事，究竟應該如何來辦理？

首先得成立一個辦事之處，給它取個甚麼名字呢？張之洞想了想，給它取名為清查局。清查局由誰來負責呢？讓桑治平來領頭固然好，但他畢竟不是朝廷命官，做這種出頭露臉的事不太適宜。衛榮光推薦的人才中第一個是大同府同知馬丕瑤。張之洞與馬丕瑤談過兩次話。馬丕瑤三十八歲，五官周正，舉止穩重，從言辭暢達的談話中可見其人思維清楚。張之洞對他印象不錯。馬丕瑤進士出身，在山西做過五年知縣，又做過同知，為政經驗較為豐富。據說大同府這幾年還算安寧，相對其他府州而言，大同府的罌粟算是最少的了。張之洞對這一點特別欣賞。清查局的督辦就由此人來做吧！

接着，張之洞又將衛榮光所薦舉的，自己也見過面談過話印象好的太原知縣薛元釗、汾陽知縣方龍光調到清查局來任協辦和會辦。

張之洞熟悉當年湘軍發達的歷史，很佩服曾國藩設局建所用書生而不用官吏的作法。世道混亂，綱紀不張，官場中人大多不正，倒是那些書院中的學子，日誦孔孟之書，夜講性理之學，未受世俗污染，還保留着幾分古道熱腸忠義血性，起用他們來辦事，較之那些在污泥濁水中浸泡已久的圓滑吏目來要放心得多。

張之洞請晉陽書院老山長石立人推薦三五個操守好精於賬目的學子。過幾天，晉陽書院來了五個英氣勃發的年輕人。張之洞跟他們分別談了幾句話後，立即任命他們為清查局的委員。

就這樣，由一名督辦、一名協辦、一名會辦、五名委員組成的清查局，便在太原城裏掛牌辦事了。

馬丕瑤不愧為經驗豐富的幹員。他上任的第一天，便封查了藩庫裏的所有賬本和一切單據，蓋上清查局的大印。並宣佈：沒有他的同意，任何人不得借閱開啟，更不容許轉移。同時又作出一條硬性規定：所有局員一律住在局子裏，有關清查內容，無論大小，一律不得外洩，清查局也不接待任何非請之人。

張之洞對馬丕瑤這種實心辦事的態度十分讚賞，遂放下心來，將清查庫款這件事全權交給他。這時，楊銳已應召來到太原，在衙門文案房做事。張之洞叫楊銳就此事擬一道摺子上奏朝廷。這期間，關於禁種罌粟的奏章已奉朱批返回。奏章尾部添上了煌煌聖諭：「民間栽種罌粟有妨嘉穀，屢經嚴諭申禁，仍着該撫隨時查察，有犯必懲，以挽頹俗。」

張之洞奉到這道朱批後如獲至寶，命工匠雕板刷印五千份，發往各府州縣廳，貼遍各地大街小巷集市碼頭，務必讓人人知曉，個個明白，凡種植罌粟的農戶均應恪遵聖旨，在兩個月內鏟平罌粟，種上莊稼，若有違抗，嚴懲不貸。

這時，恰好娘子關送上洋藥入關稅銀四萬兩。張之洞正為購買耕牛種籽無錢而犯愁，這筆銀子來得恰是時候。但四萬兩畢竟少了些。他將太原府知府李同新召進府來商議，請李知府從太原城的稅收中暫借四萬兩銀子來，他以私人名義出具借據，保證在一年內歸還。

五十歲的李同新做了二十多年的官了，還從來沒有遇到以個人名義借錢辦公事的上司。他既欽佩新巡撫赤心為公的血性，又為這種不脱書生氣的名士作派而好笑。官場中哪有此等辦事的方式！太原城商賈貿易並不繁榮，一年到頭，李同新還收不到四萬銀子，除去開支，年終結算後剩不了幾千兩。當然，李同新可以從別處騰挪一些來借給巡撫，但太原府自己還要不要辦點事？

李同新苦笑着對張之洞説：「買耕牛種籽的確是件積功德的大好事，張大人您親自寫借據來借，卑職我哪有不借的道理，只是我實在拿不出這麼多呀！」

太原府裏究竟存着多少可以活動的銀子，張之洞心裏其實並沒有底，看着知府這副為難的樣子，他也不好硬逼，只得緩下口氣問：「你能拿出多少？」

李同新一邊搔頭，一邊説：「卑職頂多只能拿出一萬，就這還要四處擠壓湊合。」

「一萬。」張之洞頗為失望地站起身來，慢慢地來回踱步，自言自語，「一萬太少了，還能從哪裏再弄出點銀子嗎？」

「大人罷去卑職的官吧，卑職實在是想不出辦法了！」李同新哭喪着臉，無可奈何地説。

張之洞擺了擺手説：「誰要罷你的官啦，你回你的衙門去吧！」

李同新剛走，桑治平進來了，笑着對張之洞説：「有一萬兩銀子擺在那裏等你去拿，你為甚麼不把它拿過來用？」

張之洞一愣：「你是在開玩笑吧，一萬兩銀子擺在哪裏？」

「我說的是正經話。」桑治平走近張之洞。「你還記得泰裕票號的孔老闆嗎？去年離京前夕，他要送你一萬兩程儀，你要他先留着，到太原後再說。」

張之洞拍着腦門笑了笑：「我真的記不得了，幸虧你提醒，不過，這一萬兩是算不得數的。孔老闆原是想賄賂我本人，然後從我這裏得好處，現在要他捐出來，他會同意嗎？」

「我去找他說，試試看。」桑治平頗有信心地說，「商人重利，能以小利換大利的事他興許會幹，看他怎麼換法。還有一些大商人，銀子已夠多了，他不再看重實利，而看重名和位，願意以銀子換名位。孔老闆可算是後一種人，我也可以和他商量下，拿名位來換銀子。」

張之洞嚴肅地說：「唯名與器，不可假人，拿名位與他換銀子合適嗎？」

桑治平心裏笑道：做了地方官還說這等迂腐話，真是個清流名士！口裏說：「也不是甚麼都不合適，看他要換甚麼名器？」

張之洞還是不放心，再次叮囑：「你去找他談談可以，千萬不要隨便鬆口答應。」

晚上，桑治平一腳踏進衙門後院，張之洞便急着問：「與孔老闆談得怎樣。」

桑治平笑着說：「談得很好，他願捐五萬。」

「五萬？」張之洞有點吃驚。「他的條件呢？」

桑治平坐下來慢慢說：「他有兩個條件，一是請你為他題幾個字，他要做塊匾懸掛在大門口。」

「這個容易。」張之洞馬上接言，「我給他寫幾個字好了。」

「他要你寫這樣幾個字：天下第一誠信票號。」

「這幾個字我不能寫。」張之洞立即否定。「連泰裕票號誠信不誠信我都不知，我還能說它是天下第一誠信嗎？」

桑治平心想：書生氣又來了。臉上依然笑着說：「你不寫可以，五萬銀子他就不捐了。沒有這五萬銀子，就沒有五六千戶人家的種籽耕牛，他們地上長的罌粟就不會被鏟除，禁煙在這些地方就成了空話。唉，銀子呀，銀子，你是多麼實實在在的東西！

銀子對於張之洞，似乎有生以來從沒有這樣重要過，他狠了狠心說：「我給他題上朱熹的『不誠無物』四個字吧，也算是對他票號的褒獎了。」

桑治平說：「我看你不如就按孔老闆說的題，僅去掉票號兩個字：天下第一誠信。這六個字意味天下第一等重要的是在誠信二字，並不是說他們泰裕票號就是天下第一的誠信，其實與『不誠無物』是一個意思，但這樣寫，我則好和孔老闆商議，相信他也會接受的。」

「行，行，你的主意好！」張之洞高興地說，「就題『天下第一誠信』六個字，兩層意思都說得過去！他的第二個要求呢？」

「他要請你為他弄個候補道台的官銜！」

張之洞一聽這個要求，又不高興了，臉刷地沉下來。他向來討厭捐班，認為捐班是一樁擾亂吏治的大壞事，自己厭惡的事，自己怎麼能做！這個孔老闆也太過份了，仗着有幾個錢居然伸手要做道台！人家千千萬萬讀書郎，二十年寒窗，三十年簿書，到死說不定還得不到正四品的頂子哩！

桑治平說：「依我看，這也算不了甚麼？一來，捐班行之已久，毫不奇怪，二來他依舊做的票號，又不等着去補缺，搶別人的位置，三來按朝廷規定，捐四萬便可得候補道，他捐五萬，已經超過，我看還是答應他算了，要不，他五萬銀子怎麼肯出手！」

唉，自己不願做的事，卻又必須去做，這真正是無可奈何！張之洞突然想到：做負有牧民守土之責的地方官，其實是有許多難處的，怪不得李鴻章老是抱怨指責他的人是「看人挑擔不費力」，看來，過去做清流時說的不少話是苛刻了些！

「好吧，答應他吧！」張之洞無奈地點了點頭。「我明天為他題字拜折，他明天也要給我開出五萬銀票來！」

2 聖母殿裏的靈籤

一場鏟除罌粟播種麥黍的壯舉，在古老的三晉大地上大張旗鼓熱火朝天地進行着。張之洞坐在撫台衙門裏，天天都能看到從十八府州送上來的帖子。他從這些帖子中看到他的設想正在順利實施中，心裏很滿意。這一天，張之洞收到汾州知府王緯報送來的稟帖。稟帖上說孝義縣有一個村寨在寨主的操縱下，全寨抱成一團，死活不拔罌粟苗。縣令請求知府向駐防當地的綠營求助。知府立即請綠營都司幫忙。第二天，這位都司親自帶了一百號兵丁下到孝義。不到三天，全縣的罌粟苗拔得一根不留，全部點上麥黍種。

張之洞看到這份稟帖後非常高興。原來汾州府知府是他來山西後親自提拔的第一位官員。張之洞來山西半年間，先斬後奏做了兩樁有關官吏異動的事。

有一次，張之洞和學政王可莊聊天，說來太原這麼久了，找不到幾個談學問的人，要王可莊推薦推薦。王可莊想到祁縣縣令吳子顯，出身進士，是袁枚外甥的孫子，又是狀元宰相潘世恩的女婿。這樣的背景，一定才學滿腹，足可以和巡撫談學問。恰好吳子顯這段時期在太原辦事，便親自陪着來到巡撫衙門。

張之洞很客氣地接待吳子顯。也不知這位吳縣令是懼怕張撫台的名大位高，還是真的腹內空空，張之洞和他說了一個下午的話，說金石他不懂，說詩詞他答不上幾句。實在無法對話了，張之洞便和他說志怪，他也說不出個完整的故事來。張之洞終於忍耐不住了，當着王可莊的面訓斥起來：「令岳丈把十萬卷書贈送別人而不留給你，足見你不可造就。聽說你還做過鄉試同考官，你這種人怎麼可以做同考官，豈不誤了人家的前程？」又轉過臉來對王可莊說：「王學台，明年鄉闈決不能讓他混了進來！」

當着學政的面受到如此奚落，吳子顯如何不氣，他憤怒地頂道：「我堂堂進士出身的縣令，如何做不得同考官？」張之洞被他頂得光起火來，一時語塞，只得冷笑道：「好好，就讓你做吧！」

等王可莊、吳子顯走了後，張之洞越想越恨：一個腹中草莽的小縣令居然敢跟撫台大人吵嘴，不懲罰他一下怎麼行？他想起廣靈縣縣丞長期出缺，縣令年老久病已提出致仕的請求，於是提起筆來，親自寫了一道命令：准予廣靈縣縣令謝宗琪開缺回家養病，遷原祁縣縣令吳子顯任廣靈縣縣丞。

廣靈偏遠貧瘠，謝宗琪任上積欠藩庫四萬兩銀子。想到這點，張之洞又狠狠地在命令上添了一句：廣靈歷年所欠藩庫銀兩，着吳子顯三個月內還清。

這道命令傳出，不僅降級的吳子顯大喊冤枉，連王可莊及不少官吏們也為吳抱不平，但誰都不敢向張之洞進言。

事隔不久，張之洞到汾陽書院視學，正遇上汾州府教授楊湄帶着幾個老學究住在書院，為山西通志作最後的修改潤色。楊湄最喜歡收集碑帖，恰與張之洞同好。午飯時，張之洞特地叫楊湄同坐一條凳子，二人邊吃飯邊談碑帖，興致都很高。楊湄說他家裏藏着唐代大書法家歐陽洵的兩本碑帖，兩本帖子內容一樣，所有的字也都相同，唯有一個字不同，一本作「公」，一本作「勾」。楊湄認為這兩個字可能通假，但沒有根據，便請教張之洞。張之洞放下筷子，想了半天，也想不出一個根據來。坐在對面的書院山長說：洪洞縣丞王緯博學，我寫封信給他，請他找出證據來。過些日子，王緯親自來衙門拜見撫台。他告訴張之洞，《儀禮》鄭玄的箋註上有「勾亦作公」這句話，這是兩字通假的有力證據。張之洞翻開《儀禮》鄭箋上一看，果然有這句話。他拍打着王緯的肩膀，親熱地說：「兄台大才，以兄台之才做洪洞縣丞，真是委屈了。汾州知府出缺，你明天就到汾州去做知府吧！」

王緯喜從天降，轉眼之間便由七品的縣令升到五品的知府，莫不是撫台在拿我開玩笑？「張大人，你真的要我去汾州做知府？」

「真的！」張之洞邊說邊寫命令，又親自蓋上山西巡撫的紫花大印。

張之洞將命令交給王緯：「你先去上任，我再奏請太后、皇上批准！」

王緯樂滋滋地雙手捧着這道命令，果真做起汾州知府來。

這便是張之洞來山西不久的兩項人事升降。在他看來，山西官場大多賢愚倒置良莠不分，身為巡撫不但要慧眼識才，還要獎罰分明，看準的事就要立即辦理，先斬後奏，如此方能迅速扭轉風氣。但是官場對此議論紛紛，大多認為張之洞不是在考核府縣而是在考核翰林。府縣要的是實際的辦事能力，怎麼能憑學問的多少來決定升降？這樣下去，山西官場都去讀書做學問好了，誰來辦錢糧，誰來辦案子？有的人甚至搖頭歎息：太后真是糊塗，派個這樣的書呆子來山西，定會把三晉弄得亂七八糟。這些話傳到張之洞的耳裏，他卻不以為然。

現在看到王緯這道稟帖，張之洞怎能不高興：誰說我以學問識人不對？誰說王緯只是一個學究不能獨當一面？這動用綠營力量的主意有多好！辦事的魄力有多大！宜嘉獎王緯並推廣汾州的作法。張之洞立即下了一道札子：拔除罌粟乃當務之急，決不可手軟拖延，若遇有抗拒不執行者，可仿效汾州府，請當地綠營協助辦理。此令！

並與山西提督會銜，也向駐防三晉的各鎮各營發出內容相同的函札。

這道札子下達以後，各地綠營武官紛紛到府縣主動請纓，不少府縣也鑒於拔罌粟苗的阻力大不好辦，現在既有撫台命令，又見綠營熱情高，便樂得個自己清閒，把這樁頭痛事交給了那些兵丁們。一時間，山西如同爆發了戰爭似的，到處都可見着戎裝持刀槍的綠營官兵們在鄉間田地奔來跑去。一兩個月下來，罌粟苗是拔除了許多，但更多的麻煩事卻接踵而至，一封封告狀帖雪片似地飛進巡撫衙門，弄得張之洞寢食不安，焦頭爛額。

這些麻煩事都是兵丁們惹起的。有句俗話叫做好鐵不打釘，好男不當兵。又說秀才遇了個兵，有理講不清。原來，這些入營吃糧的丘八，十之七八是那種無賴野蠻、好吃懶做又無一技在身的流氓地痞。打仗是件玩命的事，也是一件極易得利的事，最適宜這種人去做。有頭腦的將官都知道，戰時兵丁反而好管，因為自有大利在驅使他賣命，不好管的是和平時期。這些人好比烈馬惡犬，只宜套不能鬆，也就是說只能關在營區內嚴格管制訓練，不能放到營區外，放出去就會壞事。

可惜，這種有頭腦的將官眼下山西極少，或者說他們明知不行卻要迎合部屬的慾望。於是一羣羣烈馬惡犬從軍營中走出，打着官府的牌子，藉鏟除罌粟苗的名義，大肆踐踏良田，魚肉鄉里。他們勒索錢財，大吃大喝，稍有反對便綑綁吊打，更有私入民宅強姦婦女者。致使凡有綠營兵丁下去的鄉寨，幾乎都有命案出現，或是被吊死打死，或是不堪侮辱自殺而死。

鄉民們惶惶不安，如同大禍臨頭。還有兩封匿名信狀告王緯，說孝義縣那個村寨因兵丁下鄉，被燒二十餘間房屋，死了三個人，毀壞田地百多畝，而王緯只在家做學問並不下去了解實情，都司欺蒙他，他又欺蒙撫台。

看到這些狀子，尤其在看到這兩封匿名信後，張之洞才知派兵丁下鄉鏟除罌粟乃大為失策，而王緯的確有負重託，是個不能辦實事的書生！

張之洞招來山西綠營提督商量，立即撤回下鄉鏟除罌粟的綠營兵丁，責令各營對於藉機犯事的兵丁予以嚴懲，並對受害者做好事後處理！

經過這樣一反一覆之後，鏟除罌粟一事幾乎停頓下來。正當張之洞進退兩難的時候，幸而朝廷又頒下一道諭旨，肯定山西禁煙的舉措，決不可中途而廢，務必徹底拔除毒卉，種上莊稼。上諭好比一道救命符，讓精神萎靡的山西巡撫重新振作起來。他藉着這道上諭嚴厲打擊反對者，再次掀起轟轟烈烈的拔毒卉種莊稼的熱潮，同時，又在山西官場軍營中雷厲風行地展開一場禁食鴉片的大動作。

太原城裏辦起了禁煙局，大批製造戒煙藥丸，免費散發到各級官府各地軍營，幫助已成癮的吸食者戒煙。張之洞嚴行命令：若有違抗膽敢再吸者，不管是文武官員還是普通兵丁，一律嚴懲不貸。太原城裏，官場中多年來所形成的陰慘敗落有如鬼國的氣象，正在逐步改變中。

在大舉禁煙的同時，清理藩庫賬目也在緊張地進行，只不過沒有禁煙的那種雷霆氣勢，它在悄沒聲息地然而又是有條不紊地進展着。局外人似乎沒有任何感覺，但葆庚、王定安等人一天到晚卻如處熱鍋之上，忐忑不安，焦急萬分。一個對付之策也在暗中實施着。

太原的春天儘管來得遲些，但北國朔風畢竟擋不住春姑娘的步履，暮春三月時分，它也是春城無處不飛花了。

一天下午，葆庚對張之洞說：「明天是休沐日，天氣這樣好，我想請大人一道到城外一處好地方去玩玩如何？」

幾個月來，張之洞一直對葆庚存着三分戒備之心。關於葆庚的閒話，他時常聽到官場民間有人在說。但葆庚對張之洞特別熱乎殷勤，又使張之洞不得不對他客氣禮貌。馬丕瑤已兩次向撫台稟告，說最近這幾年的賑災賬目裏有明顯大漏洞，葆庚肯定從中做了不少手腳，但苦於沒有過硬的證據。這段時期，葆庚又的的確確對鏟罌粟禁鴉片十分賣力，成效也顯著。張之洞一時還認不準身邊的這個滿洲大員究竟是個甚麼人物。在事情揭曉之前，作為山西的第二號大吏，張之洞沒有理由也不應該疏遠他。何況，春光明媚，熏風宜人，休沐之日到城外去踏踏青，實在是很有情趣。他於是帶着興致問：「到一個甚麼好地方去玩呀？」

「晉祠。」葆庚笑瞇瞇地回答。

「晉祠！」張之洞不自覺地提高了嗓音應道，「那真是一處名勝，只是年代久遠，還有得看頭嗎？」

「好看的地方多着哩！」葆庚見張之洞興致這樣高，心裏甚是得意。「晉祠太有名了，往來太原府的官紳士商，大都要到晉祠去看看，故下官來山西不久，便撥了一筆專款予以修繕，又安排幾個人在那裏長年看守。大人來太原快半年了，天天沒日沒夜地忙於公務，下官多次想請大人到晉祠去看看，也不便開口。現在罌粟都拔光了，莊稼也下種了，大人也該歇兩天了。明天，下官和鼎丞一道陪您到晉祠去走走瞧瞧！」

「好吧，明天就一心一意地休息一天！」張之洞似乎下了很大決心似的。

「大人，」葆庚說，「晉祠離城遠，一天回不來，我們明天晚上得在那裏住一夜，後天回城。」

「要去兩天？」張之洞遲疑起來。

「您到山西來還沒有歇過一天，這次就玩兩天也是應該的。」葆庚笑着說，「何況沿途還可以看看莊稼長得怎樣，這不也是在查訪民情嗎？大人博古通今，還可以為晉祠修復多加指點，這不也在辦公事嗎？說是休沐，其實不是休沐。」是呀，身為山西之主，自己所做的那件事情不是與山西政務有關嗎？葆庚說的並不錯嘛！張之洞斷然作出決定：「好，兩天就兩天吧！」

第二天一清早，葆庚、王定安陪着張之洞出發了。按照張之洞說的，大家都穿便服，騎馬而不坐轎。張之洞僅帶上大根一人，葆庚、王定安也只是各帶一個僕人，跟在馬後。三個人都是文人，平素都很少騎馬。王定安特為找來三匹健壯又馴服的良馬，又配上厚厚鬆軟的鞍子，雖說一路上有些顛簸，但也還不覺得太累。

路邊的樹枝已綻開嫩綠的新芽，兩旁一塊塊平整的土地上，長着大片大片青翠的麥苗，農伕們在忙忙碌碌地鋤草施肥，時見牛羊在遠處出沒。張之洞看着這一切，心裏舒暢。尤其是二三十里路過去了，還沒有見到一塊罌粟地，更令他欣慰。他確信，山西省的罌粟，因他的政令強硬措施得力，已經全部被鏟除了。他為自己半年時光便有如此政績而得意。

他知道身旁的冀寧道是個有名的才子，便側過臉去說：「王觀察，我剛才想起唐賢的一首詩，頗為類似我現在的感覺。」

「請問大人想起的是哪首詩？」見張之洞跟他談詩，王定安的精神立即大為振奮起來。

「賈島的《旅次朔方》。」張之洞拖長着聲調，在馬背上唸了起來，「客舍並州已十霜，歸心日夜憶咸陽。無端更渡桑乾水，卻望並州是故鄉。」

「並州是太原的古稱。」王定安右手拉着韁繩，左手摸着尖下巴上的幾根稀疏的鬍鬚，一副行家的神態。「這是一首詠太原的膾炙人口的好詩。」

「可是，前代許多人都把這首詩的意思給弄錯了。」張之洞這句話引起葆庚和王定安的注意，遂傾耳聽他的下文。「他們都說，賈島客居並州時日夜思念咸陽，當渡過桑乾河西去朔方時，回頭所望，眼中只有並州城，而心中所思念的咸陽則更遙遠了。賈島作這首詩時，心中滿是羈旅歲月的凄涼。其實，這完全弄錯了。賈島客居並州，思念咸陽，不錯。但是，他沒有想到，自己在並州住久了，不知不覺間已經把並州當作故鄉了。這種感覺平時不明顯，一旦渡過桑乾河，回望並州時，便清晰地顯現出來。賈島在這首詩裏體現的是對並州的留戀。我此刻正有賈島的這種心情。來太原不到半年，今天初出城外，回頭一望，也有太原即故鄉的感覺。」

「大人說得對極了！」王定安立即接言，「職道完全贊同您的高論。這首詩正是說的詩人對並州的留戀，而不是羈旅的悲涼。前代不少好詩，都給不懂詩的後人曲解了。這首《旅次朔方》便是一例。」

葆庚也恭維：「下官不懂詩，但為大人這一片以太原為故鄉的心意所感動。山西有大人這樣的撫台，這是一千萬父老的福氣。」

「葆翁言重了！」張之洞口裏謙遜着，心裏倒是挺喜歡這句話的。

王定安說：「職道想斗膽說句話，不知當與不當？」

葆庚生怕王定安說出一句不知高低的話來，掃了張之洞的興頭，破壞這難得的融和氣氛，忙說：「鼎丞，今天是陪大人出來踏青賞心的，有甚麼話，回城再說吧！」

張之洞向來不慣含容，王定安不說「斗膽」「當與不當」尚好，一說起這些話來，倒撩撥得他非聽不可了，便催道：「王觀察，有甚麼話你只管說，今天我們是郊遊，就沒有上下尊卑之分了。現在談詩，我們就是詩友。過會兒喝酒，我們就是酒朋了。」

「大人雅量！」王定安開始抖起他的書袋來。「歷來都說這首《旅次朔方》是賈島所作，只有令狐楚所選的《御覽集》把這首詩列在劉皂的名下。」

「劉皂？」張之洞反問。

「是的，劉皂。」王定安肯定地說，「劉皂是德宗時人，名氣遠不如賈島，詩傳下來的也少，《全唐詩》只錄了他五首。」

見張之洞在會神地聽，王定安繼續說下去。

「我相信令狐楚，因為他是賈島的前輩，又與賈島有交往，對賈島的詩才也欣賞，他決不會把賈島的詩列在劉皂的名下去送給唐德宗看。何況賈島是範陽人，在並州住的時間很短暫，也沒到過朔方，他也不可能寫出這樣的詩來。」

「有道理，有道理！」張之洞連連頭點，大聲誇獎，「王觀察，人人都說你是大才子，果然名不虛傳！」

張之洞的態度，使王定安既感激又感動，他以少有的真誠語氣說：「大人的度量真常人所不及。」張之洞說：「學問的事，一是一，二是二，誰有道理就服誰。」

王定安的唐詩功力的確讓張之洞佩服，一時間也獲得了張之洞的歡心，談興更濃了。於是兩人談起賈島，談論他的「推敲」掌故。由賈島又談起孟郊，比較郊寒與島瘦的獨特詩風。又由賈孟談到他們的賞識者韓愈。

王定安說：「賈島、孟郊當年若沒有韓愈的賞識和揄揚，就不可能有日後的成就和詩名。歷來貧賤士人都要靠處高位有力量者提攜，才能出頭露臉。大人位列封疆，名播天下，三晉有多少清秀子弟都在仰望大人的雨露之澤啊！」

王定安的這段即興恭維，說到張之洞的心坎上。早年，作為一個清貧書生，張之洞曾無數次地夢想能碰到有力的知遇者，讓自己的才名傳揚公卿，上達九重。中年以後，作為一個詞臣學政，張之洞又曾無數次地企盼自己能握有實權，獎掖提拔那些沉淪下層的真才實學之輩，讓千里馬脫穎而出。可惜，四十多年過去了，做士子的時候，他沒有遇到韓文公，做官的時候，又沒有韓荊州的權位。一椿長久不能釋懷的往事又浮上心頭。在暖風拂面的並州郊外古道上，在暢談唐詩的融洽氣氛裏，張之洞不覺把王定安當作朋友，誠摯地跟他敍起這樁往事來。

「直隸河間有個能詩善畫的人，名叫崔次龍。他在京師寓居十多年，總想遇到一個能賞識他的人，幫他一把，讓他出人頭地，不至於辜負了幾十年的勤學苦練。但冠蓋滿京華，就沒有一個看上崔次龍的人。一個偶然的機會，我認識了他，兩人長談了半天。他拿出他的詩文畫冊給我看，的確造詣很高。我們成了朋友。以後，他常常到我家來，我也知道他希望我幫襯幫襯一下。但那時我只是一個窮翰林，無權無勢無衙門，不能安置他。別人的衙門，我又無力關說，只好常常周濟他一點銀両。崔次龍終於在京師住不下去，捲起鋪蓋回老家了。臨走前夕，到我家來辭行。我很惋惜，對他說，再等等看，或許能有機會。他說，我等了十多年也沒有遇到機會，我失望了，今生只能老死山野了。我不能馬上給他一個機會，當然也不便再挽留，便寫了一首詩送給他，以志我們的友誼。」

「可憐！」崔次龍的遭遇牽動了王定安的文人真情。

「大人的詩，可否唸給職道聽聽。」

「可以。」張之洞拖長着聲調吟了起來，「浩然去國裹雙滕，惜別城南剪夜燈。短劍長辭碣石館，疲驢獨拜獻王陵。半梳白髮隨年短，盈尺新設計日增。我愧退之無氣力，不教東野共飛騰。」

「我愧退之無氣力，不教東野共飛騰。」王定安將張之洞詩的最後兩句複誦了一遍，充滿着感情地說，「大人這番情誼，不獨崔次龍感動，職道也為之感動了。」

葆庚說：「大人現在有這個氣力了，把那個崔次龍召到山西來吧！」

張之洞沉痛地說：「崔次龍回到老家後，不到半年便亡故了。」

「可惜了！」跟在馬後的藩台府中的僕人，不經意地發出了歎息。

大家都不再説話了，默默地向西南方向繼續走着。在路邊的一家酒店吃過午飯後，又接着趕路。

「大人，晉祠到了。」葆庚勒住轡繩，指了指前方。

張之洞抬頭看時，前面果然現出了一個有着百餘間房屋的建築羣落。三人下了馬，葆庚、王定安一左一右護着張之洞向前面走去。大根和另外兩個僕人各自牽馬跟隨。

張之洞説：「過去讀《水經注》，知道晉水發源處有唐叔虞祠，是北魏為紀念周武王之子叔虞而建。以後歷朝歷代圍繞着唐叔虞祠都興建了不少殿堂，從而形成現在的晉祠局面。葆翁你給我説説，這晉祠有哪些主要的殿堂樓閣。」

葆庚説：「這個我説不來，鼎丞於此素有研究，讓他説給大人聽吧！」

「我也説不全，先説幾處，過會兒我們慢慢看。」王定安摸了摸尖下巴，説，「武王原本封叔虞於唐，故而酈道元稱之為唐叔虞祠。後來叔虞之子因晉水流唐國而改國名為晉，唐叔虞祠也便稱作晉祠。晉祠之名便這樣傳下來了。兩千多年來，晉祠不斷擴大，後世興建的主要建築有：唐碑、鐘樓、鼓樓、獻殿、魚沼飛樑、聖母殿、苗裔堂、晉溪書院等等。」

「這麼多的殿廟樓堂，我們如何看法？」張之洞笑了笑説。

王定安答：「大多數殿樓，只要望一望就行了，非看不可的是晉祠三絕。」

「三絕！」張之洞問，「哪三絕？」

王定安扳着指頭説：「一絕是晉祠之源難老泉、善利泉、魚沼泉。」

「泉水到處都有，晉祠的泉水絕在何處？」張之洞打斷王定安的話。

「晉祠之泉絕在水溫上。」王定安答，「這三道泉水都是溫泉，一年到頭水都是暖暖的，像是柴火燒熱了一樣。一年四季水溝裏都有青翠碧綠的大葉草，即便寒冬臘月，所有的樹葉都凋零了，這水溝裏的大葉草依舊綠得可愛。溫水碧葉，這是晉祠的第一絕。」

「如此說來，真是一絕了。」張之洞面露喜色道，「過會兒我倒要親手試試，親眼看看。」

葆庚指了指前方說：「前面就是溫泉了。」

「好，我們去看看。」

張之洞說着，不由地加快了腳步。走過幾十丈後，迎面是一座並不很大的古老殿堂。王定安告訴張之洞，這就是獻殿。這是擺設祭祀供品的場所，建於金代。穿過獻殿，迎面而來是一條兩丈餘寬的溝渠。王定安興奮地說：「大人，這就是晉水源頭三泉之一的魚沼泉了。」

葆庚也快樂地說：「這是晉祠三絕的第一絕。」

張之洞見這溝渠裏的流水果然晶瑩透明，一塵不染。定睛看時，渠底的確長着不少闊葉草。這些草葉綠得油亮油亮的，如同一片片薄薄的翡翠沉浸在水中，可愛極了。他記起李白詠晉祠的詩句來：「晉祠流水如碧玉，傲波龍鱗沙草綠。」一點不假，寫的是實景。他把手伸進水中，果然暖暖的，高興地說：「不錯，的確是溫泉。」

「大人，我們過橋到對岸去看看聖母殿。」葆庚滿面笑容地建議。看着撫台剛才以手試水的孩子式的舉動，他對今日的這個安排甚是滿意。

葆庚、王定安等人簇擁着張之洞向橫在魚沼泉上的石橋走去。

「大人，您細細地看看，這橋與通常的橋有不同之處沒有。」

剛踏上橋面，王定安便饒有興致地提醒張之洞。

張之洞將腳底下的橋仔仔細細地看過一遍後，發現真有好些與眾不同的地方。

這座建於北宋年代的石橋，由三十四根石柱支撐，石柱則是豎在蓮花形的石礎之上。石柱之間用石枋相聯，石柱之上安置斗拱，斗拱上鋪着橋面。橋的東西連接着獻殿和聖母殿，南北兩翼下斜至渠岸。從上面俯瞰，此橋則呈一個十字形橋樑。這在中國數不清的大小橋樑中極為罕見。

張之洞拍打着光潔潤滑的白玉欄杆，撫摸着橋頭神態勇猛造型逼真的一對鐵獅，感慨地說：「這等巧思豪舉，千餘年來竟然無人敢仿造，更無人能超過，真正的不容易。」

說話間，三人踏過飛樑，來到晉祠的中心建築聖母殿。

北宋天聖年間，仁宗皇帝追封唐叔虞為汾東王，又為其母邑姜修建一座規模宏大的宮殿，取名聖母殿。此殿前臨魚沼，後傍險峯，氣象壯觀。宋徽宗崇寧年間首度整修，從那以後元明兩代雖多次修葺，但仍保留宋代的形制和結構。此殿面闊七間，進深六間，重檐歇山頂，綠色琉璃瓦剪邊，正脊垂脊上奔走着多種走獸。

來到殿前，面對的是八根雕着飛龍的大木柱。張之洞正凝神欣賞那些矯健伸騰的飛龍雄姿，王定安卻指着大殿左側一株古樹，對張之洞說：「大人您看，那就是晉祠三絕中的第二絕周柏，傳說是周宣王時代留下的，距今有二千六百多年的歷史了。」

張之洞懷着極大的興趣向這棵柏樹走去。這棵柏樹幾乎與屋檐相齊，頂部依然枝柯交錯，鱗葉低垂，充滿生機。主幹有一人合抱之粗，樹皮乾裂，褐中泛青，猶如一根鐵柱似的挺拔筆立。根部雖空了一個碗口大的洞，然樹根仍深深地紮進尖硬的黑土中。這確為一株年代久遠的古柏！它親身經歷過多少朝代的隆替、世事的盛衰，與它曾經共處一個天地之間的英雄豪傑，咤叱過，風流過，然後又一個個地被黃土掩沒，化為腐朽；而它，依舊傲立宇宙，將春夏秋冬送去又迎來，在陽光雨露、風霜冰雪之中延續着生生不息的潛力。這是一個多麼頑強的生命啊！人的一生在它的面前，該是何等的短暫而微不足道！一向膽氣雄豪自命不凡的山西巡撫，佇立於這棵千年古柏前，不覺竦然自卑起來。

王定安說：「據本地人講，這棵周柏至今尚年年生芽，歲歲結籽。」

張之洞仰起頭來，望着古柏那昂首天外的蒼邁雄姿，心中生發出無限的敬意來。

葆庚問王定安：「我記得你說過還有一棵古樹，怎麼沒見到？」

王定安答：「那是隋開皇年間的一棵槐樹，也有一千多年的歲月了，與周柏合為晉祠一絕，它在關帝廟，過會兒我們再去看。現在我們進聖母殿，這裏有三絕中的第三絕宋代塑像。」

說罷，領着張之洞和葆庚走進聖母殿。

殿內正中有一個特大的木製神龕，神龕裏供奉的就是這座殿堂的主神聖母邑姜。邑姜端坐在一把大椅上，身著鳳冠蟒袍，神態端莊。兩隻長長的丹鳳眼裏含着微微笑意，迎接絡繹不絕的朝拜者。在聖母的左右兩旁，還站着一羣宦官、女官和侍女。一個個姿態多異神采煥發，且都色彩鮮豔，宛如一羣盛裝侍從，正陪着聖母娘娘閒話家常。

王定安像個導遊似地介紹：「連同聖母在內，這裏共有四十三座塑像，全是宋代天聖年間建殿時塑造的。當年專門從東京調集一批手藝高超的技師來太原，領班的匠人就是重修大相國寺的魯連，據說是魯班的五十一代孫。這些塑像當時都以各種油彩塗飾，以後每隔三四十年重上一次油漆。我們現在看的這道油漆，恐怕還只上過三五年。」

張之洞慢慢地在一尊尊宋代彩塑前踱步。他對古代的雕刻藝術有極大的興趣，也有很高的鑒賞力。憑着深厚的素養，他看出眼前的這批塑像羣的確不是凡物，實為宋代塑像的精品。

細細地欣賞很久後，他在主神身邊一左一右的兩尊小像面前停下步來。這兩尊小像塑的是一男一女兩個小孩，人們習慣叫他們為金童玉女。張之洞發覺這兩個小人的塑像與其他的有些不同，體形的比例似有點不太協調，略有臃腫之感。眼中神采也不夠，稍顯呆滯。

他對身旁的冀寧道說：「這兩尊小像恐不是宋代之物，說不定是後代補的。」

王定安正審視着，不料神龕後面傳出一串爽朗的笑聲。笑聲中走出一個頗有點仙風道骨之味的老者來，對着張之洞說：「這位客官好眼力。金童玉女的確不是宋代之物，是元代大德年間補塑的。它是依照蒙古人的長相塑的，故與宋塑不一樣。老朽在聖母殿四十餘年了，還從沒見到一個未經指點自己識別出來的遊客。這位客官，你真正的好眼力！」

說恭維話的老者是如此的一表非俗，立刻贏得張之洞的好感。他笑着說：「老人家過獎了。您說您在聖母殿四十年了，在這裏做甚麼？」

老者答：「老朽是平陽府人，從小就癡愛古代器物，家貧無力購買古董，便隻身來到晉祠，寧願替聖母殿的香火道人掃地挑水幹粗活，只求讓我住在晉祠，與這些古代器物長年做伴，我就心滿意足了。聖母殿的香火道人見我心誠，便留下了我。我天天幫他幹活，他也賞我三餐素飯。後來香火道人過世，我便代替他管理聖母殿，一晃幾十年就過去了。」

張之洞自己有戀古之癖好，但要他為了古董而捨棄功名家小，他卻做不到。對眼前的這位又一個吳秋衣，他不由得肅然起敬。

遊了個把時辰，葆庚已又累又渴，他對老者說：「你給我們燒點茶水吧，再拿兩條凳子來給我們坐坐！」

「行，行！」老者熱情地說，「若不嫌棄，請到後殿我的陋室裏去坐，我有燒開的茶水就熱在火上。」

「好哇！」葆庚忙說，「那你就領路吧！」

三個人隨着老者來到後殿的一間小房子裏。小房間陳設簡單，收拾得倒還乾淨。剛落座，老者便端來三碗熱茶。乾渴了半天，驟然喝上溫泉水燒出的香茶，彷彿飲瓊漿玉液一般，疲勞頓時減去多半。

王定安對老者說：「久聞晉祠聖母殿裏的籤文很靈。老頭子，是不是你在做這事？」

老頭子笑了，說：「外面的人都這麼說，其實玩玩而已，當不得真的。老朽已多年不搖籤了。」

葆庚忙說：「把籤筒拿出來，讓我們搖搖吧，玩玩也好！」

老頭子笑而不動。

王定安說：「老頭子，我們也不白搖，給你錢。」

說罷，從袖袋裏摸出三錢銀子來遞了過去。老頭子喜笑顏開，伸出手來接着。

王定安又說：「你這個死老頭子，搖幾個籤就要收三錢銀子，也太貪心了。這樣吧，銀子還是給你，你得給我們辦一桌晚飯。」

老頭子樂哈哈地說：「好，好，我會給你們辦一桌最好的晚宴。」

老頭子轉過臉去對着窗戶喊着：「小栓子，你去大門口李矮子家說一聲，過一會給我們送一桌好飯好菜來，錢不會少他一文！」

「知道了！」外面傳來一個略帶稚氣的聲音。

「我去拿籤筒和籤簿。」

老頭子起身走到床後，從一隻舊木箱裏拿出一個黑黃色的半尺來高的竹筒，竹筒裏豎着幾十支細長竹籤；接着又拿出一本有些破損的簿冊來。老頭子雙手捧着竹筒和簿冊來到三個客人的面前，笑笑地說：「請搖籤吧，只是莫太當真了。搖了好籤，大家一同快樂快樂；若籤不好，千萬莫在意。」

王定安接過竹筒，討好地對張之洞說：「您請先搖。」

張之洞說：「我要看這籤靈不靈，你和葆翁先搖，靈的話我再搖。」

「也好，我就先搖吧！」

王定安半瞇着眼，將手中的竹筒上下晃動起來，嘴巴也跟着在動，好像在唸甚麼禱文似的。一會兒，從竹筒裏蹦出一支細竹籤來，老頭子彎腰拾起，遞給王定安。眾人看那籤上寫着「第八十九號」幾個字。

老頭子打開簿冊，在第八十九號下出現兩句詩：「山川雲霧裏，遊子幾時回？」

張之洞說：「這不是王勃的詩嗎？」

王定安看了這兩句詩後，大為激動起來：「死老頭子，你這兩句籤文真是靈極了。」

說完，又轉臉對葆庚說：「葆翁你說說看，這聖母殿的籤怎麼就這樣靈驗？」

葆庚笑着對張之洞說：「他昨天剛收到湖北來的家信，他哥哥勸他不要久在外做事，早點回家為好。」

張之洞的興致也被吊了起來，說：「看來這籤是靈的了！」

老頭子咧開嘴大笑。

王定安說：「我也是累了，早有退隱林泉之志。等忙過這陣子後，我就回家，一輩子再不出來了。」

「我也來試試！」

葆庚從王定安手裏拿過竹筒，搖了幾搖，也搖出根竹籤來，看那上面寫着「第十五號」。眾人看籤簿上「第十五號」下也寫着兩句詩：「洛陽親友如相問，一片冰心在玉壺。」

「唉，聖母娘娘，你真是知我心的大慈大悲活菩薩！」葆庚把竹筒放到桌子上，無限感慨地說，「我雖然不大讀詩，但王昌齡的這首詩我還是讀過的，這兩句詩真是說到我的心坎裏了。我葆某拚死拚活為山西做事，偏就有人爛嘴爛舌說我的壞話。今天你們二位都在這裏，日後要替我作證，我的清白，聖母娘娘都看到了。」

王定安忙說：「葆翁，神明在上，您是清白無辜的，放寬心好了！」

張之洞心裏想：這籤真有意思，是值得信還是不值得信呢？若說不信，王定安的已作了應驗；若說信，難道葆庚就真的清白無辜？

正在這樣想時，老頭子已把竹筒遞了過來：「您這位老爺也搖一支，湊湊興吧！」

張之洞想：搖搖也好，看看我會搖出個甚麼籤文出來。

張之洞學他們的樣也搖出一支來，那上面寫着「第一百二十七號」。老頭子翻開簿冊，「第一百二十七號」下寫了這樣幾句詞：「雲中誰寄錦書來，雁字回時，月滿西樓。」

張之洞笑着說：「李清照的這幾句詞對我來說就不靈驗了。我連眷屬都沒有，哪來的雲中錦書！」

老頭子笑瞇瞇地說：「客官有所不知，這籤文有多層含意。對有眷屬的人來說，指的自然是情書；對未成家或沒有眷屬的人來說，這指的便是近期內當有大喜訊來。」

葆庚趕緊接話：「這籤文是靈的。早兩天，我有一個朋友正託我為他的女兒找婆家。這女孩仗着人長得漂亮，心高得不得了，媒人踏破門檻，她一個也不同意。現在二十二三歲了，還沒個人家，父母急得不行，要我幫他留意。」

「你說的是誰家？」還沒等張之洞說話，王定安便關心地問。

「是祁老二的四閨女。」葆庚答。

「噢，祁家的女兒？」王定安的兩隻小眼睛裏頓時明亮起來，他對着張之洞說，「您可能沒聽說過，太原城裏有句話，叫做祁家四朵花，壓倒百萬家。已出嫁的三個女兒我都見過，果真是一個個貌若天仙，據說四閨女又比三個姐姐更漂亮。這可是天大的喜訊，籤上的這幾句詞好比聖母娘娘在做媒，切莫錯過了這個機會。」

或許是「壓倒百萬家」這句話撩起了興致，也或許是聖母殿籤文帶來了情趣，喪妻半年的張之洞突然想到，是應該找一個女人了。他快樂地答道：「行啊，我倒要看看祁家的四閨女到底怎麼個美法！」

「好，好！」葆庚擊掌歡笑。「這事包到我身上，明天回城後我就來安排。」

正說着，李矮子家送來一桌豐盛的酒飯。老頭子點燃蠟燭，大家圍坐一桌，在聖母娘娘的身旁，興致勃勃地喝酒吃飯。

3 夜闌更深，遠處飄來了琴聲

吃完飯後，老者將他們帶到另一幢宅院。這宅院位於松水亭邊，善利泉在此處繞了一個半圓形，將院子三面環繞。另一面是一道屏障似的石壁。院牆裏花木茂盛，還有一個小小的魚池。魚池裏流動着活水，這活水引的是牆外的善利泉水。院子裏錯落着大大小小十餘間房子，都佈置得精美舒適。張之洞被安置在其中最大最好的房間裏。他很奇怪：這麼偏僻的晉祠，為何有這等好的宅院，這是甚麼人的家產？

葆庚笑着告訴他：「張大人，您來山西還不久，下官還沒來得及告訴您。您在山西做巡撫期間，這幢宅院的主人就是您，今夜我們都沾您的光。」

「這話怎麼講？」張之洞頗為驚訝。

「是這樣的。」葆庚解釋，「當年鮑源深做山西巡撫時，因為有頭痛病，聽不得城裏的喧鬧聲，於是藩司就從藩庫裏拿出一筆銀子，給他在晉祠裏修了這幢宅院，讓他住在這裏辦事。那時，從太原城到晉祠之間，每天車馬奔馳，都是因為鮑源深在晉祠的緣故。不久，鮑源深調走了，曾九帥來到山西。九帥長年在戰場，風痹嚴重，常常需要臥床休息，於是這幢宅院便成了九帥的休憩之所。他做晉撫的那幾年夏天，便都在這裏度過。九帥喜歡泉水、花木，現在院子裏的魚池、樹木，都是在他手裏種植的。九帥打下江寧後開缺回籍，曾侯送他一副對聯……」

「這副對聯我知道。」張之洞插話，「千秋邈矣獨留我，百戰歸來再讀書。」

「正是，正是。」葆庚擊掌讚道，「大人真是博聞強志。九帥很喜歡這副聯，因而將這院子命名再讀齋。」

「再讀齋！」張之洞說，「這個名字取得好，想不到曾沅甫還有這份風雅氣。」

「九帥書讀得好，他是拔貢出身。」葆庚對曾國荃很有感情。「九帥離開山西後，衞靜瀾來代替。他在山西呆的不久，在再讀齋裏只小住過幾天，也認為此地是個讀書休憩的好處所。這半年裏，再讀齋一直空着。因為要請大人來晉祠踏青，才臨時打掃了一下。下官擬在此多安排幾個人，把它再修繕修繕。太原城裏夏天不好過，大人可到這裏來避暑，平時也可常來休息休息。」

真個是初任地方要員，張之洞壓根兒沒有想到，一個巡撫居然還有這種特權，這與山西百姓普遍的飢寒貧困，與許多人的流離失所相比較，是一個多麼大的差距！過去在湖北、四川做學政時沒有留意過，說不定那些巡撫們也都有幾處別墅在郊外的名山勝水處。怪不得百姓與官府之間有一種本能的對抗情緒。面對着千百萬啼飢號寒的父老鄉親，作為一省之主，竟然能安得下心來享受這等美宅華居，百姓怎能不討厭唾罵乃至仇恨呢？

若是在平時，張之洞會立即拂袖而去，也不會顧及到別人的難堪與尷尬，但今天他的心情格外好，何況這個宅院並不是為他而修建的。他對葆庚只淡淡地說了句「不必再修繕」後，便將葆庚等人打發走了。

夜裏，張之洞躺在舒適的床上，想起白天所看到的名殿古樹，精神仍在興奮狀態中。他毫無睡意，遂披衣而起，佇立木格紗窗下，欣賞晉祠的夜景。

大根早已沉睡，四周安靜極了，只有善利泉流淌時發出的汩汩響聲，這響聲益發襯托出晉祠的靜謐。皓月的清輝透過樹葉花瓣，在地面上織就一幅黑白相間斑斑駁駁的圖畫。遠處，黝黑的羣山，像剪紙似地貼在碧淨如洗的夜空底部，給古老的三晉大地增添幾分神秘誘人的氣氛。

似有花香傳來，淡淡的，幽幽的，着力去嗅着，好像又甚麼味道都沒有。才一眨眼閒工夫，彷佛另一股香氣又從遠處飄來。張之洞想起韓愈的名句：「天街小雨潤如酥，草色遙看近卻無。」這暮春之夜的遠方香氣，似乎也跟早春的草色一樣，在有與無之間：不經意，則香氣襲人；若着意尋找，它又無影無蹤。

張之洞做了半年的山西巡撫，說實在話，山西並沒有給他一個好印象。今夜，他好像發現了山西的另一面：秀美、溫馨、神奇、迷人。

山西，你原來也這樣的可愛！

忽然，從寧靜的夜色中傳來了琴聲。這琴聲飄柔輕曼，時斷時續，它立即把張之洞的心給吸引住了。他全神貫注地聽着。

這古琴彈撥得真好：它像是門前善利泉的流水，輕輕的，淙淙的；它也像興義府外繞山的霧嵐，綿綿的，悠悠的；它又像薄暮時光川西壩子農舍上升起的炊煙，婷婷的，裊裊的；它還像初夏季節京郊田疇上吹過的和風，暖暖的，熏熏的。這琴聲，使張之洞想起了結髮之妻石氏。

石氏當年彈出的琴聲就是這樣的輕曼悅耳，溫柔潤心。她有時也會伴着琴聲獨自低吟。那歌聲婉轉甜嫩，繞室盤旋。石氏的琴聲和歌聲，給孩子們帶來歡樂，給清貧的日子帶來充實，給小家庭帶來溫情，更給青年張之洞帶來說不盡的幸福感。

石氏的琴聲，是張之洞永恆的懷念！

「十年生死兩茫茫，不思量，自難忘。千里孤墳，無處話淒涼……料得年年斷腸處，明月夜，短松崗。」蘇東坡的悼亡詞，今夜又在他的腦中浮起。這遠處傳來的古琴之聲，莫不就是石氏所彈奏？是她在思念往日甜蜜的歲月，在眷戀人世間的丈夫兒女？

難道是幻覺？萬籟俱寂的荒郊野外，哪來的琴聲？張之洞屏息一切思念，側耳傾聽。不，這不是幻覺，千真萬確是有人在彈琴，只是琴聲已變了。

此時傳來的琴聲與剛才的不同，它迂緩遊移，淒清幽冷，如怨如慕，如泣如訴，餘音裊裊，不絕如縷。

張之洞猛然想起來，這不是石氏在彈琴，這是母親在彈琴。

四十多年來，在張之洞的記憶中，確切地說，是在他的想像中，母親的琴聲多半都是這樣的：它充滿着哀怨，充滿着遺恨，它似有無窮無盡的話要述說，似有無窮無盡的愛要施予。張之洞腦海中母親的形象既聖潔高貴，又愁腸百結。這些，都化為不絕如縷的琴聲，長久地迴旋在他的胸臆間。現在，這遠遠傳來的斷斷續續的琴聲，勾起了他對母親的深深思念。

再讀齋紗窗前的張之洞，久久地沉溺於對往事的尋索追憶之中。這琴彈得如此動人心扉，扣人心弦，彈琴者必定心靈手巧精於音律。此人是聰慧的雅士，還是纖麗的嬋娟？明天得問問。

第二天一早，張之洞向聖母殿的看守老頭說起昨夜有人彈琴的事。老者說：「這是李老頭的女兒彈的。晉祠裏有一個舊書院，名叫晉溪書院，是乾隆年間辦的，到同治初年停辦了，以後做了當地百姓子弟的蒙館。兩年前，李老頭被聘為蒙館的塾師。李老頭一家三口：老伴和一個守寡在娘家的女兒。」

老者望着張之洞，以一種很憐恤的口吻說：「有一天，李老頭到聖母殿來和我聊天，說起他女兒的事。她的女兒名叫佩玉，十八歲出嫁，夫家是個殷實的家庭。嫁後第二年便生了一子。日子本過得甜美。不料，夫婿陡染急病，一下子便死去了。二十一歲的佩玉頓時成了寡婦，她心中已是悲痛萬分了，又加之各種風言風語更令她難過，不少人指着她的背影，說她克夫，是掃把星。好在還有個兒子，佩玉含着眼淚忍着痛苦，把一切希望都寄託在兒子身上。誰知，兒子三歲時出天花死了。這一下，佩玉的全部指望都落了空，夫家也不把她當人看。萬般無奈，佩玉只得回到父母身旁。她從小好彈琴，這兩年來因為心中鬱結過多，便常常藉琴來作解脫。客官，佩玉昨夜的琴聲打擾了您吧！」

「不，她的琴彈得太好了，我想去見見她。」

葆庚忙說：「一個住娘家的寡婦，怎好叫您親自去看，把她叫過來好了。」

張之洞將葆庚拉到一旁，輕聲說：「昨天我就說了，我們到晉祠來就成了踏青的遊客，不再是撫台、藩台，去看看有甚麼不可以？何況這個女子琴彈得這樣好，也可算個才女，我即使以撫台的身份去看她，也是應該的，並不辱沒二品大員的職銜。」

葆庚笑着改口道：「大人說得對，我們都去看看她。」

老者說：「既然各位客官硬要去，那我先走一步，叫李老頭收拾一下。」

過一會兒，張之洞在葆庚、王定安的陪同下來到晉溪書院。這座書院的確已廢棄多年，冷冷清清的，雜草叢生，但宅院寬敞，文星坊、泮池等也都還完好，可以想見旺盛時，這裏也是書聲朗朗弦歌不絕的。學政出身的張之洞對此大為感慨：山西的前任巡撫們可以拿出大筆銀子去修再讀齋，卻沒有想到要復興這所書院，真是枉讀了聖賢之書；待諸事辦理稍有頭緒後，一定要把晉溪書院恢復過來。

正想着，老者將李老頭帶上來了。老塾師在客人面前顯得有些拘謹。他連連招呼客人坐，又親自遞上茶碗，並一再聲稱沒有準備，無糕點瓜果招待，很是過意不去。

張之洞見塾師穿著雖陳舊，卻也還整齊，面容雖瘦削，五官也還端正。張之洞對塾師很熟悉。他知道不少塾師都是飽學之士，就學問來說，他們並不比舉人、進士差多少，只是命運不濟、科場不順罷了。就品性來說，他們因終日誦讀聖賢教誨，沒有受官場黑缸的污染，故而持身多清白，缺德害人的事他們通常不會做。前學台對塾師有一種本能上的好感。眼前的這個塾師，從舉止神態來看，是一個本份人，再加上他有一個會彈琴的女兒，張之洞對他更是和氣。

「請問老先生尊姓大名？」

「不敢。」塾師恭謹回答，「免貴姓李，賤名治國。其實，老朽六十歲了，從沒治過一天國，這是名不副實。」

張之洞笑了起來，說：「李先生不必遺憾，肩負治國擔子也不見得是好事，像您這樣，以舌耕養家糊口，一分一文來得堂堂正正，花起來心安理得，與世無爭，天君泰然，豈不甚好！」

李治國聽了這話，心中欣然：「客官說得好極了。老朽這幾十年來，也總是這樣想的，不怨不忮，坦然度日。只不過畢竟家計清寒，許多事做起來力不從心呀！」

這是大實話。蒙館塾師清貧，除極少教出的學生做了大官又有所回報者外，絕大多數是沒有多大臉面和身份的，要想做點甚麼，真的是難。張之洞點點頭，表示對這話的理解。

過一會，他又問：「你的蒙館有多少學童？」

「十五個。這兩天放春假，在家幫父母忙春耕。」

「收的學費能養得起家嗎？」

「哪裏可養家？」李治國苦笑着說，「客官有所不知，晉祠四周的鄉民大都貧困，交不起多的學費。有幾個娃家裏窮，父母早就想他們輟學了。我看他們也還好學，便挽留下來，免去了他們的學費。」

這是一個真正的人師！對於貧寒子弟讀書的艱難，張之洞是深知的。他在湖北、四川做學政的時候，特別關照各州縣學校膏火費的發放。遇有機會，總是勸那些有錢的商賈多捐點錢給學校。在省學台衙門直接管的經心書院、尊經書院，每次去視察講學，他都要問問學子的學業衣食情況，對那些品學兼優而家境貧困的子弟，他總要想法子去資助他們，他不圖這些學子個人的絲毫報效。這一則出於愛才惜才的本性，他不能眼睜睜地看着一個人才因得不到教育而毀掉。一則也出於作為學官的責任心。為國家造就人才，乃是學官的神聖使命。這個李治國，不是朝廷任命的學官，卻有這等仁心，應是出於愛才的本性。前學台對這個老塾師油然生出敬意。

「那您的日子怎麼過？」

「勉勉強強也可維持。」李治國平平淡淡地說，「每年所收的幾千文學費，用來買麥麵和油鹽。老伴種菜餵雞，也能補貼些家用。這兩年女兒回娘家來住，也可以幫幫忙。」

說到女兒了，聖母殿的看守人忙插話：「李老頭，昨夜佩玉彈琴，這位客官聽到了，他很是稱讚，硬要來看看佩玉。你去叫佩玉出來和客人見見面吧！」

李治國擺手笑道：「小女琴藝荒疏，客官謬獎了。」

張之洞說：「您女兒的琴彈得妙極了。我昨夜一直站在窗邊聽到底，直到她不再彈了才上床睡覺，躺在床上很久都覺餘音繞樑，不絕於耳。」

「哪裏，哪裏！客官如此美言，小女擔當不起。」李治國開心地笑着。「小女乃貧寒家女子，舉止粗俗，如何見得貴客？」

「老先生不必謙虛。」張之洞懇切地說，「自古以來便有高山流水的佳話，令嬡琴藝高明，她也是希望能有人真心欣賞她的琴藝。您不要代她作主，我想她會願意見見我這個晉祠的遊覽者的。」

見張之洞這樣說，李治國起身說：「我進裏屋去問問佩玉，看她意下如何？」

「好！」王定安輕輕地拍打着巴掌說，「你說我們在等着她。」

很快，李治國便出來了，身後跟着一個年輕的少婦，顯然是他的女兒佩玉。

李治國指着張之洞對女兒說：「佩玉，這位客官昨夜聽了你的琴，說你彈得好，今早特為來看你。他是你的知音，你要當面謝他才是。」

佩玉走過來，大大方方地向張之洞行了一個禮，輕輕地說：「謝謝客官。」

張之洞見佩玉大約二十五六歲年紀，勻勻稱稱的中等身材，穿一件家織藍底白花粗布夾衣，蛋形的臉上長着一對細長的眼睛和纖小的鼻嘴，頭上沒有首飾，臉上也不見粉黛。渾身上下，透着一股自然純樸清秀靈慧之氣。

久在官場的張之洞平素見的女人，多為濃妝豔抹的太太夫人，自己過去的三位夫人，倘若見外客，也必定着意打扮一番。打扮出來的女人，固然漂亮好看，但總不能與這種天然本質相比。一個好比戲台上的曲折情節，一個好比真實的人世生活。素來率真任性的張之洞，更喜歡這種本質本色的清純。

他滿臉笑意地對女琴師說：「昨夜我聽了你半夜的琴。你的琴聲，把我帶進了你的音樂世界。我跟你說幾句聽你琴的感受，看我算不算得你的知音。」

佩玉微微笑道：「小女子琴藝粗劣，有辱客官聽了半夜，實在慚愧。客官要談聽琴的感受，倒是我願意聽的，請客官指教吧！」

聽佩玉這麼說，張之洞高興地說：「你昨夜彈的琴，上半截的曲子如春溪之流水，如向陽之山花，歡快欣然，像是回憶少年的無憂歲月和成年後的幸福時光。下半截曲子，則有如潯陽江頭長安女的心境，聽起來滿眼是茫茫江月瑟瑟秋荻的情景。我想，你彈到後來，很可能是心中湧起了世事的諸多辛酸悲苦，琴聲便不知不覺地變了調。你看，我說的對還是不對？」

張之洞的這番分析正說中了佩玉的心思。昨夜，她拿起琴來時，本是心情舒暢的。明月清風，紅花綠葉，帶給她以生命的機趣。她操起琴來，心似白鶴，手如流泉，曲調暢達和樂。慢慢地，喪夫殤子的深重悲痛，不期而然地又從她的心靈深處湧冒出來。她憂愁重重，歎息自己的命運為何這般苦痛。眼下可以和父母一起生活，往後父母故去，何處將是歸宿？心裏這樣想着，彈出的調子便越來越哀婉淒怨了。

佩玉點點頭說：「客官說得不錯。」

張之洞很覺欣慰：「古人云，凡音之起，由心之所生也。又說情動於中故形於聲，聲之文謂之音，故音樂乃人心情之外露。我聽你的琴聲而知你的心情，可不可以算是你的知音？」

佩玉頗有點羞澀地說：「這樣說來，客官也可算得上是我的知音。」

張之洞哈哈大笑。葆庚、王定安連同李治國都笑了起來。張之洞對李治國說：「老先生，我有個不情之請，想叫令嬡當着我們眾人之面再彈一曲如何？」

不等父親問她，佩玉立即說：「客官既然這樣明辨音樂，我願意為你再操一曲。」

說罷，轉身回裏屋。

過了好一陣子，還不見人出來。眾人正在奇怪時，忽然從裏屋傳出了琴聲。李治國帶着歉意說：「琴架大而笨，不便搬動，且小女從未當着生人面前奏過琴。她現在是在裏屋為各位客官彈奏。」

「也好，也好！」張之洞忙說，「隔壁聽琴，更宜凝神傾聽。」

琴聲清清脆脆地從裏屋轉出來。先是悠揚亮麗，婉約輕柔，如一匹彩練當空飄舞，時上時下，時左時右，舞出許多絢麗的姿態來；又如滿園春花，姹紫嫣紅，千嬌百媚，春色爛漫，引來蜂蝶成羣。繼而節奏加快，聲調激昂，如一江春水浩浩蕩蕩向東流去，波疊濤湧，浪花飛濺；又如百獸奔走山林，朝拜虎王，蹄聲急促，氣象壯觀。接下來急管繁弦，號角嘯厲，如春雷乍響，如山洪暴發，如戰馬嘶鳴，如刀槍撞擊……就在眾人被琴聲牢牢吸住的時候，突然甚麼聲音都沒有了，霎時間，整個晉溪書院一片寂靜。

佩玉神采煥發地走了出來。那情形，頗似一位得勝歸來的楊門女將。

張之洞誇道：「這首曲子比昨夜的更好。想不到一個弱女子還能奏得出這等雄健的樂曲。請問，這是一首甚麼曲子？」

佩玉笑吟吟地答：「這是一首唐代古曲。當年唐高祖在太原起事，派他的女兒平陽公主駐紮在扼控河北山西之間的關口，這關口就是今天的娘子關。平陽公主成功地守住了。唐高祖命樂師譜了這首曲子送給平陽公主，曲譜名叫《平陽公主凱旋曲》。」

張之洞太喜歡這個女琴師了，一個念頭突地在他的腦中萌生：準兒八歲了，卻不會彈琴，何不把佩玉聘到家裏來，請她教準兒呢？日後讓她繼承奶奶的琴藝，也是一樁好事呀！

張之洞站起來，走到李氏父女身邊，誠懇地說：「實不相瞞，鄙人就是山西巡撫張之洞。」

聽說眼前站的竟是堂堂撫台大人，李氏父女一時驚呆了，不知所措。聖母殿的看守老頭也驚詫莫名。王定安在一旁說：「這位真正是撫台張大人。」又指着葆庚介紹：「這位是藩台葆大人。」

荒廢的晉溪書院、貧寒的蒙館塾師家，突然間冒出幾個小民只能耳聞不能目睹的大人物，彷佛喜從天降似的，李治國忙跪下磕頭：「不知大人們光臨，罪過罪過！」

張之洞忙扶起老塾師：「快起來，不必如此！」

待李治國起身，張之洞說：「鄙人有一事請老人家成全。」

「大人有何指示，請吩咐。」

「鄙人先母最喜彈琴，只可惜鄙人四歲時，先母便過世了，她只留下一張古琴而沒有把琴藝傳下。鄙人有一個女兒，年方八歲，鄙人盼她能像祖母樣會操琴奏曲，故冒昧向老先生請求，讓您的女公子到鄙人家中去，一來教小女彈琴，二來也可教小女識字讀書。一句話，請您的女公子做小女的師傅。不知你們肯給我這個面子否？」

這真是一個莫大的好事，李治國正要滿口答應，佩玉卻扯了一下父親的衣角，老塾師只得改口：「大人這樣看得起小女，這是小女的榮耀，只是小女乃貧寒人家出身，不懂禮數，且從小讀書不多，如何能做得了小姐的師傅？」

張之洞爽朗地笑道：「你們不必擔心，鄙人既然請您的女公子去，自然就信得過她。鄙人女兒要下個月初才到太原，這十多天裏，你們父女還可從容商量。或者，女公子也可以先到鄙人家裏暫住一兩個月，看看能否適應，能留則留，不能留隨時都可回晉祠。至於薪水，我會比通常衙門請的西席還要略高一些。請賢父女務必體諒鄙人這一片愛才之心。」李治國見巡撫說得誠懇，便看了女兒一眼。見女兒沒有完全拒絕的意思，便說：「深謝撫台大人的錯愛，容我們父女再商量一下。」

「行。」張之洞高興地說，「半個月後，我派人來接女師傅。」

說罷，對葆庚、王定安說：「我們回城吧！」

第五章 清查庫款

1 為獲取賑災款被貪污的真憑實據，閻敬銘出了一個好主意

回到太原城的第二天，馬丕瑤便向張之洞稟報，初步清查光緒三年、四年、五年的賑災款項，三年間便有三十餘萬兩銀子對不上數，懷疑是當年主持賑災的藩司葆庚和主要經辦者王定安貪污中飽了，但苦無確鑿的證據。下一步的清查如何進行，請撫台拿個主意。

下午，葆庚也特為過來，說已與祁家說好了，祁家父女都同意，是不是就叫他們父女到撫台衙門來見見面。馬丕瑤的稟報讓張之洞對葆庚、王定安很是反感。他甚至後悔不該與他們同遊晉祠。張之洞冷冷地說了一句「此事不要再提了」後，便不再理睬葆庚，將葆庚弄得十分沒趣。

張之洞為清理庫款事苦苦地思索着。

夏天到來時，春蘭帶着唐夫人生的次子仁梃、王夫人生的小姐準兒，以及柴氏帶着燕兒都來到太原。桑治平在緊靠巡撫衙門的一條小街上，賃了幾間房子安置家小。大根夫婦則帶着仁梃和準兒，與張之洞同住衙門後院。從此，早晚冷清的第一衙門，開始有了勃勃生氣。

桑治平做了張家的真正西席。仁梃聰明好學，並不要老師多操心，他仍可以分出不少心力來替張之洞辦公事。

為張之洞的誠意所感，佩玉也來到太原做準兒的琴師。張之洞甚是高興。準兒活潑伶俐，佩玉喜歡她。佩玉和善親熱，準兒也愛她。兩人很快便相處融洽。

近年來，因王夫人的陡然去世，悲寂常常襲擊着張之洞的心，空閒時他思念得最多的便是遠在北京的兒女。長子仁權已成家自立，他較為放心。次子仁梃畢竟是個已有十歲的男孩，學業是其生活中的全部內容，有良師在教導，他也可以放得下心。最讓他牽腸掛肚的便是這個小準兒。嬌弱的女孩，這麼小就失去了母親，這是她人生的最大痛苦，雖有春蘭在生活上予以照顧，但誰去撫慰她那顆受傷的幼小心靈？誰去充當她閨房中的教師呢？張之洞為此而深深地憂慮。現在好了，佩玉來了！她倆似前生有緣似的，彼此親密無間。聽到後院裏不時傳出的佩玉和準兒的歡悅笑聲，張之洞的心裏十分寬慰。

這時，一道上諭遞到太原巡撫衙門：戶部尚書着閻敬銘補授。又命張之洞將此諭火速遞到解州書院，督促閻敬銘毋再固辭，速來京履任。張之洞看到這道上諭，心裏歡喜無盡。

他首先感到欣喜的是太后畢竟有見識，不像以往只讓閻敬銘恢復侍郎原職。倘若依舊是從二品侍遇，說不定那個倔犟的老頭子仍然會堅辭不受。如此，將令他這個傳旨者十分難堪，兩邊都不好交代。張之洞感激太后給了他很大的面子。

最使張之洞欣慰的是，閻敬銘授的是戶部尚書。山西窮困，銀錢拮据，凡辦大事，都要得到戶部的關照才能行得通。自己過去曾力主閻敬銘出山，這次又傾心接納。這些，老頭子豈能不知？今後又豈能無視？子青老哥所說的靠山，這真是一個天緣湊泊的好靠山！

張之洞想到這些，心裏興奮不已。而眼下閻敬銘對清庫一事，也正好能幫得上忙。光緒三年，閻敬銘以工部侍郎的身份，來太原協助巡撫曾國荃賑災。以他的精明老練，必定對當時賑災款的集散，心中有一個大致的脈絡，應該向他請教！說不定藩庫清查之事，靠的正是此老的鼎力相助。

他將去解州的重任再次交給桑治平，要他說服閻敬銘取道太原進京，並一路好好陪伴護送前來，他要親自把盞為久蟄荒野的大司農餞行。

經過二十餘天的長途跋涉鞍馬勞頓，桑治平一路護送閻敬銘，來到了離太原城只有七十里路的榆次縣。除他們二人及閻敬銘的一個遠房侄孫外，同行來到榆次的還有一個人。此人名叫楊深秀，字漪邨，本省聞喜人，今年三十三歲。十年前楊深秀即考中舉人，第二年會試告罷。楊家乃聞喜大戶，家資饒富。楊父遂出錢為兒子捐了一個刑部員外郎。這是個空銜，楊深秀依舊在家中讀書。他嚮往的是兩榜正途出身。

光緒三年，眼見鄉親們受苦受難，楊深秀心中不忍，遂廣開粥廠救濟災民，又拿出巨款來購買藥材，施捨給貧困的病人。楊深秀因此而善名遠播。此時閻敬銘正奉旨賑災，便聘請楊深秀來太原與他共襄大事。

楊深秀為人正直又精細。災情嚴重，百姓身處水火之中，山西官場卻有不少人利用權勢，侵吞錢物。楊深秀對此憤恨不已。他和閻敬銘談起此事，閻敬銘也同樣憤恨。得到閻的支持後，楊深秀暗中記下一份詳細賬目，以備他日所需。賑災完畢，閻敬銘離開太原來到解州書院。不久，楊深秀也回原籍繼續讀書。聞喜與解州相鄰，楊深秀時常到解州書院，向閻請教學問。談起官場的腐敗，談起國家的積貧積弱，談起人心的不古，這兩個年紀相差三十餘歲的師生，有許多共同的感慨。

桑治平向閻敬銘談起清查局所面臨的困難，閻敬銘想起了楊深秀，遂邀之一道去太原。楊深秀素慕張之洞大名，欣然同意。

傍晚時分，閻敬銘一行剛進城門，便見一個低級官員裝束的人走上前來。桑治平笑道：「郭巡捕，你幾時來的？」

郭巡捕說：「前天接到桑先生的信，撫台大人昨天便到了榆次。卑職今天在城門邊恭候一天，終於把你們盼來了。現在就請閻大人和桑先生等一起去縣衙門。」

閻敬銘聽說張之洞親來榆次迎接，頗出意外，對桑治平說：「張大人公務繁忙，還這樣客氣，令老朽不安。」

桑治平說：「張大人對丹老十分欽佩，若不是公務繁忙，他是要親去解州的。他早就跟我說定了，要我到太穀時給他一封信，不管多忙，他都要親來榆次迎接，以表示他的仰慕之情。」

閻敬銘連聲說：「不敢當，不敢當！」

說話間，不知不覺到了榆次縣衙門口，張之洞帶着羅縣令、何主簿等一班官吏迎上前來。桑治平從中作了介紹。

張之洞向閻敬銘作揖道：「久仰丹老聲威，不勝傾慕。」

閻敬銘回禮道：「張大人親來榆次相見，愧不敢當。」

張之洞說：「丹老四朝元老，中興功臣，之洞未去解州相迎，已是不恭，尚望丹老鑒諒。」

說着，又向閻敬銘介紹了榆次縣的一班官員。閻敬銘指着楊深秀說：「這位是聞喜縣楊深秀漪邨孝廉，光緒三年協助我在山西辦賑務，是一個仗義疏財極有血性的漢子。」

張之洞一聽楊深秀辦過賑務，眼睛一亮，忙問：「楊孝廉是陪同丹老一道進京的嗎？」

閻敬銘說：「不是，我特地帶他到太原來見你的。」

張之洞轉臉對楊深秀說：「楊孝廉請在太原城多住幾天，鄙人有要事請教。」

楊深秀說：「治下久聞大人盛名。大人巡撫三晉，此乃三晉父老之幸，治下願為大人驅馳。」

羅縣令笑着招呼：「請丹老、張大人及各位一道入席吧，大家酒席上再暢談。」

巡撫駕到縣城，這正是縣令獻殷情的最好時候。閻敬銘進京去做戶部尚書，下榻此地，也是東道主一個巴結攀援的好機遇。兩件事湊到一起，豈不是天大的好事！羅縣令動員一切力量，清掃道路，打掃驛館，搜集佳餚，準備美酒，足足忙乎了兩天。今晚縣衙門的接風酒席辦得隆重豐盛：一桌主席，三桌陪席，舉凡山西省的好食品全都上了桌，加之滿堂大紅蠟燭，給宴會廳更增添許多熱鬧的氣氛。

可是，六十五歲的主客生性儉樸，不習慣山珍海味，再加上旅途勞累，更沒有胃口，他只抿了兩口酒，動了幾下筷子，便閉口再不吃了。第一陪客也不是個大吃大喝的人。張之洞四十歲以前嗜酒好飲，常常喝醉。四十歲後因身體欠佳，也便節制不再多飲。於是，這場名為招待閻敬銘和張之洞的酒席，便成了榆次縣衙門大小官員們的聚餐。他們在陪席上頻頻舉杯，相互勸飲，大咬大嚼，狼吞虎嚥。

張之洞看着這個場面，禁不住雙眉緊鎖。他對羅縣令說，明天要留丹老在榆次住一天，有要事商量，一切應酬全部罷掉，只需備點粗茶淡飯即可。羅縣令不好違背，只得答應。

第二天上午，張之洞隻身來到閻敬銘下榻的驛館。他要與這位兩度復出的前朝大員，作一次推心置腹的長談。

張之洞說：「三十年前，胡文忠公譽您為湖北經濟第一人，要我到武昌去拜您為師，求經世濟民的真才實學。怎奈天不假壽於文忠公，此行未果。詎料三十年後，我才得以拜識您，真正是又憾又幸！此番太后將大司農重任交給您，正是眾望所歸，人地兩宜。您一定將再展補天之手，為朝廷廣開財源，造福社稷。明天啟程去太原，我自然當留您在太原多住幾天。只是省垣人多眼雜，難有這等清靜的環境，故而選擇榆次先與您相見。一則表示遠迎的誠意，二則也想藉此地與您促膝懇談。我有許多事要向您請教，請千萬莫嫌魯鈍，看在三晉父老鄉親的面上，為我開啟茅塞。」

閻敬銘面色凝重地聽完張之洞這番開場白，沉吟良久後說：「文忠公生前曾對老朽說起過撫台，誇獎撫台是他遇到的最聰穎的年輕人，日後前途不可限量。文忠公的確是巨眼識人，撫台今天也做到了他當年的官位了。」

「我哪能跟文忠公相比。」張之洞忙說，「文忠公雖說官位只是湖北巡撫，其實是朝廷的江南柱石。今日的晉撫哪能跟當年的鄂撫相比。」

閻敬銘笑着說：「以撫台的天資才望，好好做下去，日後也會是朝廷柱石的。」

張之洞說：「謝謝丹老的獎掖。我當盡力而為，但願不負朝廷的信任、丹老的厚望。」

閻敬銘原以為清流出身的張之洞，會是滿身的名士氣，卻不料這樣懇切誠摯，於是點了點頭問：「撫台準備跟老朽說點甚麼？」

張之洞略微停頓一下，說：「朝廷命我承乏三晉，很想為三晉父老做點實事，但卻常有力不從心之感。山西弊病很多，依我看來，主要在三個方面。一是鄉間廣植罌粟，與莊稼爭地，官吏軍營，多食鴉片，風氣頹廢。二是從省到州縣，吏治腐敗，各級官場，疲沓懶散成風，貪官污吏，亦為數不少。三是山西土地貧瘠，所產甚少，百姓生計窘困，難以自拔，官府收入枯竭，幾乎不能有所興作。」

閻敬銘說：「老朽寓居山西多年，對山西弊端多少有所耳聞目睹。撫台方才所說的，均是山西積弊。在解州時常聽士林說，撫台來晉後力圖鏟除弊端，整肅民風。士林都稱讚撫台氣魄宏大。」

張之洞說：「不瞞丹老，自到山西以來，我也曾採取過強硬手段，欲求有所作為。比如說在鏟除毒卉禁止吸食鴉片一事上，是不惜動用兵丁，不怕得罪鄉紳的。現在看來是收到了些成效。至於整飭吏治方面，也想以清查藩庫為缺口，狠狠地煞一下貪污中飽之風。想必丹老也知道，山西藩庫竟然有三十年未清賬目，這豈不是咄咄怪事！」

「我知道。」閻敬銘沉重地說，「藩庫多年不清之事，據我所知，尚不止山西一省。當然，山西三十年不清，確居全國之首位。其他十年八年不清的還有好幾個省份。太后要老朽去做戶部尚書，但老朽即便要去摸清各省目前的庫存銀錢狀況，都很困難，這個戶部尚書如何去做。哎！」

閻敬銘說罷，重重地歎了一口氣。

張之洞聽了閻敬銘的感歎後，突然靈機一動，說：「我在京師做閒官時，也曾聽部院堂官們說，這幾十年來六部數戶部最難掌。軍餉開支大，各省上交又少，不但該交的不交，連別省的過路錢都攔截。難怪戶部官員甚至說，各省這種行徑類似綠林。」

閻敬銘笑着插說：「翰林變綠林，這句話原本是罵李少荃的，後來竟成了名言，廣為流傳套用。」

張之洞本想說一句「這是因為像李鴻章那樣變綠林的翰林越來越多的緣故」，想一想閻敬銘和李鴻章是同一經歷的人，這種清流激憤語言不能在他面前說，於是話到嘴邊又嚥下去了，改口道：「各省都叫苦，都說虧空多，戶部也拿他們沒辦法。剛才丹老您說的，摸清各省目前庫款情況，的確是戶部一件大事。我想，丹老這次進京後，第一把火就燒到這事上，山西將為丹老提供一個範例。」

閻敬銘想，這不失為一個好點子。接到進京任戶部尚書的聖旨後，閻敬銘便一直在尋思着：身負賢能之名，數度謝旨不應，如今以六十五歲的高齡履任，天下多少雙眼睛在看着自己呀，倘若尸位素餐，毫無建樹的話，不但辜負了聖恩，也有損自己的清名；倘若要有所建樹，這建樹要立在哪一點上呢？張之洞不愧是個聰明人，他這個點子可謂一箭雙雕：首先是要換取我和戶部的支持，同時也的確是給戶部的一個啟示。好，這樣一件既有利於他，又利於我，既有利於山西，又有利於朝廷的事，為甚麼不支持？

閻敬銘舒心一笑說：「張撫台，老朽全力支持你把山西三十年的藩庫賬目料理一清，然後再奏請太后、皇上，要各省都效法山西。撫台需要老朽做點甚麼，就明說吧！」

張之洞高興地說：「丹老真是個實心做事的人，有您的支持，山西的事情就會好辦得多。不瞞丹老說，一般性的清查庫款，也並不是很難的事。莫說三十年，就是四十年、五十年也不難。我只須找到一個賬目清楚的年份，從這一年開始，把現存的所有單據都匯集起來，然後一年一年地去做賬。只要有一批細心有經驗的賬房師爺，花個半年時間就可以重新建立一套賬目來。」

張之洞端起茶杯來喝了一口。閻敬銘從這幾句話中，感覺到眼前的這位清流巡撫，有一種舉重若輕的氣概。他心裏想：此人有宰輔之才，若遇天時的話，今後的功業或許不在乃師之下。一個念頭瞬時間在他的腦子裏浮起。

「我不只在於清理藩庫的賬目，更重要的是要藉此機會整頓山西官場。」張之洞放下茶杯，神色莊嚴地說，「剛下我說過，山西官場從省到州縣，貪官污吏不少，而且風聞這個根子就在省城，因為上行下效，才使得三晉吏風更壞。」

張之洞說到這裏，壓低了嗓音：「我通過明察暗訪，已知道這個根子便是現任藩司葆庚，葆庚的同夥有冀寧道王定安和陽曲縣令徐時霖。他們在光緒三年賑災時，合夥弄虛作假，貪污了一筆不少的銀子。我想通過查庫款來查賑災款，通過清查賑災款來查出葆庚的貪污案，再通過罷葆庚等人來整飭三晉吏風。」

閻敬銘斂容說：「撫台剛才說，通過明察暗訪，已知根子是葆庚，還有王定安和徐時霖，是否可以再詳細點告訴老朽此中的嫌疑。」

張之洞說：「大同府同知馬丕瑤，是靜瀾中丞臨走時向我推薦的誠實可靠人。我成立清查局，用的就是馬丕瑤。馬丕瑤查了幾個月的庫款，發現葆庚和王定安的不少疑點。另外，衙門裏也接到過無名帖子，帖子上說葆庚、王定安、徐時霖沆瀣一氣，合夥貪污。我與葆庚相處了一段時期，也覺得他不像個正派人。但現在沒有得到真憑實據，下不了手。何況葆庚是藩台大員，王定安背景不小，更需謹慎從事。」

「撫台考慮的是。」閻敬銘慢慢地說，「光緒三年賑災的事，老朽可以詳細地對撫台說說。光緒三年九月，老朽奉旨與曾九帥一起辦理賑災事宜。九帥打仗日久，積勞成疾。江寧克復後即回籍養病。同治四年就有巡撫山西之命，但九帥因病辭謝。第二年正月，因捻寇犯湖北，軍情緊急，九帥不得已奉命任湖北巡撫。但湖北軍務不順，九帥於同治六年十月卸湖北撫篆，再次回籍療痾。這一療便是七年。一直到光緒元年二月，才接任河東道總督。到次年八月，改授山西巡撫。九帥又請假回籍。直到光緒三年二月，才從長沙啟程，四月底到太原接篆視事。」

閻敬銘拿起他從解州帶出的老葵扇，隨手扇了兩下。張之洞邊聽邊想，閻敬銘為何要費這大的口舌敍述曾國荃打下江寧後直到再度出任晉撫的這段大過程？是想告訴我曾國荃這十多年來一直多病，精力不濟，故而造成山西吏治的疲沓？是的，閻敬銘畢竟和曾氏兄弟有一番共同戰鬥的經歷，他是藉此來擺脫曾國荃的責任。

張之洞說：「曾九帥戎馬倥傯十多年，為朝廷立了大功，自己卻落了一身病。丹老當年也為平長毛、捻寇吃了不少苦頭。」

「王命在身，不得不帶病驅馳。自古良將，有幾個安逸的？」閻敬銘邊說邊搖着葵扇。

張之洞明白了，大敍曾國荃的經歷，不但有為老九開脫之意，也有為自己表功的一層意思暗寓其間。

閻敬銘停止搖扇，繼續說：「光緒三年，山西大旱，在這之前已乾旱了一年，連續兩年旱災，把山西鬧苦了。怎麼個苦法，我不多說，只背兩句當年老朽和九帥會銜上奏的幾句話給你聽聽。」

閻敬銘微閉着眼睛，回憶着。一會兒他睜開兩隻略顯昏花的老眼，背道：「古稱易子而食，析骸而爨。今日晉省災荒，或父子而相食，或骨肉以析骸，所在皆有，莫之能禁，豈非人倫之變哉！」

張之洞的心像被利刃刺進似地慘痛着。「易子而食，析骨而爨」這樣的字眼，少年時常在書上見過，但總不大相信，懷疑是文人誇大了。沒有想到，就在自己的治下，就在五年前的這塊土地上，就活生生地出現過。那是怎樣的慘絕人寰啊！

二人相對無言，驛館裏的氣氛彷彿凝固了似的。

過了好久，閻敬銘才開口：「要說大旱兩年便慘象如此，原本也不至於。這一則是山西太窮，即便豐年，老百姓也只能半飢半飽，何況災荒。更主要的是罌粟苗害的。山西農人貪圖眼前利益，廢莊稼而種罌粟，家中多年來已不貯存糧食了，州縣倉庫也無糧可貯。山西山多路陡，運載不便。旱災來時，拿着銅板卻買不到豆麥，只有活活等死。」

「所以罌粟苗非鏟除不可！」張之洞憤憤地說。

「是的，撫台此舉功德無量。」閻敬銘讚許一句後，繼續說下去，「當時我對九帥說，發錢尚在其次，首務是去外省辦糧，並奏請朝廷命江南各省以糧代銀，速運山西救急。一年下來，共賑災民三百四十萬，用銀一千三百萬兩，用糧一百六十萬石。」

張之洞插話：「山西一千一百萬人口，受賑人三成以上。全省地丁銀一年才不過三百萬兩，用銀達千萬之多。丹老於三晉父老的功德，真山高海深！」

「撫台這話，老朽擔當不起。」閻敬銘笑道。這話顯然令老頭子發自內心的高興。他神態怡然地說，「這首先是朝廷的恩德，再是各省的捐助，三是山西多數官紳的合力共濟。若老朽一人，縱有天大的本事，也無計可施呀！」

「丹老。」張之洞問，「據說當年山西紳商兩界捐款不少，您還記得這筆款子的大致數目嗎？」

「這就是我要對撫台細說的一件重要的事情。當年九帥定下的救急之策，功莫大焉，弊也莫大焉。」

閻敬銘習慣性地拿起老葵扇，輕輕地慢慢地搖着，好半天才開口：「湘軍初起時，籌餉是第一樁頭痛的事，曾文正公效法前朝舊事，請求朝廷發空白虛銜執照和空白功牌，用以獎勵捐款的紳士。早期湘軍的糧餉，主要靠的就是這條來路。」

張之洞知道，這種方法自古以來便有過。虛銜執照，即視捐款數量大小，相應地授一個品銜，贈一套官服翎領，遇到喜慶典禮宴會時，可以穿這套官服擺擺臉面，但沒有實職實權。這種交換可以滿足許多有錢人的做官虛榮心。通常情況，這個權限在朝廷，執照上的名字由朝廷填寫頒下。曾國藩請求朝廷頒空白執照，名字由他填寫，則是把朝廷的這個權力攬到了自己的手裏。

相對於虛銜執照來說，功牌則低一等。它是立功的記錄牌。兵士打仗立了功，視功勞大小發一枚相應的功牌，積到一定時候便可升官。沒有上前線打仗的人，用捐錢的方式也可得功牌。有了功牌便有了榮譽，在地方上有許多好處。這種廣開名路的作法，的確在歷史上曾為應急起過不少作用。

「九帥把它移到山西來。他向朝廷請來空白虛銜執照和空白功牌各二千張，又將這四千張牌照的填寫權完全交給藩司葆庚，自己全不過問，而弊病也就出在這裏。」

開始說到關鍵處了，張之洞雙目炯炯地注視着這位經歷不凡的老頭子，要把他的一字一句都記在心裏。

「不論是執照和功牌，都有正本副本各一份。正本發給捐款人，副本留在官府存檔，以備查詢。若秉公辦事，則正本副本完全一致，即捐銀數量、授銜品級或軍功品級兩份上所填相吻合。心存貪污的話，則兩份所填的就不會吻合。捐款人手裏的正本填的銀両是實數，存檔的副本上填的則少些，這中間的差數便為填寫者貪污了。另外，還有的人捐錢少，不足以發執照或功牌，或有的人雖捐了錢但不要牌照，這些銀錢也可以被執事人中飽而不露痕跡。這些手腕，即使在當時也難以盤查，事過多年，再查就更困難了。」

張之洞聽到這裏，心裏冷了一下：是的，如何去找呢？這不還是沒有真憑實據嗎？

「有句古話說，要想人不知，除非己莫為。真要下決心去查，也不是毫無辦法的，只是不知撫台真的下了這個決心沒有？」

閻敬銘兩眼逼視着張之洞。

「請丹老放心，這個決心，我半年前就下了。」

「張撫台，官場上的事都是互相牽連着的，查一件事就會牽連到多件事，查一個人就會牽連到一批人，今後會有許多意想不到的麻煩事出來，甚至會帶來極不利的後果。這些你都想過沒有？」

張之洞堅定地說：「丹老，您不要為我顧慮太多。我為人向來不存畏懼之心，也從不會向邪惡低頭。牽出多少事就辦多少事，牽連多少人就查多少人。」

閻敬銘淡淡地笑了兩下，說：「張撫台，你這種氣概，老朽很是佩服。但老朽不能不實話告訴你，你這種氣概用之於京師做言官可以，用之於山西做巡撫則不行。」

「為何？」張之洞望着閻敬銘，懇切地說，「請丹老教我。」

「張撫台，你初為封疆大吏，尚不知地方官員的究竟。若是拿聖人的教誨、朝廷的律令來嚴格度量這些知府、知縣，可謂沒有一個合格的。故看一個官員的賢否，只能視其大節而遺其小過。所以，做巡撫的切不可存牽連多少人就辦多少人的心思。抓住為頭的，懲辦幾個罪大的幫兇就行了。若全都處罰，誰來為你辦事？若他們抱成一團與你作對，你又如何在這個省裏呆得下去？故而我勸你，你清藩庫，就清賑災這件事好了；你要參劾，就只參劾葆庚、王定安等幾個民憤極大的人好了。」

閻敬銘這番話，說得張之洞直點頭，連忙說：「丹老說得有理。古人云水至清無魚，人至察無徒，這話過去也讀過，道理也懂，真正辦起事來又不記得了。」

「撫台是明白人，老朽只要稍微點一下就行了。」閻敬銘笑道，「葆庚這人貪財好貨，我在光緒三年時便有所覺察。王定安貪婪陰鷙，在山西官場士林中口碑極不好。撫台要藉他們二人來整肅山西吏治，這點老朽是完全贊同的。二人皆司道大員，官位高，影響大。端出他們來，不只是震驚山西一省，也可儆戒十八省貪官污吏。」

「我想的正是如此。不瞞丹老，我來到山西後給朝廷的謝恩摺上就寫着『不忘經營八表』，有人攻訐我，說我有野心，不安於做一個巡撫，覬覦宰相之位。他們不知我的苦心，我是想藉山西這塊地方為全國立一個榜樣。」

「張撫台，這就是俗話所說的，燕雀安知鴻鵠之志呀！」

說罷哈哈一笑。

張之洞也哈哈大笑：「丹老說得好，說得好！燕雀安知鴻鵠之志！」

「張撫台，老朽幫你出一個主意，說不定可以弄出一點真憑實據。」

開始接觸到要害了，張之洞忙止住笑，將頭傾向前去恭聽。

「你立即將所有光緒三年發出的執照和功牌副本調出來，選出其中捐款數量較大的二三十張，然後再派人逐個登門，請他們拿出正本來，兩相對照，證據就出來了。」

這真是個好主意！張之洞不由得從心裏佩服閻敬銘的老辣。他興奮地拿過葵扇，一邊幫閻敬銘扇風，一邊說：「謝謝丹老的指點。」

「還有，我給你帶來的楊深秀，他當年曾協助我辦了一段時期的賑務，後來被徐時霖要去。楊深秀懷疑徐時霖手腳不乾淨，曾悄悄地記下了一筆賬目。這筆賬目也可供你參考。」

「太謝謝了！」

張之洞高興地起身，對閻敬銘說：「您剛才說的這兩點，對山西藩庫的清理大有裨益。說了一個上午的話，我陪您到庭院裏走走。吃過午飯後，我再向您請教。」

「張撫台，你饒饒我這個老頭子吧！」

張之洞愕然望着眼前這個滿身土氣的大司農，不知此話中的意思。

「你才四十多歲，年富力強，老朽今年六十有五了，如何能奉陪得起！吃過午飯後你讓我好好歇息歇息。晚上，我還有重要話對你說哩！」

張之洞這才明白過來，他懷着歉意地說：「只怪我求治心切，把丹老當成金剛羅漢看了。好，下午請好好休息，晚上我再來竭誠討教。」

2 胡林翼被洋人氣死的往事，震撼張之洞的心

吃過午飯後，閻敬銘在侄孫的服侍下，躺下睡午覺。張之洞則和桑治平一道，與楊深秀聊天。關於當年賑災和賬目的事，張之洞擬回太原後再深談，初次見面，則先談些輕鬆隨意的話題。他們談學問，談詩文，談晉南的民情世風，談國家的現狀和出路，三人談得很是投機。張之洞發現楊深秀是個人才，無論從功名資望，還是從年歲閱歷來看，都具備目前即可重用今後前途遠大的條件。晉陽書院缺個總教習，這楊深秀不就是一個極好的人選嗎？古人說十步之內，必有芳草，此話真的不假，只要留心辨識，人才到處都有！

吃過晚飯後，張之洞再次走進閻敬銘的房間，二人剪燈夜談。

張之洞誠摯地說：「上午與丹老一席話，所獲良多。如何獲取賑災款被貪污的真憑實據，我冥思苦想多時不得進展，丹老幾句話便解決了這個難題。」

閻敬銘笑道：「香要燒給真佛受，話要說得真人聽。不是真人，說得再多也無用。」

說罷收起笑容，將張之洞注目良久，嚴肅地說：「老朽這幾十年來歷盡滄桑，飽經世變，所更之事可謂多矣，所閱之人可謂眾矣，雖天資魯鈍，性近愚頑，不能登聖賢之堂奧，然三十餘年來的打磨錘

煉，也多少積累點識人辦事之能力。上午，老朽與撫台良晤半日，聽談吐，察志量，似覺撫台之氣魄風采頗肖乃師胡文忠公，一生事業可與文忠比美，而富貴壽考卻又要勝之。唯望多加珍愛，好自為之。」

閻敬銘的這幾句話，說得張之洞熱血奔湧起來。自通籍以來，張之洞便立下志向，這一生一定要以恩師胡林翼為榜樣，像他那樣做出一番轟轟烈烈的事業出來。然而，近二十年的久抑不伸，常使他心懷鬱鬱，有時甚至心灰意冷。出任山西巡撫之後，他自覺為大志的實現邁出了重大一步，但離恩師的事業名望畢竟相差太遠。現在，這個恩師的摯友竟然說自己一生的事業，可以與恩師比美，甚至富貴壽考還要超過，這如何不讓他興奮！

張之洞忙說：「丹老此話，對我是一個極大的激勵。我一向崇仰胡文忠公，私下裏已把他作為自己今生的榜樣。只是當年追隨左右時尚在稚齡，其時間不長。後來恩師在湖北打仗，我在貴州求學，雖有些書信往來，但終究所知不多。丹老與恩師共事多年，相知甚深，我極願能多聽丹老說點恩師往事，以啟愚昧。不知丹老可否賜告。」

閻敬銘微微笑道：「老朽今夜約你來，正是要與你說點文忠公的往事。咸豐十一年十月文忠公去世，到今天已是二十一年了。文忠嗣子尚年輕，將來能否傳其事業還不可知。這些年來，每念及此事，老朽常以文忠後嗣不旺而遺憾。文忠入室弟子而又大有出息者，眼下實只撫台你一人。為酬答文忠當年知遇之恩，讓他後繼有人，也為了酬答太后、皇上的聖眷隆厚，造就大清國未來的柱石，老朽我義不容辭要將文忠一生學問事業的真諦傳授給你。」

閻敬銘拿起隨身不離的老葵扇，輕輕地搖動起來。几案上的燭光隨着葵扇的晃動而跳躍着，時明時暗。張之洞凝視着閻敬銘古銅色的方正面孔，腦子裏慢慢地浮出胡林翼的形象來：那是一張長長的因久病而顯得灰白的面孔。兩張面孔上的五官儘管不同，但有一個極大的相似處，那就是面皮都粗厚而多皺紋，倘若他們穿戴普通人的衣帽混進市井之中，絕無半點異人之處。從裏到外，就是一個老農，一個老儒，一個老實巴交的平民百姓。常聽人説，中興時期的名臣名將，如曾國藩、羅澤南、彭玉麟等人，都是這一類型的人。而現在的位高權重者，幾乎見不到這類人的蹤跡。張之洞似乎突然有所穎悟。他沒有細細思索的空暇，他需要全神傾聽這位長者的心腹話。

「那年我在工部做侍郎的時候，與部裏同寅談起文忠舊事，有個剛中進士分來戶部的主事，居然問胡林翼是甚麼人。現在又五年過去了，像那個主事様不知文忠是誰的年輕輩越來越多了。就是許多經歷過那段時期的人，其實大多數人也不清楚胡文忠公。説起他來，不外是誇獎他打了幾場大仗，彷彿文忠公只是一個平亂的武將而已，他們真正把胡文忠公看低了！」

張之洞插話：「平亂的武將只是塔齊布、鮑超之流，恩師滿腹經綸，非一般武將可比。」

「攻城略地，是極為明顯的戰果，而其他的則不易看到。世間俗人大抵只能看到可觸摸的有形之器，至於無形之道，那只能存於高人的眼光中，這也怪不得他們。」

張之洞點點頭，表示贊同這句退一步的判詞。

「其實，文忠最可寶貴之處，首在拯世濟民。他曾對老朽説過，他的一生受兩個人的影響最大。一是其父達源公。他粗為識字，達源公便授他儒先性理之書，故他從小便有為天下蒼生謀福祉之宏偉抱負。二是其岳父陶澍。他尚未成年時，陶文毅公便賞識他，將愛女許配於他。他終生崇敬這位譽滿朝野的岳丈。岳丈給他最大的啟示，是要為國為民辦實事。」

張之洞插話：「張幼樵平生最為景仰陶澍，稱他為近世官吏中的莽莽崑崙，曾、左都遠不能與他相比。」

「陶澍整頓鹽政，革新漕運，功在當世，利在千秋，的確是近世罕有的良吏。」閻敬銘端起茶杯來喝了一口茶，繼續說，「文忠既然以古聖昔賢為榜樣，以拯世濟民為立身居官之目標，這便使得他遠非一般戰將可比。他是真正的國家柱石，社稷之臣，比之為古時的謝安、裴度等人並不為過。這些尚屬空洞。我想你最想聽的，莫過於以文忠舊雨的身份，談一些他的成功之道。元好問說，鴛鴦繡取從頭看，莫將金針度與人。世間好看的鴛鴦繡品多得很，如何繡出來的，則難以窺視，繡女亦決不會輕易授人。文忠已不在了，就老朽我這個當年的旁觀者，冷眼所見的金針出沒之法，現在來代他傳授給你。」

張之洞說：「我所要的，正是恩師的金針。」

「依老朽看來，文忠的成功之道，主要有這樣幾條。」閻敬銘似在思索，邊想邊說，「以湖北為地盤，與朝廷分權。」

見張之洞面露驚訝之色，閻敬銘悽然說：「這也是沒有法子的事，是當時內外之勢迫使的。若不如此，文忠固然不可成大業，朝廷能否得保住也難以逆料。文忠向朝廷分權，分哪些權呢？一分財權。他撤銷原設的南北隨營糧台，建武昌省城糧台總局，湖北一切進款和開支，均由糧台總局料理。老朽在武昌，便做了好幾年的糧台總局督辦。湖北一切進款，包括地丁、漕糧、釐金、鹽課，一切開支，包括軍餉、俸祿、救濟、興建等，都由糧台總局料理，只聽文忠一人的，戶部不能插手。二分軍權。文忠手下的人馬，攻克武漢三鎮時不過六千人，到他去世前夕，湖北湘鄂軍營已達七萬餘人。這支人馬均由他一人籌餉供應，不用朝廷一分錢，因而朝廷也不能調遣，就連湖廣總督官文也不過問。」

「關於恩師與官文之間的關係，世間有不少傳聞，都說恩師這層關係處理得最為老到深遠。」張之洞忍不住插話。

「傳聞不少，微辭也不少，只有老朽最能理解文忠的苦心。」閻敬銘歎了一口氣說，「文忠認官文的三姨太為乾妹，讓她拜太夫人為乾媽。有人說文忠出此策頗為低下。殊不知，沒有此策，何能與官文結成水乳交融的關係？沒有這種水乳交融的關係，官文又何能於文忠的一切軍事調遣僅畫諾而已，不置一喙？還不只這一點。」

閻敬銘壓低嗓音，輕輕地說：「文忠手握數萬強兵悍將，朝廷能放心嗎？滿蒙親貴能放心嗎？誰能說，官文不是代表朝廷，代表滿蒙親貴在盯着文忠呢？」

張之洞感到自己渾身冷了一下。二十年來，他的腦子裏好像沒有滿漢之間的畛域，也沒有特別費心思去想着這件事。經閻敬銘這一提醒，他突然省悟過來。是的，過去自己不過一芝麻綠豆大的小官，滿洲大員們根本就沒有把你放在眼裏。現在雖説身為巡撫，但説聲撤，一紙上諭就夠了，何況你如今的情勢，也沒有構成對他們的威脅之處。但二十多年前的局面不是這樣的，恩師手裏握的是一支能征慣戰聲譽卓著的湘軍。這支湘軍乃自招自養的子弟兵，它可以為朝廷收復失地，也可以從朝廷手中奪走城池，正可謂能載舟也能覆舟。當年恩師辦事有多難啊，虧得他如此計慮深遠！一時間，張之洞覺得自己增長了許多見識，許多經典上不可記載的學問。今後一旦自己沾上兵權二字，此事真是一面明亮的鏡子。

「文忠分的第三個權，乃是朝廷的吏權。」閻敬銘繼續慢慢地說，「撫台知道，我朝兩司的品級雖比巡撫低，但不是隸屬關係。藩司隸屬於吏、戶兩部，臬司隸屬於刑部，都有獨立的職權，巡撫不能隨便干預。文忠因當年戰事特殊，不能不集兩司之權於一身。又因為湖北最初之藩、臬兩司皆平庸文官，不能應付軍事之變，故抗疏請求朝廷撤掉庸吏，起用能員。朝廷不得不聽文忠的。就這樣，湖北兩司便成了巡撫的屬官，道府州縣的升黜，更由文忠一人說了算。朝野不少人指謫他，說他包攬把持。張撫台，老朽今天就這包攬把持四字要好好說一說。」

閻敬銘端起茶杯，挺直腰板，似乎越說越上勁。張之洞起身，拿起剪刀來剪下燒焦的燭心，火苗頓時旺起來，跳跳躍躍的，照在張之洞的臉上。明暗之間，他的那顆碩大的鼻子似乎顯得更大了。

「這包攬把持四字，說起來都含貶斥之意。朝廷不願意看到包攬把持的督撫，同樣的，督撫也不願看到包攬把持的府縣。但是，」閻敬銘的語氣顯然加重了。「沒有包攬把持，就沒有文忠的事業。事實上，今日中國，一個督撫如果沒有包攬把持的魄力，莫說打仗，就是辦別的大事也是不可能的。我今夜只點到這裏，至於為甚麼，老朽就不說了，撫台以後慢慢地自會明白。」

張之洞知道，閻敬銘想要說的是，當今中樞決策者不是真正的治國之才，要辦出一番事業，只能靠自己去獨立奮鬥，而獨立奮鬥的基礎就建立在包攬把持四字上。是的，這的確是今天強者為政之奧訣。

張之洞帶着笑意說：「丹老，您今夜將恩師包攬把持這根金針度給了我。哪一天我在山西拿起這根金針，若對您有所觸犯，您可要對我網開一面啊！」

閻敬銘哈哈笑起來：「只要你包攬得好，把持得對，戶部不為難你。」

「好，一言為定！」張之洞端起閻敬銘的茶杯說，「我為您沏一壺新茶。」

「好吧，老朽還要給你說點胡文忠公的故事。」

張之洞端上新沏好的茶，看看蠟燭不長了，又拿出兩支新的大紅蠟燭來點上。瞬時間，榆次縣老舊的驛館裏充滿了淡淡的紅光。窗外，夜色早已深沉。習慣早睡的山西人都已進入夢鄉，連桑治平、楊深秀房間的燈火也已熄滅。古老的榆次縣城，彷彿只亮着這一對紅蠟燭。燭光下，大清王朝末期的兩代能吏，還在興致勃勃地談論着既深奧又淺白、既有跡可循又難以套用的中國仕宦之術。

「胡文忠公是個文武兼資的大才。曾文正公曾在一份奏章裏說過『胡林翼之才勝臣十倍』的話，世人都以為這是曾國藩的謙抑。作為他身邊的共事者，我知道這句話的份量。這句話固然是曾文正公的謙抑，但也不完全是，文忠之才確有不少方面超過了文正。文正為人過於拘謹，文忠器局開闊，敢於為天下先，憑湖北一省之地，建國中之國。這是需要極大的膽量和氣魄的。」

「憑湖北一省之地，建國中之國」。這句話給張之洞很大的震動。他重重地點了點頭，彷彿要將這句話深深地鐫刻在自己的心扉。

「實在地說，不是文忠打開這個局面，也沒有後來曾氏兄弟成就大功大業的基礎。文忠就是在壽考上欠缺了，哪怕是中壽，即多活十年，他的事業、勳望和地位，都不會在文正之下。」

夜深了，窗外吹進的風已帶着涼意。閻敬銘拿起床頭上的一件舊夾衣披上。張之洞看到夾衣的袖口上縫着兩塊大補釘，他在心裏又一次發出感慨。

「丹老，恩師去世時，世上有不少傳聞。有說恩師是因文宗爺賓天悲痛而死的，有的說恩師是給長毛累死的，也有的説恩師是因家事嘔氣死的。您當時在他身邊，您應當最清楚了。」

閻敬銘摸着下巴上未加修剪的花白鬍鬚，想了一會兒後説：「文忠正當勳名隆盛的時候突然辭世，那年剛好五十。英年早逝，不僅他身邊的僚屬，可説是普天下的忠臣義士都因此而同聲悲悼，扼腕歎惜。一時間有關他的死因，傳説紛紛。你剛才説的幾個原因都有。文忠受咸豐爺特達之恩，惋惜咸豐爺去世太早，心中悲痛萬分。武昌為咸豐爺設靈祭奠，他每天早晚兩次都要痛哭，悲從中來，並不像許多人那樣只是做做樣子。他本來就有病，悲傷過度更加重了他的病。與長毛作戰八九年，無時無刻不在憂慮交加中度過，心力交瘁，是他致病之因。所傳的家事煩惱，也不是空穴來風。」

「是不是為嗣子之事？」張之洞試探着問。

胡林翼出身顯宦家庭，生母溺愛，早年頗為放蕩，不知檢束，因此得了花柳病。到了二十三歲大徹大悟痛自改悔的時候，已為時過晚，儘管他有一妻數妾，卻沒有得到一男半女。這是胡林翼終生最大的憾事，也因此而為他的家庭帶來了最大的煩惱。臨去世的前兩年，他開始考慮過繼兒子的事。

胡林翼倘若有親兄弟的話，這事便不成難事。按習俗，親侄子過繼是理所當然的，哪怕只有一個親侄子，這個侄子也可以一身兼祧，甚至可以名正言順地娶兩個正妻，兩個正妻所生的兒子分別繼承兩房的香火。倘若胡林翼是個普通人也好辦，從他的後一輩中任挑一個出來就行了，不會有過多的麻煩事出現。

然而，胡林翼既無親兄親弟，又身為湖北巡撫，還加之有太子少保這樣令人目炫的崇高頭銜，事情就異常麻煩了。胡林翼同父的兄弟沒有，同祖的堂兄弟卻很多，誰不希望將自己的兒子過繼給他為嗣子？一旦做了胡林翼的嗣子，則將繼承胡林翼多年浴血奮戰所換來的除官位和權力外的一切，比如萬貫家財良田美宅，皇上所賞賜的各種民間看不到的金玉寶物，及象徵貴重身份的狐皮黃馬褂和騎都尉世職。此外，還有一項特殊的榮耀和實用兼顧的好處。

清代制度，為朝廷立了大功的高級官員死後，其子孫可以得到餘蔭。這些餘蔭包括：直接進入中央各部任職，或賜以舉人功名，一體會試。如曾國藩去世後，其長子曾紀澤承襲侯爵，次子曾紀鴻、長孫曾廣鈞均賞舉人，准一體會試，次孫着賞員外郎、三孫賞給主事，待成年後即分部學習行走。真個是封妻蔭子，榮耀至極。

不要看輕了「賞舉人」的好處。秀才成舉人，中間要通過一個關口，即鄉試。鄉試每三年舉行一次，全省一次錄取約七八十個人，許多人一輩子就被卡在這裏，過不去。如曾國藩的九弟曾國荃，不可謂不聰明，但他一生的功名亦不過秀才而已，並未過舉人這一關。而曾廣鈞便仗着「欽賜舉人」這一便利，直接參加會試，二十三歲便中進士入翰林，完成了他的伯父和父親終其一生沒有走完的科場之旅。

有這樣大的好處，胡林翼的同祖兄弟們，誰不想把它撈在自己的手裏？於是，人性中卑劣的一面，便因利益的爭奪而全部暴露出來。送禮的，走門子的，互相攻訐揭短的事情都來了。眼看着一個孩子可以入選，卻又突然冒出其母不守婦道，此子不是胡家血統的浮言，弄得那家主婦哭哭啼啼揚言要上吊投水。本來好端端的人人羨慕的益陽胡氏大家，因為嗣子一事，鬧得彼此之間臉紅脖子粗，甚至成了生死對頭。胡林翼好幾次苦惱地對閻敬銘說，年近五十而無子，本已是人生之悲哀了，又因立嗣引起家族不睦，真是悲上加悲、哀上加哀。

閻敬銘把這一段往事說出後，特為強調：「這事雖然加重了文忠的病情，但還不是致死之由，真正把文忠送上絕路的是洋人。」

「洋人？」張之洞頗為驚訝地說，「恩師並沒有跟洋人直接打過交道，此話從何說起？」

「是的，文忠並沒有直接與洋人打過交道，但那時的武昌城裏已有洋人在活動。」閻敬銘的臉色頓時變得陰沉起來。「那是咸豐十一年八月份，文忠去安慶看望曾文正公，恰好咸豐爺晏駕哀詔下達安慶，文忠悲傷，急着要回武昌主持祭奠事。文正送文忠到長江碼頭。二人說起咸豐爺盛年駕崩，說起長毛猖獗時局嚴重，都為國家的前景憂愁不已。正在這時，文忠停止了說話，兩眼直瞪瞪地望着江面。」

張之洞發覺閻敬銘兩眼死盯着漆黑的窗外，彷彿窗外便是安慶城下那條奔湧不息的大江。

「文正順着文忠的眼光向江面望去。原來，大江中流，正有一條高揚着米字旗的英國輪船，由東向西，迎着滾滾波濤逆江而上。在英國輪船的前面，有兩艘湘軍水師的長龍在劃行。長龍是湘軍水師的大船，上面可坐百十來個人，氣勢宏大，甚是威武，長毛水軍見到長龍便膽怯。二人都注目看着。一瞬間工夫，英國的海輪便追上長龍。它所激起的巨大水波，衝擊着那兩艘長龍左右晃蕩，揚起的水花，紛紛落在長龍的甲板上。甲板上的水手在抱頭逃竄，有的人已在卸風帆了。長龍上出現一片手忙腳亂驚慌失措的場面。這時，水師統領彭玉麟也來到他們二人的身邊。見此情景，彭玉麟氣得罵了一句：這些洋鬼子可惡！他瞥了一眼文忠，只見他雙眼發直，臉色鐵青。一種不祥之兆在彭玉麟的心裏冒了出來。」

張之洞也感受到了一股氣氛上的冷酷，下意識地說：「彭公當時要是勸恩師回去就好了。」

「這是不可能的。」閻敬銘立即說，「作為湘軍水師統領，彭玉麟與他的水師將士是血肉相連的，見到英國船在我們的大江上如此橫行霸道，目中無人，他早就氣得咬牙切齒了。他是一定要看個究竟的，怎麼會勸文忠回去呢？」

說的也是。張之洞想，假設換上自己，也是會要看個究竟的。

「就在彭玉麟再將目光投向江面時，一樁意外的事情發生了。在兩艘長龍的前方，有一條舢板也正在江面上操練，來不及躲避，被後面劈波斬浪氣勢洶洶的英國輪船所激起的浪濤打翻了，舢板上的十幾個湘軍全部掉到江裏。英輪甲板上的水手拍手跳躍，幸災樂禍。轉眼間，這隻輪船便開出一兩里之外，將湘軍水師的長龍和舢板遠遠地甩在後面。彭玉麟氣得正要再罵的時候，猛聽得『哇』地一聲，文忠口吐鮮血，暈厥在地。急得文正和彭玉麟忙叫士兵們把他抬進附近民房。文忠醒來後，一手握着文正，一手握着彭玉麟，氣勢微弱地說：洋鬼子欺人太甚，我大清今後真正的敵人，不是長毛而是洋人。長毛成不了氣候，要不了幾年便可削平。洋人有堅船利炮，我們現在還不是敵手。洋人可惡，但洋人的船炮可愛。不學洋人造船炮的技藝，大清難以強大。他轉臉對着彭玉麟說，雪芹，湘軍水師的強大，要靠滌丈和你了。文忠說完這句話後又昏迷過去了，沒過幾天便溘然長逝。文忠是的的確確被洋人氣得嘔血而死的。」

深夜的榆次驛館，一片沉寂，張之洞感到渾身涼颼颼的。胡林翼臨終前的這段話，久久地在他的腦中盤旋。龍樹寺吳大澂砸俄國懷錶，眾清流發誓不與洋貨沾邊的悲憤情景，又在眼前浮現着。一時間，他彷彿覺得自己在這件事上突然有了新的領悟。他喃喃自語似地說着：「恩師在世上所留下的最後幾句話，是金玉良言，值得我們深思。」

「老朽今夜之所以要鄭重其事地把這事告訴你，也就是希望能引起你的深思。」閻敬銘把夾衣上的布釦扣上。「老朽後來做湖北藩司、山東巡撫，接觸過不少洋人，又有幸和郭嵩燾星使長談過，聽他說起英、法等國許多我們見所未見、聞所未聞、想所未想的事。看來，泰西之所以國強民富，自有他們的長處，值得我們效法。文忠可惜死早了，不然的話，他在這方面應會有一番大的興作。老朽現在雖蒙太后特達之恩，但已是桑榆暮年，做不了多少事。撫台年富力強，國家的事情要靠你這樣的人來做。」

張之洞被閻敬銘這最後一句話所打動，隱隱約約感覺到，中國是有一番新的事業在等待有識之士去做。這番事業就是所謂的夷務嗎？這可是要受官場士林眾多攻訐的事！見新添的蠟燭又將燃盡，知夜已經很深了。明天都還得有一番旅途勞累，便起身對閻敬銘說：「丹老，您今夜所講的恩師如何處世為政，對我的啟益很大；尤其恩師嘔血而死的這樁事，對我更是一個震動。您也很累了，應該休息了。到了太原後，我再向您請教。」

閻敬銘也起身說：「今夜就說到這裏吧，到太原後我們還可以再詳談。同治六年，陶夫人將文忠生前文稿付梓，刷印了三百部。承蒙陶夫人看得起，送了我一部。這些年來，我每年都要通讀一遍，並隨時寫點感受在上面。原想為小兒存一份資政借鑒，怎奈他們不成器，老朽也不想明珠暗棄，將它從解州帶了出來。以撫台與胡家之關係，陶夫人自然會寄贈的，想必你對老師的遺集也會認真去讀。但老朽的那一套，上面寫了十來萬字的札記，都是有感而發，或許多少能對撫台有點啟示。」

閻敬銘從隨身的樟木箱子裏取一個藍色粗布包，打開藍布，露出整整齊齊的十餘冊書來。閻敬銘雙手托起這套書，神色莊重地對張之洞說：「老朽感激撫台多次薦舉之情，無物酬謝，現將乃師的遺著轉送給你。這是乃師一生心血的結晶，不識者只把它當成一部普通書看待，識者便知此乃一座取之不盡用之不竭的寶藏。願撫台公務之暇隨時披覽，莫辜負乃師生前對你的恩惠和老朽對你的期望。」

張之洞鄭重地接過這疊厚重的書冊，突然有一種佛教徒接受衣鉢似的感覺。他輕輕地翻開封面，赫然見扉頁上寫着一段話：

潤芝兄多次說過「得人者昌，失人者亡」的話，這或許是他一生事業成功的根本所在，亦或許是此遺集的精髓所在。閻敬銘光緒八年第十五次通讀後記。

他再翻開後面幾頁，只見每頁的天頭地腳上都有密密麻麻的字跡。張之洞合上書，激動地說：「這部書不僅是恩師一生心血的結晶，也是您一生心血的結晶。您沒有將它傳給自己的兒子，而是送給了我。此情此誼，我會終生銘刻在心。恩師的遺集雖多遍誦讀過，但先前不負實責，讀來總有隔靴搔癢之感。今後再讀，心將會與恩師貼得更近。何況這上面有丹老您的許多認津識渡的指教，將更會使我獲事半功倍的收益。我初為疆吏，雖有滿腔為三晉父老辦事之心，卻苦無良方，今後尚望丹老時常賜教。山西窮苦，銀錢極匱。丹老寓居解州十餘年，對山西之困苦，會比我知道更多，同情更烈。此番進京執掌戶部，還望老前輩今後在下撥銀錢、周濟貧困、減免賦稅等方面，對山西略存憫惻之念。我今夜以山西巡撫的身份，代三晉一千萬父老鄉親向丹老懇求了。」

說罷，雙手抱拳，深深地一鞠躬。閻敬銘雙手撫着張之洞的肩頭：「撫台免禮，老朽自會盡力而為。」

3 終於找到了藩司一夥貪污救災款的鐵證

閻敬銘在太原城住了五天後，在侄孫和山西巡撫衙門專門派出的一名武巡捕的陪同下，離開太原徑赴北京履任。張之洞指示清查局按照閻敬銘所教方法辦事。

馬丕瑤將光緒三年賑災時期的虛銜執照全部調出來。二千張執照發出了一千五百餘張，其中捐六品至四品中級品銜的有三百餘張，佔全部捐款的一半，約二百五十萬兩。這中間捐四品和從四品兩種品銜的有四十二人，共一百三十八萬兩。這四十二人全是票號的老闆。

票號亦稱票莊，又稱匯兌莊，是銀行業在中國出現之前，中國近代社會中的一種信用機構，經營匯兑、存款、放款等業務。據說此種機構明末清初時首創於山西，又說是乾隆嘉慶年間，由山西平遙籍商人在天津所設的日升昌顏料號改組而成。總之，票號多為山西人經營，故有「山西票號」之稱。在咸豐、同治年代，山西票號業務十分興隆。光緒年間又有新的發展，其分號遍佈全國各地，有幾家大的票號正準備在東京、莫斯科開辦海外分號。山西窮苦，山西的金融業卻這樣發達，這真是一件令人深味的趣事。

「信任」二字是票號的生命。雄厚的資本、經營者守信義重諾言等等，都是票號獲取信任的極為重要的條件。然而，在中國，一切行業，都必須和官府拉上親密的關係，有官府做後台，官府給臉面，才能在百姓的眼中有地位。依傍官府，則是票號換取信任的重要手段。故而，票號老闆都加強與官府的聯絡。不但要與撫、藩、臬這三個實權在握的衙門保持密切的聯繫，還得支持官府所提倡的事情。所以，山西票號的老闆們，對於官府號召的捐款賑災不敢怠慢。這是其一。

其二，票號老闆儘管有金山銀垛，日食山珍海味，夜宿豪華宅院，出則前呼後擁，入則妻妾成羣，但他們終究是民而不是官。在翎頂輝煌的會議酒宴中，沒有他們的一席之地；在衣冠袞袞的公眾場合，主持者也不知把票號老闆擺在哪個座位上。這些腰纏萬貫的闊佬，常常會因此而尷尬而沮喪而臉上無光。所以，他們要用銀子來買頂子，銀子多的票號老闆，則希望買一個品級高的頂子。只是因為朝廷有規定，用錢買官的，最高不能超過四品，若沒有這個限制的話，他們中也有人寧願出幾十萬，上百萬兩去買個一、二品的紅頂冠在自己的頭上。他們為的不是權，而是爭個社會地位，取得社會的認可，好讓芸芸眾生知道：讀書從政是一條通向成功之路，經營票號也同樣是一條通向成功之路，同樣也可以達到人生的高峯，贏得榮耀和風光。這也是所有發達的票號老闆樂於用銀子來換取虛銜執照的重要原因。當然，同時也因此為票號爭得了更大的信任。可以設想下，一個票號的老闆是四品銜的官員，一個票號的老闆是無品無級的布衣，有錢人對哪家票號更信任？他的銀子更願意存入哪家票號？在中國，這是個答案很簡單的問題。

這些票號的老闆，儘管本人在全國各大分號來回巡視，但他們的根子都還扎在原籍。通常在原籍都有大莊院和大片的田土，或由父親，或由兄弟，或由嫡妻掌管家政，虛銜執照這種朝廷頒發的重要文書，照例都保存於原籍的老家。因此，查核正本並不是一件難事。

清查局派出六名委員，分頭到這四十二家票號老闆的原籍去查核。兩個月後，這些委員都相繼回到太原。果然如閻敬銘所料的，此行收穫巨大。四十二個老闆家中所保留的正本，上面所書寫的捐銀數量，除七人與副本相符外，其餘三十五名的正本均與副本不符，正本的銀數一律多於副本，相差大的達三千兩，相差小的也有八百兩，總共有七萬餘兩，約佔四十二名老闆所捐款的二十分之一。一千五百餘張虛銜執照共換來五百餘萬兩銀子，照此推算，當有二十五萬兩左右的出入。

楊深秀所提供的原始記錄也起了很大的作用。他只記錄了兩個半月的捐款細目，將這張細目與保存在藩庫裏的，由徐時霖簽名的一千二百餘張軍功牌副本上的銀數相比，有二萬兩銀子的出入。

現在情況大致明白了。在光緒三年賑災期間，由藩司葆庚主持、冀寧道員王定安為副手，以陽曲縣令徐時霖為主要辦事人的善後局，在接受捐款一項中，有確鑿證據的貪污銀子為九萬兩，懷疑貪污銀子三十萬兩左右。

張之洞看到清查局送上來的這份稟帖，不由得怒火中燒。這可不是尋常的貪污，它貪污的是救災的銀子。在那大災大荒的年月，一兩銀子就是一條人命呀！身為朝廷命官，手握朝廷授予的權力，處於百姓父母官的地位，掌管着百姓的生死命運，卻利用權力去中飽私囊，置百姓的生死於不顧，真正是良心喪盡，天理不容！張之洞恨不得即刻就將葆庚、王定安等人抓起來，綁赴街市，殺頭示眾，以平民憤而大快民心。但他們身為司道大員，不能如此簡單從事。他和桑治平商量着。

桑治平說：「閻丹初先生明知山西賑災款裏出了事，也明知葆庚、王定安等人有貪污嫌疑，但他就是不出聲。既不向朝廷奏報，也不向曾國荃、衞榮光揭發，假若這次若不是去京師任戶部尚書，他可能還會緘默不語。這是為甚麼？」

張之洞說：「你這個疑問提得好。依我看，不外乎兩個原因。一是身處客位，雖有懷疑，不便去一一查實，手中沒有真憑實據，則不便挑明。二是明哲保身，多一事不如少一事。」

桑治平兩隻手來回地搓了很久，說：「這兩個原因是不錯，不妨還可深入思考一下：閻老先生以賑災欽差大臣的身份，來告發山西的司道大員貪污賑災款，他自己覺得可能不合適。要說顧慮，他最大的顧慮可能是那個曾九帥。前幾年，曾九帥在山西，葆庚為其所信任，王定安又是其一手提拔的心腹。曾九帥不願意傷害這兩個人，況且身為一省之主，賑災款中出了這樣的大問題，巡撫也難逃其咎。閻老先生是深知曾九帥的為人的，若觸及此事，他會來個一手遮天，全盤否定。衞靜瀾膽小怕事，既怕麻煩，更怕得罪曾九帥。故而歸根結底，山西的事情都在曾九帥身上。香濤兄，你要先有這個準備，得想想如何對付那個恃功自傲，又得到太后信任的威毅伯。」

「我不怕那個威毅伯！」張之洞毫不猶豫地說，「去年二月，授他陝甘總督重任，朝廷倚重他，他卻在老家養病，居然一養半年不赴任。八月，我上疏太后，說陝甘重地，不可久無總督，曾國荃既然病情嚴重，不如開缺，讓他安心在家養病。結果朝廷真的將他開缺了。要說得罪，我早已得罪了他。」

桑治平笑道：「這兩者之間有所不同。去年那道奏疏，固然是對曾九帥不客氣，但沒有傷他的面子。他可以說自己的確是重病纏身，說不定他是不願意去蘭州那個苦地方，巴不得你上這道摺。你看他今年放兩廣總督，接旨就起程了，前後判若兩人。同是總督，他願意去廣州，不願意去蘭州。若去年放的就是兩廣，他決不會在湘鄉呆半年。」

張之洞也笑道：「正是的哩，你說到他的心窩裏去了，我倒真的是小罵大幫忙了。」

桑治平說：「這次不一樣。葆庚、王定安都與他關係密切，他至少有失察之誤。曾九帥是個極霸道的人，給他臉上抹黑，他不會善罷甘休。」

「他不善罷甘休又怎樣？」張之洞有點氣憤起來。「大不了他反咬一口，告我一個誣陷之罪，要朝廷撤掉我這個巡撫之職，我也不怕。何況，只要證據確鑿，他也反咬不成。」

「你有這個準備就好。」桑治平沉吟片刻後說，「閻老先生不願以共事人的身份揭發對方，他的這種謹慎的處事方式也不是不可效法的。我看，這事是不是可以這樣辦。」

「你說怎麼辦？」張之洞兩眼盯着桑治平，急切地等着他的下文。

「我們把證據辦得扎扎實實的，然後再把這些證據弄到京師去，請你過去的那批朋友張佩綸、陳寶琛他們上一道參劾摺。這樣做，或許更妥當些。」

張之洞想了想，說：「也好，把這個功勞送給幼樵、弢庵。我叫叔嶠去協助馬丕瑤，把文字理得順暢些。」

就在巡撫衙門商量如何懲處貪官污吏的時候，藩司衙門也在緊張地計議如何對付這位辦事認真的名士撫台。

還是葆庚三姨太臥房後面的絕密煙室，過足了公班土癮的徐時霖，帶着揶揄的口吻對王定安說：「鼎翁，你的三條妙計：勸阻、包攬、美人，現在看來一條都沒有起到作用。你還有甚麼別的法子可想嗎？該不是到黔驢技窮的時候吧！」

王定安焦黑乾瘦的臉上一副陰冷的神色，他瞥了徐時霖一眼說：「徐縣令，你別幸災樂禍。張之洞若真的把甚麼都抖出來的話，我王定安過不了關，你徐時霖的七品烏紗帽也保不住。」

本來躺着的葆庚一屁股坐起來，面色沮喪地指責小舅子：「你還有心思說風涼話，大家都坐上一條漏水的船了，要得救大家都得救，要沉大家都沉！」

徐時霖頓時感受到一種滅頂之災的威脅，心裏一緊，閉着眼不再說話了。

煙室裏一片沉寂。儘管未燃盡的煙泡仍在散發着誘人的餘香，但三個煙客已再無吸食的心情了。

「大家還是得同舟共濟，商量出一個法子來度過這一關才是。」葆庚離開煙床，在屋子裏邁着方步，一向肥胖的他，這兩個月來因焦急害怕已明顯地消瘦了，素日轉動靈活的兩隻小眼睛也變得呆滯了。他朝着王定安說，「鼎翁，你多年來跟着曾文正公和九帥，見過大世面，踏過大風浪，你難道就再拿不出個主意了嗎？」

王定安仍舊斜躺在煙榻上，手捻着老鼠般稀疏黃鬚，一言不發，兩隻眼睛盯着煙燈出神。

「你們都不做聲，我倒有一個辦法。」葆庚停止邁步，斜躺的王定安、盤坐的徐時霖都注視着他。「我們都敵不過張之洞，我看乾脆主動向他自首算了。一共空虧多少銀子，我們墊上。我知道鼎翁在太原城幾家大票號裏都入了股份，這幾年生了不少息，你的那一份拿出來不成問題。我的銀子，兄弟捐官，兒子娶親，都用空了，一時拿不出，鼎翁你就先借我幾萬吧！」

徐時霖立時叫起來：「我的銀子也空了，一時也拿不出，鼎翁也借我幾萬吧！」

「嘿嘿！」王定安未開言先冷笑了幾聲，「葆翁，你這話是在逗我呢，還是真向張之洞投降？」說罷也坐起來，兩眼直勾勾地望着葆庚。葆庚覺得那兩道目光，猶如兩把尖刀似地直插進他的心窩，刺得他發痛。

「不瞞二位說，銀子我拿得出，十萬二十萬，那些票號的老闆都是講義氣的漢子，可以借給我，但這算是主意嗎？葆翁呀葆翁，虧你做了這多年的方伯，你以為把挪用的銀子墊補上，你就可以安然過關了嗎？一個吏目或許可以免去坐班房，一個正三品的布政使還能保得住頭上的藍寶石頂子嗎？辛辛苦苦混到這個地步，你就甘心到頭來竹籃打水一場空？」

「那你說怎麼辦呢？」葆庚也知道這個法子並不好，他是想先賠出貪污款，以此來贖免更重的處分。革職是免不了的，只要不充軍不囚禁，他在京師閒住兩年，憑着家世背景和人脈關係，再加上大把的黃金白銀，不愁開復不了。一旦開復，他確信過不了幾年，這頂正三品官帽又會穩穩當當地重新戴上。當年琦善因丟失香港，先是被革職抄家，沒幾天又奉嚴旨在廣州就地處決。結果，既未就地處決，也未秋後處決，發往軍台效力不到一年，便賞四等侍衛，充葉爾羌幫辦大臣。第二年又賞三品頂戴，升熱河都統。再過三年，授四川總督，恢復頭品頂戴協辦大學士。五年時間，一切復原。琦善那大的罪，那重的懲罰，他靠的甚麼來轉圜，還不是一靠家世，二靠人脈，三靠金錢。相對於琦善來說，貪污幾萬兩銀子算得了甚麼？作為豫親王的後裔，葆庚深知朝廷的法典，像他這種人，只要不殺頭，就一切都好辦。大難到頭，先設法免去皮肉之苦，才是當務之急。

「我說怎麼辦？讓他張之洞辦不成！」王定安猛地從煙榻上坐起來，一副跟張之洞幹到底的氣勢。

「怎麼個讓他辦不成法?」葆庚似乎從中看出一線生機。

興許是剛才坐起太急，王定安有點氣喘喘地說:「我們趕緊擬個摺子，搜羅張之洞來山西一年來各種不當之事，坐他個瀆職之罪，建議朝廷罷去他的山西巡撫的職務，他就甚麼事都幹不成了。」

「張之洞有瀆職的罪行嗎?」徐時霖提出疑問。

「怎麼沒有?」王定安冷笑道:「私自動用兵丁下鄉鏟除罌粟苗。就是一條大瀆職罪。你們都知道，方濬益說的，全省因此事造成的人命案就有七八起，燒去房子不下二三百間，這個罪還不重嗎?」

「對啦!」徐時霖拍起手來，「這一條就夠他受了。」

葆庚想起當時自己也很賣力地執行這個命令，倘若要認真清查起來，自己也逃不了責任，何況這事還要牽連提督葛勒爾，於是搖搖頭說:「這事是張之洞和葛勒爾共同辦的。葛勒爾是個翻臉不認人的魔頭。他若知道是你我告發了他，說不定會拿刀子捅了我們!」

葛勒爾的性格王定安也是知道的，葆庚說得不錯，惹惱了他，弄不好半夜被人劈了，還找不到對頭。

王定安心裏一陣發毛後，也不敢堅持了。

見王定安不開口，葆庚說:「我們請九帥幫辦吧，若九帥出面講話，一切都沒事了。九帥一個小指頭，就把張之洞扳倒了。」

「你也說得太容易了!」王定安抬起頭來，面上帶有幾分憂鬱的神情。「張之洞這個人也不是好惹的，去年他就戳了九帥一下。」

葆庚說：「九帥正好要找個藉口出氣呀！」

「九帥離開了山西，他又怎麼好再來過問山西的事呢，得為他找個理由才是。」

「我看也不要麻煩九帥了，乾脆，來它這麼一下！」徐時霖咬緊牙關，伸直右手掌，用力晃了晃。

葆庚一見，頓時臉黑了，王定安也呆住了。

徐時霖走到二人的身邊，三顆腦袋靠得緊緊的。

徐時霖低聲說：「過幾天就下手，到時朝廷查的就是命案了，誰還會再管五年前賑災的事！」

葆庚唬得直盯着王定安。王定安木頭似地立了半天後，輕輕地點了兩下頭。

三顆腦袋靠得更緊，說話的聲音也更輕微了。

4 巡撫衙門深夜來了刺客

前幾天，護送閻敬銘到京師的郭巡捕回到太原，帶來閻尚書給張之洞的一封信。信上說，在拜見太后時，他已將寓居山西多年來親眼所見的弊端，擇其大者跪奏太后，還着重談了清查藩庫的事。太后用心聽了奏對，說張之洞辦事實在，山西大災後尚未復原，戶部要照顧山西。

張之洞讀到這裏，心情很激動。「辦事實在」這四個字，無疑是對自己到山西一年來所作所為的嘉獎。這對參劾葆庚、王定安，以及徹底清除山西官場三十年來的這樁大積弊，是一個莫大的支持。他十分喜悅地讀下去。

接下來，閻敬銘告訴張之洞，要充份利用太后「戶部照顧」這道口諭做文章，將山西幾樁積年未決的大弊端，如晉鐵貢輸百年來腳費一直未提高等迅速奏報，我這個戶部尚書將盡力來辦。

這真是一件大好事！類似貢輸晉鐵這樣的事，在山西真是太多了。山西本是貧瘠之省，銀錢一向十分短缺，還要無端地增加這些負擔，從而招致百姓更大的怨恨，也使得百姓更為貧困。現在，閻敬銘以戶部尚書的身份，願意出面來解決山西這些積欠的大問題，豈不是天賜良機！張之洞再次領悟到「朝廷有人好做官」這條古訓，自思這幾個月來對閻敬銘所下的功夫沒有白費。

張之洞安排桑治平和楊銳辦理此事。經過他們二人多方查尋訪問梳理歸納，一共列出了十七項因公家經費不足，不得不向百姓攤派的弊政。這十七項分別為：鐵、潞綢、農桑絹、生素絹、呈文紙、毛頭紙、京餉津貼、科場經費、歲科考棚費、兵部科飯食、印紅飯食、秋審繁費、臬書飯食、臬府縣三監繁費、土鹽公用、各府州歲科考經費、交代繁費，共需銀三十萬両左右。

張之洞看過單子後大吃一驚。一來山西，便聽說各種攤派嚴重，卻沒有想到攤派的項目這樣多，為數這樣大，而且大多毫無道理。十七項攤派一項一項地攤下去，無異於在百姓已經疲勞不堪的脖子上，再套上一根根要命的繩索。弊政單的最後面引了靈丘一個老農的話：「俺們老百姓好比一棵白菜，官府的一次攤派好比剝去一片菜葉，一年下來，葉子都被剝得精光，只有等死。」張之洞讀了這句話，心裏沉痛極了。

自古以來，朝廷設官置衙，為的是甚麼？還不是為了能讓老百姓安居樂業、平平安安地活下去嗎！可是由於機構繁多、人員冗雜，而且還要貪污中飽，老百姓的血汗膏脂幾乎被榨乾。官衙不但不給百姓造福，反而給百姓添禍。如此看來，這些官衙豈非不要更好！而更令人憂慮的是，朝廷首先帶了這個壞頭，把負擔轉嫁給各省。上行下效，又豈能過多地指責州縣保甲？

張之洞細細地審查這些項目，其中京餉津貼引起了他的特別注意，這是一項給京師低級官員的津貼費。

張之洞做過多年的小京官，深知小京官的俸祿太低。地方官吏的正俸儘管也很低，但年終的養廉費頗高，足以填補平日的虧損，而各部院小京官的養廉費卻很少。握有實權的六部尚有人進貢，而號稱清水衙門的翰林院、國子監則幾乎無分文額外收入，這些衙門裏的小官吏若不尋點歪路子，簡直連一家老小的正常開支都不夠。張之洞實在不明白，開國之初是如何制定這一套薪俸制度的。小京官中許多人也有權，小京官也要講體面，當體面都維持不下去的時候，他們自然會要利用手中的權力，去謀求一己的私利，從而壞了國家的法規。朝廷訂這樣的薪俸制度，豈不有意將官吏逼上梁山？

朝廷直到近年來才開始給小京官發津貼。發津貼是對的，但要從國庫開支，不能由各省分攤，將這筆負擔轉嫁各省。

張之洞雖然對朝廷這種做法不滿意，但知道「撤京餉津貼」這條不能提，一提就會得罪京師所有小京官。小京官若羣起而攻之，則很有可能這件事就辦不成了。其結果只能是一項攤派都免去不了。不能因小失大。有的是山西省內的事，如歲科考棚費，也不應上轉給朝廷。張之洞為此剔除了一些項目。剩下的如鐵、綢、絹、紙等幾個大項，加起來也有二十餘萬兩銀子。若能免去這些攤派，也就解決大問題了。

張之洞拿起筆來，在桑治平、楊銳報上來的稟帖上寫了幾句話，要他們分別就鐵、綢、絹、紙幾項單獨擬摺，屬於省內的攤派，容日後逐一解決。

寫完這段批語後，夜已經很深了。他離開書案，慢慢地走動幾步，藉以活動筋骨。這時，楊深秀推門而入。

「已二更天了，您還沒睡？」

「你不也沒睡嗎？」張之洞案牘倦煩，正想找個人來聊聊天。「坐一會吧，我剛收到一簍我姐夫從福建寄來的鐵觀音，想喝嗎？」

楊深秀生性豪爽，又喜歡喝茶，忙說：「福建的鐵觀音是天下名茶，既是鹿藩台寄來的，必定是鐵觀音中的極品。大人有這等好茶，我怎能不喝？」

張之洞的姐夫鹿傳霖三個月前奉調四川藩司，離開福建時，特為給內弟寄了一簍新茶。兩年前，張之洞還只是一個侍讀學士時，鹿傳霖便已是福建臬司了。這兩年張之洞吉星高照，官運亨通，一連幾個大躍步，而今官位已超過姐夫。鹿傳霖幹練穩重，一向官運好，現在才四十七歲，便已做到藩司，也算是有福之人。郎舅倆關係親密，常有書信往來。

楊深秀剛坐定，大根便提着一壺開水進來。不管多晚，只要張之洞沒有就寢，大根就不睡覺，這是十多年來的習慣。來到太原後，大根知道四叔身為一省之主，身邊又無夫人照顧，便更加自覺地承擔起照料四叔的一切事宜。春蘭來後，也和丈夫一樣，每晚都要等張之洞睡下後再安歇，為的是好隨時照應。

大根泡好了兩杯茶。一杯遞給四叔，一杯遞給楊深秀，然後又提着茶壺出去了。

楊深秀笑着說：「福建人喝鐵觀音，專門有一套程序，不是這樣用大碗泡。」

張之洞說：「這我知道。但那程序太麻煩，那是無事做的人想出的一套消磨時間的法子，我耐不了那個煩。」

楊深秀喝了一口後說：「這茶味是不錯，真不愧為天下名茶。若是福建人泡出來的，或許會更好。」

「你這人是得寸進尺。」張之洞笑道，也喝了一口。「就這樣喝，我已經很知足了。」

楊深秀說：「我剛才在楊叔嶠那裏閒聊，出門時見您這兒還亮着燭光，想起了一件事，要跟您稟報，不知您今夜有沒有功夫？」

「甚麼事，你說吧！」張之洞重新坐到書案邊，順手將攤滿一桌子的稟帖收拾着。

「那一年，我幫縣衙門謄抄全縣地畝錢穀賬目時，發現一個問題。」

「甚麼問題？」張之洞雙目炯炯地望着楊深秀。

「聞喜縣的地畝數與實際情況不符。」楊深秀一邊喝茶，一邊慢慢說，「首先，我看到我們青石堡的田畝數為六萬八千畝，這個數目便不對，我們青石堡實有田地七萬四千畝。這是家父做保長時親自督人丈量出來的。後來我問了幾個朋友，他們所在地的田畝數也比縣衙門所載的要多。」

「為甚麼會有這種事出現？」張之洞放下手中的稟帖，皺起眉頭問。

「我也想過這事，為何會有六千畝的出入呢？」楊深秀略停片刻說，「後來想通了。原來，聞喜縣的田畝還是道光二十二年時丈量的，距今已整整四十年。這四十年間新開了不少荒地，這些新開的荒地都沒有算上。這是其一。其二，當年丈量時就不準確。許多大戶人家為了少交田畝稅，買通丈量人員，隱匿了田畝。這原是歷朝歷代都有的事，本不為怪。聞喜一縣如此，其他縣也差不多，全省加起來，這筆數字就不小，大為影響藩庫的收入。」

「嗯。」張之洞輕輕地點頭。「你說得對，看來要重新來一次丈量田畝。」

「大人這個想法太好了。」楊深秀大為興奮起來。「四十年沒有丈量了，很有重新丈量的必要。這首先是為了摸清我們山西的家底子，看看究竟有多少土地。我想，大人身為三晉的撫台，這個數字是一定要準確的。其次，山西貧困，稅收主要靠的是田畝稅，把多出田畝的稅收上來，是一筆可觀的收入。」

「好！」張之洞高興起來。「漪村，你說的是一條增加稅收的光明正道。」

「謝謝大人的嘉獎。」

「你有甚麼好的丈量土地的方法嗎？」初為地方官的張之洞毫無這方面的經驗。

「有！」楊深秀胸有成竹地說，「每每看到魚身上長的鱗片時，我就想，難怪魚能保護自己，原來是一片緊挨着一片，沒有一絲地方裸露着，嚴嚴實實地，別的動物要傷害它，都無從着手。」

張之洞饒有興致地端詳着眼前這位剛過而立之年的舉人，心裏想：魚身上的鱗片誰都見過，但誰也沒有從魚鱗上得到過甚麼啟發，這個年輕人會有甚麼啟發呢？

「我時常想，哪天我若做上百里侯的話，一定要模仿魚鱗片，把全縣的土地一一弄清楚。」

「如何模仿法？」張之洞覺得這話說得很有趣。

「是這樣的。」楊深秀不慌不忙地說，「我把我所管轄的縣的地圖放大，放到在它的上面可以標出每一個村莊的名字來。然後再以村莊為單位，畫出它的前後左右的界線出來。這就好比一片魚鱗。一個村莊挨一個村莊，這就是一片魚鱗挨着一片魚鱗的道理，不讓中間有一點空隙。丈量的人員由縣衙門統一派出，與所丈量的村莊的人一個都不認識。若誰與本村的人有親戚朋友關係，則避開，好比考場上的迴避一樣。如此，任你哪個大戶人家要隱匿土地都做不到。」

「你這是個辦法！」張之洞讚道。

「每個縣都重新造出一個以村莊為單位的田畝冊來上報給省。」

「這個冊子便叫做魚鱗冊。發明者，聞喜楊漪村也。」張之洞說着，忍不住大笑起來。

「楊某榮幸之至！」楊深秀也大笑起來。

楊深秀離開好一會兒了，張之洞還處在興奮之中：罌粟苗已全部拔除，鴉片煙已全面禁止，庫款清查已初見成效，山西幾個大積弊的革除也已得到朝廷的重視，楊深秀的魚鱗冊點子也出得好，完全可以照此辦理。來到山西一年多了，雖然不盡人意之處還很多，但所辦的幾件大事看來進展都還順利。首任疆臣，便能有如此政績，也可聊慰平生。張之洞想，做個地方大員也沒有多大的難處，朝廷有人撐腰，身邊有人扶腳，這是兩大關鍵。有了這兩條，地方大員就可以做得堂堂皇皇風風光光。遠處傳來一聲雞鳴，估計將到三更天了，他趕緊吹滅蠟燭，上床睡覺。

張之洞身體素來不太強壯，但精力卻特別旺盛。來到山西後，更覺各種政務千頭萬緒，一天到晚十二個時辰不吃不睡不休息，都有處理不完的公事。山西官場疲沓懶散，他更需以本身的勤於王事來作表率，於是給自己立下規矩：每天丑正二刻起床，寅初閱公牘，辰初開始見客，中午不休息，下午繼續辦公，亥初就寢。一天睡覺不到三個時辰，好在食眠很好，一天的繁雜能應付得游刃有餘。張之洞這種過人的精力，令他身旁的僚屬個個佩服而自歎不如。

不知甚麼時候，他突然被窗外的金屬碰撞聲驚醒。他慌忙下床，推開窗門看時，只見兩個黑影正在灰矇矇的月色下拚死格鬥。手無縛雞之力的張之洞給驚呆了。

略為定定神後，他看清了，那個揮舞着鐵鏈子的正是大根，然則大根是在跟誰廝打呢？是竊賊，還是刺客？大根武藝好，一根鐵鏈，上下左右揮舞着，猶如一條蟒蛇纏身，使得對方攻不進來。對手也是個強者，一把刀前後砍殺，寒光閃閃，猶如魔鬼的長大獠牙兇惡可怖，步步向大根進逼。眼看着大根不能一時取勝，張之洞顧不得巡撫的尊嚴，對着窗外大聲呼喊：「來人呀，有賊！」

拿刀的漢子猛聽得這一聲喊叫，心一分神，手便亂了陣式，趁着這個當兒，大根揮起鐵鏈打過去，正打在那人的右手上。「哐啷」一聲，刀子掉在青磚地上，那漢子拔腿就向院牆奔去，企圖跳牆逃走。這時，住在前面簽押房隔壁的楊銳、楊深秀等人，正拿着棍棒走出。大根大叫：「攔住賊，莫讓他翻牆！」漢子見又來了幾個人，心有點慌，正想換一個方向逃命時，大根已趕上來，鐵鏈一甩，打在那人的大腿上，那人隨即仆倒在地。楊銳等人追上來，一起把那人抓住了。

此時，整個巡撫衙門都鬧騰起來，平時接待客人的花廳燈燭輝煌。張之洞端坐在居中的太師椅上，怒目注視被五花大綁押上來的賊犯。那人渾身着黑色夜行服，年紀在四十歲左右，一臉橫肉上長滿絡緦鬍子，儘管竭力裝出一副鎮定的神態，卻掩蓋不住兩隻眼睛裏流露出來的驚恐之色。大根使勁將賊犯的兩肩一壓，那人「撲通」一聲跪了下來。

張之洞瞪起兩隻長大的眼睛，粗短的眉毛鎖成兩個黑團，碩大的鼻子擋住了從右邊照過來的燭光，使得左邊的臉黑沉沉的。楊銳偷眼看張之洞，一向藹然可親的恩師，今夜居然這般森猛威嚴，心裏不免冒出幾分畏懼來。張之洞用力拍打着太師椅扶手，大聲吼道：「你是甚麼人，深夜拔刀到巡撫衙門來做甚麼？」

那人望了一眼張之洞，低下頭來，緊咬着嘴唇不開口。

張之洞氣得又大聲問：「你叫甚麼名字，做甚麼事的？」

那人還是不開口。

大根氣道：「打他一百棍子，看他説不說話！」

説罷，抄起楊銳手中的棍棒就要打下去，張之洞制止了他。張之洞強壓着滿腔怒火，聲音略為放低了些：「你知不知道，深夜拔刀闖巡撫衙門，犯的是殺頭示眾的死罪？」

那人抬起頭來，兩眼發出一絲悲愴之色來，嘴皮動了兩下，似乎有話要説，但最終還是沒有着聲，又把頭低了下去。

聞訊急速趕來的桑治平，將這一切都看在眼裏，他對張之洞説：「此人看來不是一般的竊賊，不如暫時不審，先關押起來，明天再説。」

張之洞也看出事情頗為蹊蹺，同意桑治平的意見，將賊犯交給楊銳看管，又命令所有人不得將今夜發生的事向外洩漏半點，然後吩咐熄滅燈燭，各自照常安歇。

次日清晨，張之洞來到簽押房裏批閱公文。一尺餘高的公文堆上打頭的是一份信函，上面寫着：巡撫張大人親啟。張之洞順手拆開，抽出信紙來。「潞安府教民寧道安謹稟張撫台」，剛看了這一句，張之洞便氣得看不下去了，心裏想：一個小小的百姓，只因信了洋教，便仗着教堂的勢力，眼睛裏就沒有府縣父母官了，動輒徑向巡撫上書，豈有此理！此風決不可長。他提起筆來，在上面批道：「原信擲回。該教民既住潞安府，有事則向長治縣衙門稟報可也。」

正在氣頭上，楊銳神色慌亂地走了進來，雙腿跪下，帶着哭腔説：「昨夜的賊犯突然死了。學生看管不嚴，請老師懲處。」

「甚麼！」張之洞霍然站起，大為光火。「賊犯死了，怎麼死的？」

楊銳被張之洞的神情嚇住了，愣了好一會兒，才顫顫抖抖地說：「昨夜奉老師之命，我將賊犯押到一間堆放碎煤的雜屋裏，看着他。不一會，那賊犯便閉着眼睡覺了。學生睏乏得很，看他睡覺了，以為無事，便回房上床睡了。一早醒來趕到雜屋，發現他已死了，便趕來報告。」

這個賊犯深夜來巡撫衙門究竟要做甚麼也沒弄清，說不定這後面有着很複雜的背景，正要審訊清楚，怎麼能讓他就這樣不明不白地死了？這個楊叔嶠，真是年輕不曉事！他狠狠地盯了一眼楊銳，氣呼呼地擦身而過，手臂將學生撞倒在地上。他頭都不回一下，直奔雜屋而去。楊銳爬起來，顧不得頭被地磚碰得生痛，一路小跑地跟在老師後面。

雜屋裏外已圍滿着人，見巡撫來了，忙讓開一條路。張之洞來到賊犯屍體邊，桑治平正在過細地驗看着。死去的漢子手腳蜷縮，臉色青黑，嘴唇烏紫，鼻孔和嘴角邊有凝固的血痕。桑治平扯了下張之洞的衣袖說：「我們到簽押房裏去說話吧！」

張之洞點點頭。二人來到簽押房，桑治平將門窗關緊，悄悄地說：「這是件怪事。」

張之洞臉色繃得緊緊地說：「雜屋的門窗都是關得緊緊的，看來這人不是被別人害死的，是自尋短見。」

「從現場看，此人是吃隨身所帶的砒霜死的。」

「這樣說來，此人是預先就為自己準備了死路。」張之洞摸着瘦瘦的下巴，苦苦地思索着。「他到衙門裏來，究竟是為了甚麼呢？」

「我想這不是一個偷東西的賊，而是別有目的。」桑治平慢慢地分析，「說不定他是來竊取某一件重要的公文，或是想打探某一件秘事，甚至也可能是刺客。若是刺客，他不會衝着別人，很可能就是衝着你。」

張之洞凝視着桑治平說：「不是通常的賊，這點看來可以肯定。倘若是盜賊，是決不會預先把毒藥藏在身上，也決不會未經審訊就自己去尋死。要說是竊取公文，我這裏有甚麼公文值得別人冒死來竊取呢？要說是殺我的刺客，那我又結怨於誰呢？」

「你結怨的人還少了嗎？」桑治平笑道，「你毀掉罌粟，斷了多少人的財路？你禁食鴉片，使多少人翻滾在地，難熬煙癮？你清查藩庫，又會發掘多少人的隱私？」

桑治平這番話，說得張之洞背上涼涼的：「如此說來，此人是來殺我的刺客。」

「十之七八有可能。」從昨夜到今晨所發生的事情，經過這番思辨後，在桑治平的腦子裏已漸趨明朗了。「據大根說，此人武功不錯，刀法有路數，是武林中人物。看來他本人不一定與你結怨，而是受人重金所聘，並有約在先，不成功則一死了之，決不留下活口。我在江湖上混過。江湖上講的是義氣，重的是諾言，這種人不少。」

張之洞點點頭說：「你分析得有道理，但總要尋點蛛絲馬跡出來，破了這個案才好。你有甚麼法子嗎？」

桑治平思考半晌，說出一個辦法來。張之洞頷首認可。

5 刺客原來是藩司的朋友

半個時辰後，巡撫衙門左側搭起了一個草棚，那個死去的漢子被抬進草棚裏，旁邊有兩個持刀的士兵看守着。草棚邊貼着一張告示：昨夜一男子猝死於此，其親友可來認領，知情者可提供線索。在草棚對面一家臨街小酒店裏，桑治平、楊鋭、大根等人在酒桌喝酒，眼睛則死死地盯着草棚這邊的動靜。

草棚邊看告示看死人的很多，但沒有一個人表示認得此人，更無人出面認領。桑治平等頗為失望。午後，大根突然指着一個人對大家說：「那人我好像見過面。」

順着大根的手勢望過去，桑治平和楊鋭看見一個三十幾歲的男子，在告示邊足足站了一袋煙工夫，然後又走進草棚，對着躺在涼床上的死者，從頭到腳看了個仔細。

桑治平問大根：「這個人是哪裏的，你想得起來嗎？」

「好像是藩台衙門裏的人。」大根一邊盯着那人，一邊在使勁回憶。「是的，我想起來了。有一次，四叔和葆大人在臬台衙門議事，我在門房裏和守門的郝二爺聊天時見到此人。他手裏提着一個包袱，進門時對郝二爺打了聲招呼，說是給葆大人送衣的。這人進去後，我問郝二爺此人是誰，他說是葆大人府裏的僕人。過一會兒，那人空着手走出來，我又看了一眼。不會錯，正是那天給葆大人送衣服的人。」

正說着，那人從草棚裏出來，走了。

一個念頭冒出桑治平的腦海：死者莫不與藩台衙門有關？隔一會又想：說不定這個僕人路過此地，順便看看熱鬧。

第二天，桑治平等人又都早早地來到小酒店，暗中觀察街對面的情況。辰初時分，忽然急急忙忙地走來一個年輕女子。那女子分開眾人，一見死者，便大聲哭喊起來。哭了幾聲後，她離開草棚，從附近紙馬店裏買來一些紙錢和蠟燭線香，在死者的身旁點起香燭，將紙錢一張張地焚化着，陰着臉，既不哭，也不說話。那女子一氣燒了兩大疊紙後，還在燒。楊銳說：「這個女子與死者關係不一般，可以從她身上找到線索。」

桑治平說：「你們坐在這裏繼續盯着，我過去看看。」

桑治平過街來到草棚裏，對那女子說：「我是巡撫衙門裏當差的，你跟我到衙門門房裏來一下。」

那女子也不說話，跟着桑治平走。

來到衙門門房裏，桑治平對年輕女子說：「死的人是誰？你是他的甚麼人？你要對我說實話！」

那女子沉默半天後才開口：「老爺，那人我雖然認得，但這半年來我和他沒有交往了。我只知道他叫華山虎，幹甚麼謀生，哪裏人，家裏情況如何，我一概不知。」

桑治平仔細看了女子一眼。這女子二十多歲年紀，長得頗有幾分姿色。心裏想：大概是死者姘頭，這是一條線索，可以追下去。

「那你是怎麼認識他的？」

女人低着頭，沉默片刻後說：「我是暗香樓的妓女，他是到暗香樓來時認識的。」

噢！原來是妓女弔嫖客，這倒少見。通常說婊子無情戲子無義，眼前這個婊子，看來還是有情的。

桑治平下意識地又看了她一眼。

「他既是個嫖客，你為何要來給他燒香焚紙？」

「他雖是個嫖客，我敬佩他武功好有本事，又大方講義氣。有次我跟他說我母親生病，家裏窮無錢醫治。他一聽說，立刻就把身上的二十兩銀子全給了我。我感激他，所以昨天聽一個姐妹說，巡撫衙門口死的人像是華山虎，我今早就來了。」

桑治平是一個立身嚴謹的人。他瞧不起妓女，也瞧不起嫖客，儘管浪跡江湖多年，卻從不眠花宿柳，保持着清白之身，聽了這番話後，多少改變些對妓女嫖客的歧視態度。

「你對華山虎的情況，真的一無所知？」

「是的，老爺。我和華山虎半年前只有過四五次接觸。他都是傍晚來，天一亮就走了。他不喜多說話，我也不好多問他。」

「那你怎麼知道他武功好？」桑治平追問。

「一天夜裏，有幾個無賴在暗香樓鬧事，他出去了，只三拳兩腳就把那羣無賴給攆走了。第二天院主說，那漢子好武藝，他若是肯替我們暗香樓當保鏢就好了。」

桑治平見這妓女說話還實在，便鬆下臉來，換了一種口氣說：「華山虎與你有舊情，現在他突然不明不白地死了，你心裏也難過。我們為他陳屍巡撫衙門外，也是想招來他的親人和朋友，以便將屍體領走。你能不能回憶下，華山虎說起過他在太原府有些甚麼交往嗎？」

妓女又低下頭來，抿住着嘴回憶，好半天才說：「他很少說話，所以我不知道他有沒有朋友在太原府。只有一次夜深了，他敲開暗香樓。我對他說，哪有半夜來妓院的，假若今夜我床上睡了一個客人，那你不白來了？他說，在藩台衙門喝酒喝晚了，想看看你，你若有客人，我走就是了。我聽了這話，心裏暖和。不瞞老爺說，那時心裏想，若華山虎不嫌我，我真的有心跟着他。可惜，從那以後，他就再沒來暗香樓了。」

「在藩台衙門喝酒」，這句話引起了桑治平的注意，聯繫到大根所看到的葆庚家的僕人，桑治平的腦子裏有了一個猜測。

他嚴厲地盯着妓女：「你講的都是實話？」

那妓女忙磕頭：「老爺，您是官府裏的人，我怎麼敢在您的面前說謊話。不信的話，您可以到暗香樓去問。」

「好吧，你去吧！」

妓女剛走，大根便進來說：「桑先生，我剛才又看到葆大人家那個僕人了。」

「又是昨天那個人？」

「正是昨天那個人。他在草棚內外看了一下，沒有呆多久就走了。」

看來，葆庚在關心着這個華山虎！剛才腦子裏的猜想得到初步的證實。

桑治平決定再將華山虎的屍體擺一天。第三天，看的人明顯減少了，很多人都是向草棚瞟一眼後，便匆匆離開不再停留。桑治平、大根仍在對面小酒家注視着，沒有看出別的甚麼意外的情況。將近傍晚，他們第三次看到葆庚家的僕人和別的過路人一樣，從草棚旁匆匆走過。晚飯時，楊銳從暗香樓回來告訴桑治平，鴇母所說與妓女說的沒有多大的出入。桑治平於是吩咐將華山虎裝入棺材埋掉。

夜裏，他來到張之洞的臥房裏，稟報三天的觀察和調查，並說出自己的推測：被妓女稱為華山虎的死者，很可能是一個流落江湖的武林中人，被葆庚用重金收買來巡撫衙門行刺。葆庚應深知華山虎有武功又有江湖人的俠義，才敢於用他。行刺前，雙方必定立下了重誓：不成功則自殺，以此換取葆庚對其家人的酬金，其家人也保證永不公開此事。

精通典章滿腹詩書而對江湖黑幕一無所知的清流巡撫，聽完桑治平這番分析後驚住了，心裏想：葆庚身為朝廷方伯大員，怎麼可以與江湖浪人勾結起來，做出這等傷天害理之事，真是匪夷所思！

桑治平繼續分析：「華山虎三字，應不是此人的真姓名而是綽號，或許他的籍貫為陝西華州、華陰一帶，或許曾在華山落過草，很可能不是山西人，而是陝西人。」

「葆庚來山西之前是陝西的臬司。」張之洞插話。

「這就對了。」桑治平點點頭說，「說不定正是葆庚在陝西臬司任上與華山虎結識的。臬司負有保護地方安寧之責，故不少臬司都與省內的黑道巨頭有暗中聯繫。黑道巨頭保證不給臬司添亂子，臬司則保證給黑道巨頭以官府庇護。這就是老百姓所說的官匪一家。看來葆庚是深悉此道的人。」

張之洞聽了這話後又是一驚。他很佩服桑治平對世道的深切了解，把這位正斜兩道都通的人物請來山西做助手，的確是做對了。

「你剛才說的對我有很大的啟發。」張之洞笑着說，「我對江湖黑道是一點都不懂，多虧你閱歷豐富。你看，我們要不要派人到華州一帶去查訪查訪呢？」

「依我看不要去了。」桑治平沉吟片刻說，「一是查訪不出個名堂來，二是也沒有這個必要。華山虎已死，常言道死無對證，人一死，甚麼話都說不清了。這就是滅口的作用。這一招是十分毒辣的，沒有幾千兩銀子做不到這一步。我相信我的分析是對的，這種分析只能存入你我之心，對任何人，包括楊銳、大根都不能說。葆庚之所以派人行刺，無非是衝着清理庫款而來的。他的貪污因此而進一步證實。他用重金僱刺客，出此下策，成則將轉移朝廷的視線，又給繼任者一個顏色看，使他們不敢再清查下去。十多年前江寧校場上的那場命案，香濤兄你大概還記得。」

「你說的是張文祥刺殺馬新貽的案子？」

「是的，就是那場刺馬案。」桑治平神色平和地說，「張文祥後來是被活活地剮了，當時圍觀看熱鬧的不下萬人。那時我正在蘇州子青撫台衙門裏，他要我去江寧看看。刺客張文祥真是一條漢子，一刀刀下去，一塊塊血淋淋的肉提起，他硬是一聲都沒有吭，直到血肉模糊氣絕身亡為止。張文祥雖剮了，但案子並沒有審出個結果來。有說張文祥是捻寇的，有說是長毛的，也有的說是洋教堂收買的刺客，傳說紛紛，使得繼任江督曾國藩對漏網的長毛捻寇不敢再搜捕，對教堂更是客客氣氣的。曾國藩是甚麼人？他都因馬案而戰戰慄慄，何況別的繼任者！所以自古以來刺客不絕，其原因就在於此。即使不成，也會給當事者一個很大的打擊，有的人便會因此而及時勒馬，改弦易轍。」

張之洞氣憤地說：「葆庚想以此來嚇唬我，他看錯人了。我張某人雖沒有武功，膽氣卻是有的，大不了一死嘛！人孰無死，為朝廷懲貪官，為百姓伸正氣而死，正是死得其所。」

「壯哉！」桑治平禁不住擊節稱讚。「你有這種氣概，世上甚麼事都能辦了！」

張之洞說：「昨日馬丕瑤對我說，又查出葆庚和王定安的兩樁大事。」

「甚麼事？」

「前年，曾沅甫已離山西而衞靜瀾未來接任期間，葆庚曾代理巡撫之職，先後放銀六十餘萬兩，其中大部分不應該放。如提塘趙嘉年的二萬五千兩欠款、參將王同文的一萬八千兩欠餉，以及總兵羅承勳的二萬七千兩欠餉，都是別有原故而不當放的。葆庚利用手中的職權，不分青紅皂白，一律發放。有人揭發，葆庚之所以這樣做，是因為趙嘉年等人許給他至少一成的回扣。若按此計算，葆庚在這三人身上可得七千兩銀子的回扣。國家的銀子通過這番手腳，就轉變為他私人的財產了。王定安也學樣。他在署理藩司期間，放銀三十萬兩，其中至少有十萬兩是不該放的。王定安從中獲得不少好處。馬丕瑤還說，他們已暗中查訪到，省城各局，王定安是無局不列銜，無局不主稿。這個人是貪得無厭，貪得卑鄙，士林罵他是山西第一條大蛀蟲，一日不清出王定安，三晉便一日不得安寧。」

桑治平說：「過些日子，京師參劾摺出來後，朝廷一定會派員來山西查訪，這些都是很好的佐證材料。」

張之洞說：「我對馬丕瑤說了，要把事情做得扎扎實實的，讓葆庚、王定安在鐵證面前不得不低頭認罪。天大的事有我張某人一身擔當，你們只管放心去做。」

「有你這個態度，馬丕瑤他們做起事來便沒有顧慮了。」

「仲子兄。」張之洞站起身來，將一隻手搭在桑治平的肩膀上，動情地說，「我張之洞做了多年的清流，素來與貪贓枉法者勢不兩立。往日在京師每具這種參劾摺時，心裏就想到，哪一天我不再憑這一張紙，而是憑一方實權在手，親手為國為民清除蠹魚就好了。今日我蒙太后、皇上之恩，為朝廷巡撫三晉，正是手握一方實權之時，眼見得在我的眼皮底下，有這樣幾個食皇家俸祿而干犯律法的屬吏，我倘若因他們身處高位而畏縮，因他們收買刺客行兇而膽怯的話，我不但對不起聖賢的教誨和太后皇上的恩情，辜負了三晉一千萬百姓的厚望，即使想起當年的一己之願，也會羞慚滿面，問心有愧。仲子兄，去年在古北口，你與我約法三章，其中第二章就是每年要為百姓辦幾件實事。這清除貪官污吏，便是為百姓辦的最大實事。不管有多大的困難，我都要把這樁大事辦好辦徹底。」

桑治平激動地握着張之洞的手說：「跟着你這樣的巡撫辦事，我桑某即便累死也會含笑九泉。」

6 藉朝廷懲辦貪官之機，張之洞大舉清查庫款整飭吏治

這些日子，張佩綸、陳寶琛參劾山西藩司葆庚、冀寧道王定安的摺子，成了朝廷上下議論的熱點。地方官員荒廢政務、吸食鴉片、結黨營私、貪污中飽等等，幾十年來已成司空見慣之事，大家見怪不怪，已提不起談論的興趣了。但貪污救災款，且為數如此之大，貪污者官職如此之高，卻極為少見。持身清廉的官員對此憤慨自然不消說了，連那些不拘小節、宦囊不潔的官員也感到氣憤：別的錢騰挪幾個尚可原諒，這是救命的錢呀，怎能昧着天理良心，如此胡來？一時間，葆庚、王定安成了官吏們的眾矢之的。慈禧、恭王也很惱怒，連十二歲的光緒小皇帝也氣得說出「不殺不足以平民憤」的話來。

慈禧和恭王商量後作出兩個決定：一是命令山西巡撫張之洞火速查明葆庚等人的實情，二是就近垂詢寓居山西十多年來京不久的戶部尚書閻敬銘。

閻敬銘心中早已有數，召對之時，不僅證實張佩綸、陳寶琛的參劾有據，而且還向太后稟奏在晉期間的親見親聞，為前幾年山西腐敗的吏治提供不少新證據。

接到查核葆庚一案的上諭後，張之洞立即命令馬丕瑤、楊銳等人，將半年來明察暗訪所積累的一切，詳詳細細地條貫清釐，寫成一份厚達百餘頁的佐證，派人護送進京。

這份佐證一到軍機處朝房，葆庚、王定安等人狼狽為奸貪贓枉法的罪行便鐵證如山了，秉政的恭王下令革去葆庚、王定安的職務，鎖拿來京，交刑部審訊嚴辦。

這時，又有一個名叫李肇錫的御史，因素來看不慣曾國荃倚老賣老的作派，便藉着這個機會參了一摺，說曾國荃濫保匪人誤國害民，應一併嚴懲，以為大臣薦人之戒。吏部堂官中也有討厭曾國荃恃功驕慢的人，便作了一個「降二級調用」的處分，呈請慈禧裁決。此時，因越南與法國發生衝突，廣西邊事緊急，粵督一職頓時顯得更加重要。儘管慈禧一向不滿曾國荃的驕縱疏懶，極想藉機殺一殺他的威風，但考慮到一旦戰火燃起，還得倚仗這位能打硬仗的曾老九，便加恩改為革職留任，仍在粵督位置上不動。

連功勳顯赫的曾國荃都受到了處分，可見慈禧對山西貪污救災款一案的惱怒，以及懲辦的決心。葆庚想以打擊張之洞來自救的路子，顯然已成死胡同。受王定安收買原擬彈劾張之洞瀆職的幾個御史，也悄悄地把已擬未發的奏稿燒掉了。

刑部審訊後定案：葆庚革職，充軍新疆，永不回京；王定安革職，監禁十年。按理說，刑部的量刑太輕了，但如此處置，已是對張之洞撫晉的極大支持。張之洞藉着朝廷的這股春風大張旗鼓地做了兩樁大事：一是徹底清查藩庫，並擴大到全省十八府州及六十餘縣的庫房賬目，嚴懲所有犯有貪污挪用罪情的官吏。桑治平提醒他，自古以來，法不治眾。山西全省官吏，程度不等地犯有貪污挪用情事的在半數以上，此令若下，這些人都會在懲處之列，整個山西官場則將癱瘓；甚或他們背地裏勾結聯盟，則清庫一事則成敷衍過場。兩者都對大局不利。不如總大綱而寬小過。凡牽涉到葆庚、王定安貪污救災款的，限三個月內主動坦白，將所貪污的銀子如數繳還，並加三成罰金，照辦者一概免於處分。各府州縣庫房在半年內清查期間，凡將所欠公款如數歸還的，都不算貪污挪用。山西眼前最缺的就是銀子，如此網開一面，數月之內將會有二三百萬兩銀子入庫，省內各項興作辦起來就容易多了。

桑治平這個主意雖有以罰代法之嫌，但於實際有補。權衡利弊，張之洞還是採納了。

第二樁大事，便是藉此整飭吏治。對於少數幾個與葆庚、王定安關係密切，貪污救災款數目較大民憤也大的徐時霖一類的官員，張之洞不待他們主動交待，便先行傳訊，停職審查，報請朝廷。又勸告一批年老體弱糊塗昏庸的州縣官員主動提交辭呈，以保全他們的體面。然後，又將一批確實清廉自守為官有方的各級官員，上奏太后、皇上，請予嘉獎升遷。

如此一罷一升，果然對山西全省官場震動巨大，幾十年來所形成的貪污腐敗、疲沓懶散的積習，頓時為之一掃，暮氣沉沉的三晉官場，開始吹進一股新鮮氣息。

來到山西不到兩年，便有這樣的政績，張之洞更相信自己具有人所不及的治國大才。他不滿足山西一隅之地，他的眼光從來都在關注着整個中國的政局。他記得閻敬銘曾經說過，胡林翼事業的成功，一是風雲際會，一是眾人相幫。風雲際會是天時湊泊，天時不是自己所能創造的，關鍵在善於把握，至於如何才能得到眾人之助，則完全是屬於自己的學問了。

一年來，張之洞把閻敬銘贈送的兩百萬言的《胡文忠公遺集》，細心地通讀了一遍，揣摸出這得人的學問主要在識人、薦人、用人幾個環節上。曾國藩曾經這樣概括胡林翼這方面的長處：識才於微末，薦賢滿天下，用人以誠心。親手宰理一省政務，實實在在辦理幾件大事後，張之洞從心裏佩服曾、胡這種過人的賢者器宇。現在自己身為封疆大吏，具備了薦賢的資格，張之洞決定向太后、皇上上一個薦賢表，一來為朝廷舉薦美才，為國盡責，二來也替自己廣為聯絡賢俊，以通聲氣，且市恩於先，今後一旦擔負更大的職務時，可得到他們的真心支持。

他將自己多年來所熟知，以及雖未見面但對其人品學識才幹有所聞者列了出來，這些人物包括張佩綸、陳寶琛、于蔭霖、馬丕瑤等，一共五十九人。張之洞認為，這張人才表已將天底下才未盡用的人物都囊括殆盡。太后若能將這些人一一擢升，擺在最能發揮其才幹的處置上，則大清朝將可指日大治。

拜發了這道薦疏後，張之洞心裏有一種貢獻和布施之感，情緒上很是愜意。這些天來，由於吏治得法，公務多暇，作詞臣學官所養成的吟詩作文的雅興又漸漸襲心頭。

正是天高氣爽的仲秋，夜幕剛合，天上便早早地掛起一輪明淨如洗的銀盆，將融融清輝無私地灑向人間，並州古城籠罩在一片溫柔飄逸的氣氛中，顯得端莊安詳。

燈下，張之洞正在磨墨凝思。突然，他覺得心靈中若有幾點光亮在跳動，如同電之光石之火似的。過去，在夜闌更深之時，他每每有這種靈感冒出，便常常效法陸機，以一種演連珠體裁記下來。他的連珠詩或駢或散，或押韻或不押韻，不刻意追求遣辭，重在達意。這種連珠詩已積累達三十餘首了。今夜的靈感是由薦賢疏而引起的，對人之才幹見識，驀然間有一種新的體認，遂鋪開紙，將這稍縱即逝的心靈火花記錄下來：

裏蛇無足飛，鼯鼠五技窮。

士貴知道要，不在誇多通。
趙武言語訥，曹參清靜宗。
周勃少文采，汲黯號愚忠。
諸葛尚淡泊，魏徵稱田翁。
晁桓兩智囊，均不保其躬。
曼倩最多能，屈身滑稽中。
劉郡饒百計，夾河終無功。
惟靜識乃遠，惟樸力乃充。
吾聞柱下史，無名道猶龍。

寫完後，他將自己即興創作的這首連珠詩又吟誦了兩遍，自我感覺頗為得意。是的，才有大小之分，才亦有花俏與實在之別。治國之具要的是大才實才遠見之才，趙武、曹參、周勃、汲黯、諸葛、魏徵，都是歷史上有實在建樹的治國大才。而其才之修煉，一在於心境上，不汲汲於一時之功名利祿而淡泊寧靜，因此能識大識遠；二在處事上，不求一時之嘩眾取寵，而求實實在在為社稷蒼生謀求福祉，不求頭頂上的五彩光環，而求腳底下的堅實基礎。此即唯樸素乃長久之道理。

張之洞想，這首連珠詩明天讓楊銳他們多抄幾份，分送給衙門裏的幕友們。還可以贈給晉陽書院的學子們，讓他們在求學期間便明白這個道理，今後不入斜徑，少走彎路。

正在浮想聯翩之時，一陣清幽綿遠的琴聲，被夜風輕輕地從窗外送了進來。張之洞知道，這是佩玉在彈琴。這一年多來，佩玉給張之洞幫了很大的忙。她關心疼愛準兒。準兒彷彿有先天的靈感，對七弦琴有着濃烈的興趣。這讓張之洞欣慰不已。

佩玉間或也會屏息靜氣地彈上一曲，藉以抒發胸臆，傾吐情愫，這常常是在夜色闌珊之時。為了不影響張之洞和署中的執事人員，佩玉總是把門窗關得緊緊的，把聲音盡量地壓低，低得只有她一人聽到。此時的琴音，彷彿不是從她手指下撥出，而是從她的心靈中迸出。她的整個心境，乃至窗外的溶溶夜色茫茫寰宇，都與這心中的樂聲匯合在一起。這樣的時刻，她總有一種生命與造化合為一體的靜謐寧馨之感。其妙處只在自我體會之中，實在難以言傳筆述。有一次，她把這種感覺說給父親聽。父親說這種感覺古人早已有之，陶淵明的詩：「此中有真意，欲辨已忘言。」說的就是這個意思。佩玉聽了父親的話很欣慰，於是更自覺地多創造出這種意境。漸漸地，她發現自己的心境在淨化，在升華。音樂，給她坎坷的年輕生命帶來極大的慰藉。

偶爾，在夜色深沉的時候，張之洞也會聽到這種琴聲，它渺渺裊裊飄飄搖搖，似有似無，若斷若續，彷彿是從天庭傳下來的神仙之曲，又像是遙遠的山谷裏傳出的流泉之聲。他知道那是佩玉在彈琴，但政務太雜太紛太亂了，以至於他幾乎沒有心思來欣賞這曾給他以奇妙享受的琴曲。

今夜，或許是琴聲比往日響亮，或許是清秋之夜更易激起獨居人的情思，或許是政務初見頭緒，使得執政者的心情輕鬆閒逸。張之洞稟賦中的文人氣質，被這琴聲重重地撩撥起來。他終於不能自已，離開書案，向佩玉的房間走去。

7 秋夜，女琴師的樂理啟發了三晉執政者

「你的琴是越彈越好了。」張之洞推開佩玉的房門，微笑着跟女琴師打招呼。

佩玉正陶醉在自我營造的藝術世界裏，突然被耳旁的這句話所驚醒。她帶着三分惶恐起身彎腰：

「佩玉不慎，驚動了撫台。」

她抬起頭來，果然見有一扇窗戶被風吹開。她暗暗責備自己粗心，臉上不覺飛上一片紅雲。就這一瞬間，四十六歲的撫台驀然覺得素衣布履的女琴師其實也嫵媚動人，一股強烈的與之交談的願望在心裏油然而生。

「佩玉，這一年來，準兒多虧了你的呵護，我很感激你。我平日太忙，很少關照你，還望你能體諒。」

這樣一個雷厲風行鏟罌禁煙、鐵面無情懲辦貪官污吏的撫台大人，竟也有細膩的兒女之心，能說出暖人心窩的話，佩玉一時甚是感動。

「大人客氣了，小姐清純可愛，天資聰穎，我能有幸與她為伴，這是上天賜給我的緣份。」

佩玉說的完全是心裏話。六年前，她喪夫失子，這慘烈的打擊，時時刻刻如沉重的烏雲罩住她的

心，她很少有歡快的情緒，幾乎夜夜夢中與丈夫和姣兒在一起，望着兒子如朝日般的面孔，她心裏甜得如注滿了蜜糖，然而一覺醒來，屋內空空，床頭空空，她不免又悲從中來，清淚一滴一滴地落在枕上，直到天明。

這一年來，她天天看着準兒，越看越覺得像自己的兒子，模樣兒像，笑聲像，連脾氣性情也像。她自己也覺得奇怪：我的兒子怎麼會跟這個小姐一個樣？莫非這準兒就是我夭折的兒子的投胎？莫非老天爺有意如此安排，讓兒子換作女兒身回到我的身邊？佩玉成天這樣癡癡地想着，日子一久，準兒就變成了她的親生似的，她把自己山高海深般的母愛全部澆注在準兒的身上。這幾個月來，她居然很少再夢見自己的兒子了。她更加確信，準兒就是兒子的轉世。

聽佩玉誇女兒聰穎，張之洞很高興，問：「準兒能認多少字了？」

佩玉答：「近半年來。我每天教她認三個字，三天一溫習，十天一複習，一月一考試。一個月下來，小姐把所教的字都記住了，半年裏小姐已學會三百字了。」

前學台對女兒的認字成績很滿意，又問：「我常聽準兒哼着兒歌，這也是你教給她的吧！」

「是。」佩玉答。「小姐天性於詩詞悟性高，一首五言絕句，也只讀兩三遍，便能朗朗上口，讀四五遍就記下來了。佩玉向大人恭喜，要不了十年，小姐準是壓倒曹大姑、謝道韞的女才子。」

張之洞哈哈大笑起來，笑過一陣後說：「曹大姑、謝道韞古今能有幾個？我也不指望她成為才女，只是長大了能讀點詩文，怡情養性罷了。」

稍停一會，又問：「準兒的琴學得怎樣？」

佩玉說：「她在琴弦音樂方面似有天賦。我還只教她個把月，便已能上手了，彈出幾個音調來，還很像個樣子。」

張之洞點頭說：「我原來想讓她再大些才學琴，她既有興趣，早點學也好。對準兒的彈琴，我倒是寄與大的希望，盼望她今後能像你一樣彈出動聽的樂章。」

佩玉忙說：「我天性魯鈍，不能成器。這幾年勉力為小姐打點基礎，日後望大人再訪求名師指教。小姐今後的琴藝，定會十倍百倍高出我。」

「哦，哦。」張之洞邊聽邊點頭，說，「其實，我也不指望準兒今後的琴藝如何出色。自古以來，色藝俱絕的女子，大多坎坷磨難，反而不佳，也不過是願她今後能借琴曲和諧家庭陶冶心境罷了。」

張之洞這幾句話觸動了佩玉的心思。她突然想到，自己彷彿就是古來那些色藝俱佳而命運不好的女子，一時情緒驟然冷落下來。

「爹！」

準兒一覺睡來，見爹爹坐在房裏，有點奇怪，她擦着眼睛，轉過臉對佩玉說：「師傅，我剛才做了一個夢。夢見你穿着花花綠綠的襖子，頭上戴着珠花，真好看！」

準兒這句稚氣十足的話，說得佩玉笑了起來。她走過去，俯着身子問：「是不是口渴了？我給你端點水來。」

「我想喝點水。」準兒說着從被窩裏爬起，佩玉忙給她披上衣服。準兒對父親說，「爹，師傅說過年後就教我彈大曲子，還說大曲子如果彈得好，天上的鳳凰都會飛下來聽。爹，鳳凰真的會飛下來聽我彈琴嗎？」

張之洞聽了女兒的話，心裏十分歡喜，說：「會的。只要你把琴彈得非常非常好，鳳凰就會來聽。」

佩玉端過一杯溫水來，準兒喝了一口，不再喝了。她瞪起烏黑的大眼睛問佩玉：「師傅，你的琴彈得好，鳳凰飛下來聽過嗎？下次鳳凰飛下來時，你喊我看，好嗎？」

佩玉笑着說：「師傅的琴彈得還不好，鳳凰還從來沒有飛下聽過。以後準兒的琴彈得會更好，那時就會有鳳凰來聽了。」

「真的嗎？」準兒將信將疑。

「真的。」佩玉堅定地回答。

「睡吧！」張之洞過來摸着女兒的頭，充滿慈愛地說，「睡吧，明天早早醒來，跟着師傅好好地學，說不定哪天鳳凰就飛下來聽你彈琴了。」

準兒脫衣重新睡下，一會兒便進入夢鄉。

紅襖珠花，鳳凰來儀。準兒天真無邪的童稚心願驅散了佩玉心頭瞬時飄過的陰影，心情又恢復了撫琴時的平靜。

「佩玉，你幾歲學的琴，誰教的？」準兒對琴所表現出來的熱情，進一步激發張之洞今夜與女塾師談話的情緒。

「我也是小姐這麼大年紀開始學琴的，師傅就是我的父親。」

「哦，你這是家學了。」張之洞微微地笑了一下。

「聽我母親說，父親年輕時不僅書讀得好，琴更彈得好。父親家清貧。母親家較為殷實，外祖父為母親尋了一個富貴婆家，但母親不願意，為父親的琴聲所迷戀，一定要嫁給父親。外祖父堅決不同意，母親便在家絕食。外祖母疼愛女兒，說服外祖父勉強同意了。但外祖父心裏始終不愉快，母親出嫁時，嫁妝很少，以後也不讓我的父親登門。父母親一氣之下，便離開老家商州府，從陝西來到山西。從那以後，他們便漂泊異鄉。儘管幾十年來生活貧苦，但母親至今不悔她當年的選擇。」

「你的母親是個有志氣的女子！」張之洞脫口讚道。

「我原有一個哥哥一個弟弟，但他們都在很小時就夭折了，父母親便把全部疼愛之心都放在我的身上。我從小和母親一樣，喜歡聽父親的琴聲。夏夜的麥場上，冬日的爐火旁，我們母女倆緊挨着聽父親彈琴。在琴聲中，我們忘記了貧困，忘記了憂傷，也忘記了人世間對我們的許多不公平……」

秋夜的巡撫衙門，在一片如水月色的籠罩下，白日裏那些令人或畏或恨的種種，都已淡去消逝，出現在人們眼中的，是與百姓宅院一樣的柔和恬靜。女琴師的心裏浮起往日甜美的記憶，那是永遠留戀的在娘家做閨女時的歲月，那是永遠存在心靈深處的未受塵世沾染的神仙畫卷。

女琴師繼續敘說：「那時，父親總是對我說，佩玉，好好彈琴吧，窮人家沒有錦衣玉食，也沒有強權重勢，但有自己的慧心巧手，憑着聰明才智和與世無爭的心境，也同樣可以獲得人生的快樂幸福。以後你長大了，還會慢慢體會到，錢財權勢，儘管可以使人風光體面，但它不能給人真正的快樂，真正的快樂永遠只存於人的靈府中。靈府安寧，人才舒坦。而使靈府得以安寧的最好東西，便是音樂。音樂使人泯去機心，化除爭鬥，不機不詐，不爭不鬥，靈府便平靜如鏡，人就無憂無慮，快快樂樂。所以古人說『樂者，德之華也』，講的便是這個道理。」

「樂者，德之華也」。張之洞被這句話驚動了一下。這不是《禮記》中句子嗎？從小起便讀四書五經，這句話至少讀過二三十遍。讀它的時候，天天被科場連捷光宗耀祖的念頭衝擊着，從來沒有從化除機心爭鬥這個方面，去理解音樂的功用，更沒有想到道德的升華，便是建築在靈府平靜的基礎上。今夜，經女琴師轉述其父這番話後，探花出身有着六年學台經歷的山西巡撫，彷彿對「樂者，德之華也」這句古老的名言，有了一個嶄新的理解。

他情不自禁地說：「你父親這幾句話說得好極了！《禮記》中《樂記》這篇文章，我能倒背如流，自認為句句都讀懂了。聽了你說的這些後，才知道我原來並沒有讀懂，你父親才是真正讀懂了。」

「大人言重了，我父親是個終生潦倒的書呆子，我母親常笑他迂腐不中用。大人才真正是讀通了典籍的國家棟樑之才。」佩玉雖然這樣謙虛地說着，心裏對撫台的讚辭還是歡喜的。

「不能這樣說。」張之洞正色道，「這人生的窮通逆順，原是很難說得清楚的事。功名蹭蹬仕途艱澀的人，未必就是沒有真學問；一帆風順官運亨通的人，也並非就一定學問很好。就拿我本人來說吧，我四十三歲以前，將近二十年功夫一直遷升緩慢，總在中下級官員間浮沉。四十三歲後，突然官運好起來，一年多時間，便由五品升到二品。難道說，這一年多裏我猛然開竅了？其實我心裏清楚，我還是我，並不比先前高明。你的父親只是時運不好罷了。若時運好的話，有如此聰明靈慧之心的人，說不定早做到尚書大學士了。」

佩玉望着眼前的巡撫大人，眼睛不由得越睜越大，越睜越亮起來。這是怎麼回事？這話似乎不是平日那個鐵板着面孔，威嚴凜冽不易接近的三晉之主所能說出的。這話說得有多實在，讓人聽了有多舒心！是他的真心話，還是在有意安慰我那功名不遂的老父？即便是後者，這也是處高位者的仁厚之心：不看重自己的成功，以免失意者難堪。當今的官場，遍是驕人淩人趾高氣揚之輩，這種恤人容人的仁厚是多麼的難能可貴！佩玉對相處一年之久的撫台，驟然間有了新的認識，彼此間的距離一下子靠近了許多。

對東家的這番話，女琴師不好說甚麼，她只是抿着嘴唇笑了一笑。不料，卻讓這位喪妻已久的中年巡撫心裏怦然動了一下。他覺得這無聲的微笑裏，充滿着魅力無窮的成熟女人的美！

「我喜歡聽人彈琴，但對樂理則知之甚少，所以，聽琴也只知道好聽不好聽而已，其間的深淺卻品味不出來。」張之洞望着佩玉恢復常態的面孔，心裏似乎增加了幾分異樣的情感。「讀古人書，對鍾子期評俞伯牙鼓琴，所謂『峨峨兮若泰山』、『洋洋兮若江河』之語，真是神往至極，巴不得自己也有這種知音的本事。你們父女善於奏琴，大概也善於辨音吧，能否傳授一點給我？」

佩玉想了想，說：「我和我父親其實算不上善於彈琴，即使很精於彈奏，要準確地辨出其音來也是一件很難的事。《列子・湯問》篇裏說的高山流水的話，是稱讚鍾子期的琴藝遠過俞伯牙，故而才有俞伯牙摔琴謝知音的故事。正因為知音難得，這個故事才會千百年傳誦不衰，常令人感歎不已。」

「知音難得」這幾句話激起了張之洞的滿腔同情，他點點頭說：「你說得很對。」

「不過，樂聲也大致是可以辨得出來的。」佩玉的回答有了轉折。「所以，古書上才有鄭衛之音濮上之樂的說法。它的訣竅不在別的，只在多聽而已。前人說操千曲而後知音，就是說的這種日積月累的功夫。」

張之洞聽了這話，心裏暗暗生出幾分慚愧來。佩玉說得對，知音辨曲的本事是由長年積累而來的，這同讀書做學問一個樣，靠的是三更燈火十年寒窗的苦讀苦誦，世人因怕吃苦而求訣竅走捷徑，這樣的訣竅捷徑其實是沒有的。自己過去常常這樣告誡士子，為何現在又來向別人問訣竅呢？是看不起琴藝，認為它是小道，不能跟讀書做學問相比麼？

為了彌補剛才無意間的過失，張之洞鄭重地說：「自古來音樂在教化中便有很重要的位置。孔子教學生六藝，其一便為樂，所以洙泗河畔，才有弦歌不絕。可惜，今日士子們一心想的就是科第功名，以進學中舉中進士做官為終生奮鬥目標，天天就是模仿着代聖人立言，裝腔作勢，乾癟乏味，不但經濟之學不通，連《史》《漢》李杜都不懂，唐宋八大家都不讀，更不要說琴藝弦歌了。這真是國家的大憾事！」

張之洞的這番感慨，使佩玉想起從小就聽慣了的父親的牢騷之語。她沒有想到，堂堂的巡撫大人竟然跟潦倒一生的父親有如此共同的語言。她突然想到，父親在他五十歲生日的晚上，因心情高興，曾經鄭重其事地跟她談起音樂中的大學問。這次談話，佩玉牢記於心，她甚至為父親的這些卓識不能付之於現實而深感遺憾。這位名士出身的巡撫既同情不走運的讀書人，又如此看重音樂，不妨把父親的那番見識轉述一二。一則讓他知道時運不濟的老父並非尋常之輩，二來若對他的執政有所幫助，從而造福於百姓，也是一件好事。

想到這裏，佩玉正正身板，斂容說：「大人憂慮的是國家培養人才的大事，佩玉身為弱女子，家父是一個無權無勢的窮塾師，都不值得來憂慮這等大事。只是有一次，家父曾對我說過他對音樂的深刻體會，使我想到，有志做大事的士子倒是的確要在誦讀四書五經之餘，花點時間於音樂的研習上，或許對於日後的治理國家會有所幫助。」

晉祠裏那位清瘦的老塾師的形象，又出現在張之洞的眼前。老塾師有何高論？張之洞不覺肅然說：「老先生對你說了些甚麼，也讓我這個喜愛音樂而又不懂音樂的人長長見識。」

佩玉望着窗外的明月，凝神良久，然後緩緩地說：「那也是一個明月之夜，父親在聽我彈完一曲《岐山鳳鳴》的古樂後，興致極高地對我發了一篇長論。他說聖人極為重視樂，把樂和禮視為治國安民的兩個最重要的手段，故《樂記》篇裏反覆將樂和禮並在一起說。如：樂者，天地之和也；禮者，天地之節也。又說：樂也者，動於內者也；禮也者，動於外者也。家父說，聖人認為，禮是從外部來有等級有秩序地節制邦國；樂則是從內裏來熏陶化育百姓的心境。聖人一向最為看重人心的教化，故樂的地位實在禮上。而樂的功能，聖人以一『和』字來概括。這『和』字，真正地體現了我們華夏之邦的最高智慧。」

佩玉說到這裏略為停了一下，張之洞心裏一震。「樂者，天地之和」這樣的話，《樂記》一篇裏的確反覆出現過，但自己並沒有深究，更沒有對「和」字有這樣高的認識。他懇切地對佩玉說：「想必令尊對聖人標出的這個『和』字，有一番人所不及的探討，我願洗耳恭聽。」

佩玉淡淡一笑，說：「家父說，古代許多典籍中都提到了『和』字。早在春秋時，周太史便說過『和實生物，同則不繼』，《論語》上說『禮之用，和為貴』，孟子說『天時不如地利，地利不如人和』，《中庸》裏說『和也者，天下之達道也』，董仲舒說『德莫大於和，和者，天地之正也』。可見古來聖人賢士都注重『和』，把『和』視為天地間的惟一正道。」

張之洞突然悟到，為甚麼宮中三大殿：保和、中和、太和，都以「和」為名，其由原來在此。作為國家權力的最高代表，三大殿均以「和」為名，充分表達先賢對「和」的重視程度，也說明「和」的境界，正是他們所努力追求的最高境界。

「家父說，這『和』字的產生，乃是受音樂的啟發。」

佩玉這句話，立即引起張之洞的注意，他認真地聽下去。

「各種不同的樂器，如琴瑟笙竽笛簫等等，單獨吹奏，則是各種不同的聲音，若將它們合起來一起吹奏，則有兩種情況出現：一是聽起來駁亂無序，糟糟混混，這種聲音稱之為雜；一是聽起來高低得宜，眾音協調，讓人悅耳舒心，這種聲音則為和。」

「不錯，解釋得好！」張之洞連連點頭。

「家父說，聖人視這種眾音相宜而產生的協調之美為天地間最大的美，這種美的產生，其基礎在調和。若笙之音高了，則吹低點，簫之聲緩了，則加快點，通過相互間的調節控制，尋出一個大家都能接受的聲音來。於是，和聲便產生了，天地間的大美也就出現了。聖人之所以超過凡人之處，就在於將此推衍到人世間，由此而感悟出治理邦民之道。世事紛雜，眾生芸芸，正好比琴瑟笙竽各發各的音，若將他們都調理得各自得宜，互相協諧，則可以奏出人世間的和聲。如此，邦民就治理好了。所以古往今來，賢哲們都苦苦追求一種中庸、中道、中行、中節，試圖找到這樣的和協之音，以達到萬邦咸寧萬眾一心的目的。這就叫做致中和。」

聖人的治國之道，由聽樂而產生。這個道理居然讓老塾師說得如此順理成章，張之洞心裏暗自佩服。

「家父說，這是聖人由音樂推及到治國一路。同時，聖人又將它推及到治心一路。人的心聲與天地間萬籟之聲，也好比琴瑟笙竽之間的關係。若人的心聲能調到與天地間萬籟之聲取得協宜一致的地步，那麼，人的心聲與天地間的萬籟之聲組成了和聲。這種和聲又超過了治理邦民的中和，乃最高之和，名曰太和。這種太和，王夫之有解釋。他說陰與陽和，神與氣和，是謂太和。這太和，便是典籍中常說的天人合一。」

張之洞完全被女琴師這幾句話給吸引住了。「天人合一」，是他讀書明理以來所全身心追求的目標。他苦於不知如何才能達到，即不知津渡在何方。今夜聽佩玉轉述其父所說的這篇長論，他似乎隱隱約約地看到了一處渡口，通過這道渡口，便可引航到「天人合一」的彼岸。

「三星已斜，夜已很深了，佩玉不知高低輕重，胡謅亂言，說得太多了。還請大人早點回屋去休息。錯謬之處，還望看在佩玉乃一無知無識的小女子份上，予以海諒。」

張之洞忙起身說：「今夜我受教很多。你下次回晉祠看望父母時，請一定代我轉達對你父親的謝意。哪天得暇，或是我去晉祠，或是請老先生來撫署，我們再好好深談。」

佩玉深謝撫台的厚意。

回到臥房，望着窗外月色輝映下的三晉古原，張之洞久久不能入睡。今夜，他領悟了許多。中庸和協，他過去看到的是聖賢治國的手段，卻原來更是聖賢心目中所追求的人生最高美境。這種美境應該是一種均衡、穩定、平和、典雅的氣象，像玉一樣的溫潤透明，外柔內勁，有如藍田日暖，柳陌生煙，充塞着一種沖淡綿緲、微茫默遠的和諧氣氛。而自己稟賦過於剛厲，辦事易於任性，今後於這些方面要多加檢束。作為一個執政者，應該是一個高明的樂師，將百姓萬民的眾籟之聲，協調為一個和諧動聽的樂音，這才是最為成功的治理。過去讀史，看到先哲將宰相的職責定為「調和陰陽」，總覺得過於空泛，難以理解。今夜，他頓悟了。他彷彿察覺到自己已具備宰相之才，一時心中萬分興奮。

他又想到：作為音樂來說，和聲其實也就是一種新的聲音。這種聲音是要產生在不同聲音的綜合之中。倘若眾聲都發出一個音來，就只有大聲而沒有和聲了。作為一個方面之主，要讓部屬都說出自己的話來，然後再協調眾議，形成一個新的論說。這不就是博採眾長、釀花成蜜的道理嗎？

萬籟俱寂的秋夜，太原城的最高衙門裏，張之洞在靜靜地思索着……

第六章

觀摹洋技

1 英國傳教士給山西巡撫上第一堂科技啟蒙課

這天上午，上任不久的新藩司易佩坤拿着一份工部寄來的諮文來到撫署。諮文上說的是要山西按慣例，在兩個月內籌集十萬五千斤好鐵運往上海，交江南製造局，經費亦按慣例，每斤鐵連買價帶腳費，以四分銀子計算，共用銀四千二百兩，從當年地丁銀中扣除。

易佩坤哭喪着臉對張之洞說：「司裏接了工部這道諮文，幾天來甚是為難。這個差使太難辦了。」

「有哪些為難之處？」張之洞問。

易佩坤說：「為難之處有二。一是十萬五千斤好鐵籌集不起來。據衙門裏人說，山西這幾年幾乎不煉鐵了，全省煉的好鐵加起來，頂多只有五萬多斤，要在兩個月內籌集十萬五千斤好鐵是不可能的。二是鐵價加腳費每斤四分銀子，這是百年前的老皇曆了，現在連腳費都不夠，這差使如何辦？」

易佩坤雖是叫苦，但叫得有道理。張之洞的雙眉皺了起來。他來山西做巡撫已經兩年多了，還沒有辦過鐵差，便問：「這事先前是如何辦的？」

易佩坤答：「山西的鐵差，這兩年沒有辦，上次是光緒六年辦的。衙門裏的人說，當年葆庚辦此事，採取的是瞞、賄、壓三種手段過的關。」

「甚麼是瞞、賄、壓，你說詳細點。」張之洞又皺了下眉頭，打斷了易佩坤的話。

易佩坤說：「瞞，就是瞞朝廷。一切照舊進行，不慌不忙，到了兩個月限期滿時，給朝廷上一道摺子，說山西的好鐵十萬五千斤都已籌備停當，即日起將妥運上海交江南製造局，讓朝廷知道山西藩署在勤恪辦差。賄，就是賄賂江南製造局，塞一張大大的銀票給局裏的辦事人員，請他們到時通過江蘇巡撫上摺給朝廷，說山西解來的十萬五千斤好鐵已如數收到。其實，這鐵裏好鐵大約只有一半，另一半全是不合要求的平鐵和做不得用的廢鐵。江南製造局的辦事人員只圖自己得利，將那些平鐵、廢鐵全當好鐵去用。壓，就是壓府縣。山西出鐵的地方主要在潞安府、遼州、平定州一帶，就向這些府縣一壓鐵的斤數，二壓銀錢，要他們如數如期運到上海，藩庫並不多拿一錢銀子補給他們，任憑他們去攤派盤剝，置若罔聞。」

「豈有此理！」張之洞的手掌在案桌上重重地拍了一下，震得易佩坤心裏一跳。「瞞上壓下已是不可饒恕，這賄賂江南製造局，更是罪不容誅！易方伯，你知道江南局拿這些鐵做甚麼嗎？那是造槍炮子彈的呀！難怪中國和洋人打仗總是輸，用這樣的鐵造出來的槍炮子彈，怎麼能打得過洋人？真是混賬！」

「葆庚這種做法固然不對，但工部的要求實在辦不到。司裏正是不願像葆庚那樣做，才來請示大人您給一個主意。」易佩坤拉長着臉，一副左右為難的可憐相。

是呀，瞞、賄、壓不行，按工部說的去做也不行，這差怎麼當呢？張之洞心裏也沒有了主意。他尋思良久，也沒想出一個好辦法來，只得起身對易佩坤說：「你先回府裏去，過幾天我們再商議。」

易佩坤無奈，只得離開撫署。張之洞一連幾天都為這事困擾着，始終無一良策。他請桑治平幫他出出主意。桑治平一時也想不出好點子來。他對張之洞說：「有些事看起來很難，那是因為還沒有鑽進去；真正鑽進去了，總還是有辦法可想的。」

張之洞笑着說：「這件事就拜託你了，你就鑽進去吧！怎麼個鑽法呢？」

桑治平想了想說：「給我十天半個月的時間，我到出鐵的地方去走走看看。」

「好，你就下去查看查看吧！」張之洞說，「半個月後回來，我等着聽你的消息。」

十多天後，桑治平風塵僕僕地回到太原。他沒有回家，徑直去了撫署。

「這些天裏實地查看得如何？」張之洞親自為桑治平泡了一碗好茶遞過來，急急地問。

桑治平接過茶碗，喝了一口，說：「這些天我馬不停蹄地跑了潞安府的幾個縣。就這幾個縣看來，十萬五千斤好鐵可以籌集得到。」

「這就好！」聽了桑治平這句話，張之洞大大地舒了一口氣。只要好鐵的數量夠了，剩下的就只是銀錢的事，雖然也是難事，但畢竟要好辦些。「為甚麼易佩坤說，山西好鐵頂多只五萬多斤呢？」

「是這樣的。」桑治平又連喝了兩口茶。他抹了抹嘴巴說，「好鐵是有，但官府收購時不肯出好價，所以煉鐵的老闆不肯把好鐵拿出來，說好鐵沒有這麼多，要買就買平鐵好了，這平鐵裏面其實很多是廢鐵。至於好鐵，他們則偷偷運到直隸去賣。」

「喔，是的。這原因經你這一說，其實又很簡單。工部出的價低，到了出鐵的縣，縣衙門出的價也就低，賣鐵的就拿低價錢的鐵來應付。這樣，到了太原，大家就只有看到好鐵少這一層了。」張之洞用簡潔明晰的語言描出了山西籌鐵的這個過程。他感慨地說，「葆庚是住在太原享福不肯下去，易佩坤也不願意吃苦去實地查看。你這一去，就把事情摸明白了。先賢告誡：為官要體察民情。這『體察』二字，真是太重要了。」

「正是。」桑治平對巡撫的這番感慨深表贊同，「體察，就是親身去查看，不是只聽稟報看公牘，那畢竟隔了一層，許多真情實況就被蒙蔽了。」

「仲子兄，你有沒有打聽一下買好鐵的價錢？按鐵老闆開的價，收購十萬五千斤好鐵，要多少銀子？」張之洞說着，自己也端起一碗茶，抿了一口。

「我問了，一斤好鐵大約要八九分銀子。若平均按八分五算的話，十萬五千斤好鐵需銀九千兩，即使不算腳費，工部所給的銀子也還短缺近五千兩。」

「是呀！」張之洞捧着茶碗，慢慢地說，「我問了下先前的鐵差押運官，從山西運到上海，光緒六年那一次，每斤鐵耗銀五分五，光腳錢就耗費一万五千多両，現在開銷可能還要大些。這筆龐大的開支從何處來呢？」

「我這次在長治遇到一個人，他說如果這差使包給他，十萬五千斤鐵，他只要三千二百両銀子，就可以按期全數運到上海。」

看着桑治平臉上洋溢着興奮的神采，張之洞也興奮起來：「此人是誰？他能有這大的本事，每斤鐵只需三分的腳費！」

「此人是個洋人。」

聽說是個洋人，張之洞臉上的喜色頓時消除了。他冷冷地說：「洋人都是騙子，不要相信。」

桑治平臉上的喜色卻依舊：「我和這個人說過一晚上的話，我看他不是騙子，他比我們許多中國人都誠實。」

「你跟他說了一個晚上的話？」

張之洞睜大了眼睛。他雖然多年來就開始注意外國的事情，也讀過幾本江南製造局譯書館譯的外國人寫的書，並且上過不少關於夷務的摺子，但和他的京師清流黨朋友一樣，始終沒有近距離地見到一個外國人，更談不上與他們交談了。當然，最主要的是他不懂洋話；另一方面，他也不屑於跟那些黃頭髮、藍眼睛的夷番對話：他們都居心險惡，且無學問，一個堂堂天朝禮義之邦的官員，豈能與他們交談！

「是的。」桑治平笑了起來，說，「我們是用中國話交談。香濤兄，你可能根本沒有想到，他的中國話說得比我還中聽。我的話裏常有河南土音，而他說的竟是差不多標準的京腔。」

「真有這樣的洋人？」張之洞知道桑治平是個誠實君子，不會說假話，但他還是不能不懷疑，因為這太不可思議了。

桑治平完全能理解張之洞的詫異，於是詳細地說：「我到長治後，郝縣令告訴我，有一個很能幹的洋人住在驛館裏，問我要不要見他。我說洋人我願見，但彼此不能交談，見也是白見。郝縣令笑着說，這個洋人可以講一口流利的中國話。我一聽馬上說，那就好，我這就去見他。郝縣令陪着我去驛館。那洋人一見我，便用很嫺熟的京腔跟我說話。我一高興，就和他聊上了一個晚上。」

「都說了些甚麼？」

張之洞也來了興致。他是一個好奇心很強的人，凡他不知道的東西，他都有一股子要弄明白的強烈願望。

「這個洋人告訴我，他的名字叫李提摩太，是英國人，同治八年二十五歲時就來到了中國，已在中國居住十五六年了。」

「哦，這麼久了，怪不得會說中國話。他是做甚麼事的？」

「他是個傳教士。」

聽說是個傳教士，張之洞的心中立即冒出一股反感來。他厭惡洋人，尤其厭惡洋人中的傳教士。他曾遠遠地看過傳教士：穿着黑色的寬大長袍，胸前掛着一個十字架。這種穿着打扮，他怎麼看都不順眼。而最令他不能接受的，則是傳教士的那一套學說和教規。甚麼上帝、基督耶穌、聖母瑪麗亞，甚麼凡男人皆兄弟、凡女人皆姊妹，甚麼死後靈魂升天堂，還有洗禮、做禮拜、祈禱唱聖歌等等，張之洞都視之為歪門邪道，荒誕不經。尤其令他深惡痛絕的，是那些洋教士在中國的橫行霸道、仗勢欺人。他們在中國到處建教堂，強行傳教，收中國人做教民。他們藐視官府，目無中國法紀，挑起事端。許多事情明明是他們無理，打起官司來，卻又都是中國人敗訴。幾十年來教案不斷，無不以中國人認錯賠款、拘殺自己的百姓來平息。到山西這兩年來，他也遇到過幾件頭痛的教案，至今尚未了結。

張之洞緊鎖着眉頭說：「此人既是個傳教士，你不應該與他交往，他即便可以省幾千両銀子的腳費，我們也不要找他。那些傳教士都很陰險，不知他們背地裏包藏着甚麼禍心。」

桑治平哈哈大笑起來：「你怎麼變得這樣膽小怕事了！你是一個堂堂的巡撫，他是一個小小的傳教士，你難道還怕他吃了你不成？」

張之洞不好意思地笑了笑，說：「不是我怕他，他們都不是好人，犯不着跟他們打交道。」

「我知道，你是清流出身，恨洋人。對於洋人，我和京師清流君子們有些不同的看法。」桑治平收起笑容，正色道，「洋人欺負我們，是應該恨，但我除開恨之外，還有一種佩服心。你看他們的鐵船造得那樣大，走得那樣快，大海大洋中如履平地，這要多大的本事？他們把槍炮造得殺傷力那樣大，把鐘錶、機器造得那樣精巧。他們造出電報來，一封信函，萬裏之遙，頃刻可到。這些，要有多大的能耐才做得到？我是不得不佩服呀！」提起鐘錶，三年前龍樹寺摔錶的那一段往事，又浮起在張之洞的腦子裏。他當時雖覺得那種做法過頭了點，但他理解與會者的心情。鐘錶與燃香計時，孰優孰劣，這是不待智者而知的事；同樣，鐵艦與木船、洋炮與土炮、電報與馬遞，孰優孰劣，這也是不待智者而知的事。

桑治平說得有道理，張之洞不得不認同。他靜靜地聽着，沒有做聲。

「說起洋教來，也是有很多使人氣憤的地方。說實話，他們那一套教義，我是決不會接受的，但是我也看到了另一面。」桑治平不疾不徐地繼續說下去，「比如說，洋教的宗旨是勸人為善，反對作惡，這點與我們的儒學求仁成仁是一致的，更與老百姓的佛祖、菩薩一個樣。洋教的傳教士在中國辦了不少育嬰堂，收容流浪街頭的孤兒，又大量散發藥丸，免費為人治病，這些都是事實。尤其使我讚許的是，傳教士都堅決反對吸食鴉片，他們與販賣鴉片的洋人在這件事情上也是勢不兩立的。」

「此話當真？」傳教士反對吸食鴉片這一點，張之洞過去不知道。

「是真的，先前我就聽說過。這次我在李提摩太那裏看到他們的教規，明文規定教徒萬不可吸食鴉片，且有勸導別人不吸食鴉片的責任。」

聽說傳教士自己不吸鴉片，並勸告別人也不吸鴉片，正在大力禁止鴉片煙的山西巡撫，對傳教士突然生發出一絲好感來。

「洋教士中確有不少作惡之徒，但我也聽説過其中有不少慈善家，李提摩太就是一個慈善家。郝縣令告訴我，李提摩太是光緒三年到山西來的，那時山西正遭旱災，李提摩太在潞安府一帶以教會的名義，捐獻過一萬兩銀子。他還面見過曾九帥，提出以工代賑的主張。曾九帥嘉獎他，並擬上報朝廷，賞他一頂四品銜的頂戴，他謝絕了。潞安府一帶的百姓都説他是洋善人。」

張之洞一聲不響地聽着。這個從未謀面的屬於可惡的洋教士一分子的李提摩太，在他的心中贏得了一分好感。

「李提摩太隨我一起來到太原，我送他在驛館住了下來。他想見見你，你是否願意見他一面？」

「且慢！」

張之洞在心裏猶豫着。儘管李提摩太反對吸食鴉片，又捐款救賑山西的旱災，不屬於洋人中的惡劣之輩，但自己身為山西之主，接見他，就是給他一個很大的臉面，這個臉面值得給他嗎？當年清流黨的中流砥柱，基於多年的宿怨，仍不願意紆尊降貴與夷番打交道。

桑治平深知張之洞的疑慮，他從隨身帶着的布包裏拿出一本小冊子，遞給張之洞説：「這是李提摩太寫的一本小書，你不見他可以，我勸你不妨讀讀他的書。我先回家去了。」

説完離開了撫署。

李提摩太的這本小書名曰《富晉新規》。張之洞對「富晉」極感興趣。作為一個山西巡撫，在完成禁煙、清庫、整飭吏治等幾樁大事之後，當務之急便是要設法讓山西的百姓富裕起來。這一點，在張之洞的腦子裏從來是明白的。在做言官的時候，他便清醒地認識到，一切舉措，最終的目的只是為了國家的強大和百姓的富裕，若這兩個目標沒有達到，其舉措則沒有落到實處。山西貧困，如何使百姓致富，就顯得更為重要而實在。張之洞倒要認真地看看，一個外國傳教士是如何借箸代籌的。

他打開《富晉新規》，打頭一句話便引起了他的注意：「為政有四大端，一曰教民，二曰養民，三曰安民，四曰新民，教之以五常之德，推行於萬國。」

「五常之德」是華夏的聖訓賢德，乃張之洞信守篤行了一生的準繩，這個洋教士並沒有以他的上帝耶穌的教義，而是以中國的道德倫常來教化中國百姓，此人看來真的不可惡。

「養民者，與萬國通其利。斯利大，則民易養。安民者，息兵弭戰，使民有安樂之居也。新民者，變通求新也。窮則變，變則通，變通乃求新之惟一法則也。」

「窮則變，變則通」，張之洞讀到這句《易傳》上的話時，感到很親切。心裏想：這個洋教士的確讀過中國的書，也懂得中國的學問，看來是不簡單。

再往下讀，李提摩太具體提出四條富晉新規來：開礦產，興實業，通貿易，辦學堂。這四條新規講得也還有些道理，山西巡撫感覺到自己也從中得到一些啟發。他很快就把這本只有三萬字的小冊子瀏覽完畢，立即派人告訴桑治平，明天上午在撫署召見李提摩太。

第二天上午，桑治平將李提摩太帶了進來。當李提摩太說了一句「拜見巡撫大人」的話，抬起頭來時，張之洞用他又大又長的雙眼，將這個洋人注視良久。他生平還是第一次如此近地觀看一個洋人，而這第一個洋人便讓他驚異不已。

這個洋教士不但沒有穿黑長袍戴銀十字架，就連通常的洋裝也沒穿，而是穿一套中國普通紳士的服裝：醬色土布長袍，黑底起金色團花的緞面馬褂，戴一頂黑呢瓜皮帽，尤其令張之洞詫異的是，瓜皮帽底下分明晃動着一根長長的辮子。

這身打扮立時給張之洞一種舒服的感覺。流暢的中國京腔，典型的袍褂髮辮，大為消除張之洞心中根深蒂固的排外情緒。當然，李提摩太畢竟是洋人，他深陷下去的藍色眼睛，高高隆起的鼻樑，以及架在高鼻上罩着藍眼的那一副金邊玳瑁眼鏡，都在表明他來自異邦。

張之洞臉上勉強擠出一絲笑容，將他以遠客對待，先奉承了一句：「先生的中國話説得真好。」

李提摩太説：「我從英國來到貴國，將近十六年了。我剛來那幾年，專門請了一位生長在北京的朋友教我説中國話。我現在不但能説北京話，還能説山東話、山西話，也可以説幾句上海話。」

桑治平插話：「李先生在潞安府一帶，與當地百姓説話都説山西話，連鼻音都學得很像。」

這句話引來張之洞發自內心的笑容，説：「我當了兩年多的山西巡撫，都還不會説山西話，先生是語言天才。」

李提摩太説：「久聞撫台大人道德文章滿天下，我非常欽佩。」

説完，他右手按在胸口，微微彎了一下腰，做出一個極恭敬的姿態來。

「也不過徒有虛名罷了。」張之洞淡淡一笑，擺擺手，「請坐吧！」

待李提摩太和桑治平都坐下後，張之洞問：「聽説先生可以幫忙將山西之鐵運到上海，且腳費低廉，不知有何良法？」

李提摩太答：「山西之鐵運往各省，大多走陸路。陸路耗費很大。運到南方去的，遇有江河，也用船運，耗費跟全走陸路的相比，要省一些。我想請敝國的輪船公司幫忙，走海運一路，在天津塘沽港上船，直達上海，這樣可以省去三分之一的腳費。」

海運！張之洞眼睛一亮：這倒是一個好主意！他知道十多年前，南方的漕糧便有由外國輪船從海道運到北京的，既然可以運糧米，當然也可以運鐵塊。

「你跟輪船公司熟？」

「敝國怡和輪船公司，在貴國長江上經營航運業已經有二十多年了，一向信譽很好。」李提摩太帶着幾分自傲的神態說，「公司的總經理是我的同鄉，我們小時候在一起長大，有很深的友誼。山西產鐵和煤，要運出省外賣掉才能獲取大利。我可以跟我的同鄉說好，今後山西的煤鐵到沿海一帶的運輸，都由怡和公司包起來，雙方簽訂契約：怡和公司以八折優待山西省，山西則不將這筆生意再給別人。先簽兩年試試。如果行，就繼續簽，不行則到期自行廢止。這樣，不論對山西，還是對怡和公司都有利。」

張之洞覺得很好：改用海運，已經節省不少腳費，再打八折，又省了一部分，山西的煤鐵總得要人運輸，何不就找怡和公司一家！

「你的這個建議很好，我們就先試一試這次運鐵吧！一切順利的話，我就同怡和公司簽兩年的契約。」

「撫台大人是個爽快人！」李提摩太滿臉笑容地說，「我去對怡和公司說，這次就以八折優待！」

李提摩太心裏很高興。他為怡和公司攬到一筆大生意，山西的煤和鐵都很好，以後再去遊說別處，讓他們來買。如此，怡和公司與山西的生意便可源源不斷地做下去，獲取巨額利潤。自然，他從中也可以得到極為可觀的佣金。這真是一舉數得的大好事。

張之洞說：「我讀了先生的《富晉新規》。先生為山西的致富，用了許多心思，作為山西省的巡撫，我對此很感謝。先生的書裏提出了不少好的建議，這些還需要我們再從容商議。今天暫不談這個。先生是英國人，英國在世界上號稱頭號強國。我想請先生談談，貴國主要靠的甚麼來富強的。」

李提摩太答：「敝國走上富強之路，靠的多方面的原因。大人若有興趣，我今後詳詳細細地給大人稟報。我先給大人說一個最重要的原因，那就是敝國的科學技術要比貴國發達一些。」

「甚麼叫科學技術？」

童年時代便已把《說文解字》背誦如流，自認為凡中國文字都懂的張之洞，對「科學技術」一詞卻茫然不知所解。

見李提摩太的手在頭上的瓜皮帽側摸來摸去，桑治平知道洋教士被這一問給難住了。的確，這個英國小學生都懂的詞，現在要用中國話來詮釋，李提摩太一時真的還不知道如何去組織詞彙。前些年便開始留心西方學問的桑治平只得代他解答。

「這是最近幾年才出現的新詞。」桑治平思索片刻後說，「這『科學』二字，指的是每一科每一門的學問。好比說我們中國有經學，就是專門研究五經的學問。經學裏又有易學，就是專門研究易的學問。外國人則認為每樣東西裏都有學問。如專門研究一二三四這些數字的叫做數學，專門研究豬狗牛羊的叫做動物學，專門研究颳風下雨的叫做氣象學。這些統稱為科學。至於技術，就是實際操作時的技能。如建房屋的技能，就叫做建築技術。外國人的鐘錶很精工，就是說他們製造微小機器的技術很高明。李先生，我這樣解釋，不知對不對？」

「很對，很對！」李提摩太高興地說，「就是這個意思。貴國人很聰明，但聰明才智都用在對人的研究上。如一個士人應該如何如何，才能被別人承認為君子。一個官員應該如何如何，才可以得到上司的信任，做到遷升快、官運好。又喜歡把精力用在對過去事情的記誦上。我與許多中國官員談話，發現他們對貴國幾百年幾千年前的事說得清清楚楚，但對眼前發生的事卻講不清楚，更拿不出一個好的處理辦法來。」

真可謂旁觀者清！這個洋教士的幾句話說得張之洞不得不在心裏表示贊同。中國官場不正是這樣的嗎？許許多多的人成天算計的，就是如何去博得上司的好感，求得早日升官換頂子。要說起本事來，就是背誦四書五經、複述前朝掌故的記憶力，至於經世致用，則一點能耐都沒有。

李提摩太繼續說：「我們英國人則更喜歡對天地間一切事物都用心研究，從中發現許許多多對我們人類有用的東西。我們英國之所以富強，就得力於這種對天地萬物的研究，也就是說得力於科學。又得力於將研究成果變為人類所用的轉化，也就是技術。這就是我剛才所說的英國的富強，得力於科學技術。」

張之洞似有所悟，沉吟不語。這時，巡捕送進來一個大包封。桑治平知道張之洞有緊急公務要辦，便起身對李提摩太說：「張撫台有公事要辦，今天就談到這裏吧！」

李提摩太忙起身告辭。

張之洞說：「明天下午你再來吧，我們接着談。」

2 巡撫衙門裏的科學小實驗

這個大包封裏的文牘非比尋常，它是軍機處奉上諭向各省督撫發出的關於越南戰事的通報，並附有最近幾個月越事進展的各種資料。

四夷之事一直是以天下為己任的清流黨人，視為不可推卸的份內的事情。東南西北邊境的風吹草動，清流黨人儘管遠離京師，卻可以通過各種渠道了解得清清楚楚，尤其是朝鮮、琉球、越南等中國的屬國，他們更是特別地關注。張之洞就是在這樣的環境中積蓄他的四夷之學的。儘管已來到山西做巡撫，他的志向仍在經營八表，晉省以外的大事他都關心着。這等重要的軍國大事，他張之洞怎能不管？他當即停辦手頭上所有的事情，一頭扎進包封中。

越南之事由來已久。

早在同治元年，法國便與越南阮氏王朝在西貢簽訂了一個不平等的條約。這個條約規定越南割讓邊和、嘉定、定詳三省和康道爾島予法國；並向法國賠款四百萬元，允許天主教在越南自由傳教；開放士倫、廣安等港口，法國船隻可以在湄公河自由航行和經商。

有了這個條約，法國便不把越南政府放在眼裏，在越南境內為所欲為。法國駐西貢總督派遣一支以安鄴為頭領的軍隊，攻陷北部大都市河內，試圖控制整個越南北部，以便經紅河直接進入中國，擴大其海外貿易。

在中越交界處有一支獨特的軍隊。這支軍隊的軍旗為鑲着七顆星星的黑色旗幟，人們叫它黑旗軍。黑旗軍的首領名叫劉永福。劉永福是中國人，籍隸廣西，原是廣西天地會頭領吳元清的部下。吳元清起兵反清，自號延齡國主。吳失敗後，劉永福率部隊二千餘人進入越南，駐紮在保勝一帶。劉永福精明強幹，黑旗軍頗有戰鬥力。此時，劉永福接受越南政府的請求，率部進攻由法國人佔領的河內，斬首數百，法軍頭領安鄴也在被殺者之列。法國政府見越戰失利，乃拘捕在巴黎的越南三個使臣，以甘言誘引越南國王與之簽訂第二個西貢條約。條約規定法國贊同越南為獨立國，但外交須接受法國監督；越南則承認法國在越南南部享有主權，並向法國開放海防、河內等港口及紅河航道。這是同治十三年的事。

以後幾年，駐英法公使曾紀澤，以及兩江總督劉坤一、兩廣總督張樹聲、雲貴總督劉長佑等人都多次提醒朝廷，要加強廣西、雲南的邊防，警惕法人的入侵，但這些話並未引起慈禧和恭王的足夠重視。

光緒八年，法國派兵攻陷東京。第二年，法國海軍大佐李威利率兵至河內，揚言攻打首都順化。越南國王害怕，再次請劉永福出兵。劉率黑旗軍在河內城外大敗法兵，斬李威利及兵士二百餘人。越南國王因此授劉永福為「三宣正提督」。

法國政府不甘失利，又派遣少將波歐率陸軍攻打順化。正在這個時候，越南國王病死，政局混亂，新國王向法國乞和，締結保護條約。此條約以越南為法國的保護國，中國不得干涉越事。越南因此而不再是中國的藩屬國了。

接着，法國政府派遣一支由一萬五千人組成的遠征軍，攻取紅河三角洲的山西、北寧等地，驅逐駐紮在那裏的黑旗軍和清軍，以便完全控制越南北部。

法國與中國終於爆發了軍事衝突。

面對着法國咄咄逼人的軍事進攻，中國政壇上關於戰與和爭論激烈，朝廷舉棋不定。

在對外交往中，張之洞一貫主張強硬，不願示人以弱。越南本是中國的藩屬國，法國仗勢將其納入自己的管轄之下，已是欺我太甚，現在又派重兵驅我駐紮在越南的軍隊，這更是公然挑起了戰爭。法國理虧在先，我們應該捍衛自己的尊嚴，奮起迎戰！

早在去年海軍攻陷東京時，張之洞便在太原向朝廷拜發了一道《越南日蹙宜籌兵遣使先予預防摺》，重申中國古代「守四境不如守四夷」的邊防策略。看完這一大堆文牘後，他更認識到非戰不能遏制法人的貪慾，非戰不能保衛雲南、廣西邊境的安寧。他決定立即向朝廷申明自己的態度，並為太后、皇上貢獻自己的越事謀略。

他召來桑治平、楊銳、楊深秀等人，要他們在撫署連夜閱讀朝廷寄來的所有資料，明天上午和他們一起探討越戰方略。

這天夜裏，張之洞的臥房裏燈火亮了大半夜，他在苦苦地思索着對付法國侵略者的辦法。

次日上午，巡撫衙門寬大的花廳變成了激烈熱鬧的議事廳。楊銳少年氣盛，對老師主戰的態度全盤擁護。三十剛出頭的楊深秀熱血熱腸，對朝廷的萎靡不振深為不滿。他亟望通過這次對越用兵，能使朝廷洗去暮惰，振作聲威。老成穩健的桑治平則為之提供了不少計慮深遠的良謨。最後，張之洞決定同日給朝廷上兩個摺子。

一個摺子定名為《法釁已成敬陳戰守事宜摺》。從出兵越南、封贈劉永福、備戰兩廣、防衛天津四個方面提出策敵情、擇戰地、用越民、務持久、籌餉需、備軍火等十七條具體措施。這個摺子，他叫楊銳先起草。

另一個摺子定名為《法患未已不可罷兵摺》。這個摺子詳述儘管前方暫處不利，但我終究會取勝，務須立足堅持，不可輕言罷兵。宜增兵越南，備守海疆，激勵士氣。張之洞將此摺交楊深秀起草，並特別指出，這道摺子是針對主和一派而上的。

大家在一起吃中飯時，張之洞的腦子裏又浮起一個想法。他對桑治平說：「你去告訴那個洋教士，就說我今天下午有事，不能和他繼續談話了，改日再說吧！」

桑治平沒做聲。過一會兒，他說：「洋人辦事很講信用，約定的事情，不在萬不得已的情況下不作改動。你這是第一次與洋人約會，最好不要改約。不知你有甚麼事，是否可由我來替你代勞？」

張之洞說：「我一直在想越戰這件事。太后很聽李少荃的話，恭王更是事事照他的意思辦，一遇到與洋人發生衝突，李少荃不是讓，就是和，這次他又是這個態度。太后有血性，不願在洋人面前示弱，但經不起李少荃的巧辯和恭王的勸說，最後還是會聽他們的，以和讓完事。我想再上個附片，勸太后聖心獨斷，不要聽旁人的無識之見。」

桑治平說：「你這個擔心是有道理的。我說句不恭的話，太后畢竟是女流之輩，氣魄不足，想起每一次與洋人打仗最後都是輸的往事，很可能就沒有信心了。你上這個附片是很有必要的。這樣吧，今天下午你還是按原計劃去見李提摩太，附片由我來先起個草。你看如何？」

「也好。」張之洞想了一下說，「我想好了幾句話，你在附片中用上。」

「行，你說吧！」

張之洞仰起頭，半瞇着眼睛，慢慢地一字一頓地說：「太后斷之於上，召見恭王、醇王贊助於下，聖意主之，中外諸大臣行之。朝廷於樞臣，但責其謀劃盡心不盡心，而不必計敵之強與弱；於督撫將帥，但責其戰之力與不力，而不必責其戰之勝與敗。不論一事之利鈍，但論全面之得失，然後上下內外文武軍民同秉一心。」

「心定則氣壯，氣壯則力果。」桑治平禁不住接了下來。

「對，接得好！」張之洞高興起來，又加了一句，「心定則神閒，神閒則智出。」

桑治平笑道：「這兩句將會成為警句，廣播人口。」

張之洞勁頭更足了，又想起了一句：「主餉主兵，任謀任戰，各竭其能，各效其力，十八省合為一身，南北洋聯為一氣，人謀既和，天道祐之，正義之師，終將獲勝！」

「就用這句話結尾。」桑治平起身說，「你放心，剛才這些話我會全用上，太后會被你的這番信心感動的。」

李提摩太很守時，約好的未初二刻，他一分不差地就來到了巡撫衙門。與上次不同的是，他這次提來一個小鐵皮箱子。

張之洞指着鐵皮箱問：「你這裏裝的是甚麼？」

「裝了幾件小玩意兒。」李提摩太笑了笑說，「昨天大人問我英國是如何富強的，我說主要靠的科學技術。今天我想就科學技術上的兩個最大成就，用小實驗來具體說明下它的原理，想必大人會因此對英國的科學技術有更深刻的印象。」

這個洋教士要實地演習，真是太有趣的事了，常言說耳聽為虛眼見為實，對於泰西各國發達的科學技術，太原城各大衙門的官員和自己一樣，也都是聽得多見得少，至於原理，則絕對都是一竅不通的。這是一個難得的機會，何不多叫幾個人一起來看看！

「先生，你準備演習些甚麼？」

「我準備給大人做兩個實驗，一個是蒸汽機，一個是電。我們英國就是靠的這兩樣東西創造了無窮無盡的財富。」

「好。」張之洞說，「你暫時到小客廳裏休息休息，喝喝茶，我打發人立即把太原城幾個大衙門的官員都請來，一起來看你的實驗如何？」

這是李提摩太求之不得的事，他正好藉此結識山西省的各大官員們，提高自己在他們眼中的身價，這對於今後在山西傳教辦實業做生意，都是極為有利的。他忙說：「謝謝大人的美好安排，我可以在小客廳先做些準備，讓各位大人老爺看得更好些，請大人給我派一個幫手。」

張之洞叫來一個衙役去協助李提摩太，然後吩咐巡捕立即派人分頭通知藩司衙門、臬司衙門、糧台衙門及太原知府衙門，叫他們火速來此，有要事相商。

巡捕遵命出去後，他放心不下上午所議的大事，便離開大堂去花廳，看看正在那裏擬稿的楊銳、楊深秀。

聽說是因為一個洋教士進了撫署，才有了撫台大人的急招，各大衙門的正堂心裏想，多半是哪裏出了大教案。這些年來官員們最怕的一是出教案，二是與洋人打交道，一旦與這兩件事沾上了邊，總有受不完的窩囊氣。洋人在你面前趾高氣揚不可一世，你得在他面前低聲下氣；老百姓見你昧着良心袒護洋人，罵你是漢奸、二毛子，你也得受；上司更怕洋人，見你給他添了亂子，罵你混賬無用，你也只能敢怒不敢言。世上還有比這更窩囊的事嗎？

這些靠烏紗帽過日子的官員急急忙忙坐上轎子，向撫台衙門奔去。不一會，藩司易佩坤、臬司方濬益、糧道薄德文和剛擢升為太原知府的馬丕瑤便都到齊了。

等眾人坐定後，張之洞將李提摩太喚了出來。眾官員見這個碧眼隆準的高大洋人，卻穿長袍馬褂，腦後還懸了一條烏黑長辮，都先自三分詫異。

張之洞笑着對各位介紹：「這位是從英國來的李提摩太先生，在中國住了十五六年，在我們山西也住了好幾年。他的中國話說得好，還會說山西土話。」

眾官員你看看我，我看看你，對洋傳教士能講山西土話一說甚是驚奇。

「我請諸位來，是想要諸位和我一起，觀看李先生給我們表演他的實驗。李先生，請吧！」

李提摩太彬彬有禮地向眾官員鞠了一躬後說：「昨天，張大人問我英國富強的原因，我說英國富強主要靠的科學技術，這其中又有兩個最出色的項目，一是蒸汽機，一是電。為了具體說明這兩項科學技術成就，我今天當眾給各位大人演示兩個小實驗。」

包括張之洞在內，這些主宰山西一千萬百姓命運的父母官，還從來沒有見過演示科學技術的實驗。他們只是在進入官場前，作為一個普通人在街頭巷尾看過魔術師的變戲法。此刻，他們全都瞪大着眼睛，將李提摩太當作一個變戲法的洋魔術師看待，且看他變出甚麼「科學技術」來！

兩個衙役從小客房裏抬出一張條形長桌來，長桌上面擺着一個機器，細細看時，又發現機器是放在兩根小小的鐵棒上。

李提摩太指着機器說：「這是一個火車頭的模型，我們英國運貨物，主要靠的是火車。火車靠火車頭，一個火車頭後面掛十個八個車廂，一個車廂可裝五六萬斤貨物，十個車廂就可裝五六十萬斤。」

官員們的座位上發出了哇哇的叫聲。有的人在心裏盤算着：一個強壯漢子不過挑一百斤擔子，這一列火車就抵得上五六千個男子漢了。真不可思議，一個火車頭怎麼會有這麼大的威力！

「一個火車頭怎麼會有這大的力量呢？」像看出官員們的心思似的，李提摩太指着機器模型說，「關鍵在於火車頭裏有一個蒸汽機。」

李提摩太將火車頭模型的一半外殼拆開，裏面的蒸汽機裸露出來。張之洞等人定睛看着。

「蒸汽機由許多部件組成。這些部件大致可以分為三個部分：一是水箱，二是氣缸，三是轉動系統。用煤作原料，點燃加溫，水箱的水變成蒸汽，蒸汽被送進汽缸，在汽缸裏膨脹後，就形成一股力量，然後這股力量又傳遞給轉動系統。轉動系統一動，就將車廂帶動起來了。為着減少摩擦，加強承受力，輪子下面便安裝了兩根鐵軌。」李提摩太用手指敲了敲小鐵棒說，「這就是鐵軌。」

張之洞用心聽着，仔細地欣賞那些曲曲折折的小鐵桿，如同幾千年前的陶罐上那些彎曲的紋飾一樣，這些曲折小鐵桿引起他豐富的聯想。但那些司道大員卻沒有撫台的這種興致，他們急切盼望的是戲法快點登場，至於那些如何變化的過節，他們並不想知道，因為他們壓根兒就不想做魔術師，不管是中國的旱地釣魚，還是外國的「科學技術」，在他們的眼裏都是下九流的勾當，不是朝廷命官的正業。

「我現在就來演示給各位看。」

李提摩太拿出一個小瓶子來，把瓶子裏的液體倒進銅皮鍋裏，說：「這裏原本是裝煤的地方，但煤一下子不易燃燒，我用這種酒精作代替，它和煤的功能一樣，只是為了提高溫度，把水燒沸。」

說完，李提摩太又拿出一包洋火來，擦燃一根洋火棒，將酒精點燃。

戲法開始了，眾官員緊張地盯着。

酒精火力很大，不一會，銅鍋上的鐵罐裏的水便滾開了，發出「噗噗」的聲音。再過一會兒，曲曲折折的小鐵桿竟然奇跡般地扭動起來。隨着曲鐵桿的扭動，兩個小輪子開始轉動了，整個火車頭也便跟着在小鐵棒上滑動。同時，汽缸邊的小圓筒裏一面冒出雪白的蒸汽，一面不停地發出「噗哧、噗哧」的叫聲。火車頭在鐵棒上不停地行走，很快便走到盡頭。李提摩太把火車頭提起，放到鐵棒的始端。於是，它又重新在這兩根鐵棒上繼續轉動起來。

「各位大人看清楚了嗎？這就是利用蒸汽機做成的火車頭。將這個蒸汽機裝在船上，船就不要人劃，裝上幾萬幾十萬斤貨物，能在大江大海上自由行駛。若將它裝在挖煤機上，煤就不要人挖，幾十幾百斤重的煤塊就會自動被挖出來。」

張之洞猛然想起閻敬銘榆次驛館的長談。那年氣死恩師的英國輪船，不就是因為裝上這樣的蒸汽機嗎？恩師臨終囑託彭玉麟的話又浮起在他的腦海裏。蒸汽機這種東西就是好，不應該睜着眼睛不看它。既然好，為何不學過來呢？一時學不上，把別人現成的買過來也是對的。李鴻章買輪船辦洋務，不也是在實現恩師的遺願嗎？看來，京師清流朋友們一味指責洋務，並不是明智之舉。

張之洞正在沉思遐想之際，衙役已將火車頭模型搬走，只見桌上換了另外一些物品。

「各位大人，我們大英帝國女王向各級官員下達聖旨，不像貴國那樣用馬匹傳遞，十天半個月才能到達，而是用另一種東西輸送。不管這個官員在何等偏僻的地方，女王的聖旨寅時下達，他卯時便可收到。女王要和哪個官員說話，也不需要像貴國那樣召他進京，而是通過一種東西和他談話。在倫敦王宮裏說話，官員在那邊當時就聽到了，清清楚楚絲毫不走樣，如同面對面說話似的。」李提摩太神采飛揚地說到這裏，提高了嗓門，「這種東西是甚麼，它就是電。電是甚麼，我今天當場演示給諸位看。」

李提摩太將桌上的一張白紙撕成碎片，然後拿起一根拇指粗的玻璃棒在碎紙片上滾動着，再將玻璃棒拿起，對大家說：「諸位方才都看清楚了吧，這是一根普通的玻璃棒，它對紙片沒有一點吸引力。」

說完，他另一隻手從桌上拿起一塊毛皮。將毛皮用力地在玻璃棒上來回摩擦幾下後，他再將玻璃棒對着碎紙片。這時，一件怪事出現了：玻璃棒離碎紙片還有寸把遠的距離時，那些碎紙片便一片片地向棒端飛去，就像妖魔鬼怪突然遇到觀音菩薩的淨瓶似的，身不由己地奔進去。大清國的官員們被這個奇怪的事兒弄得莫名其妙。

「各位，紙片現在為甚麼被玻璃棒吸上去了呢？這是因為玻璃棒經過毛皮摩擦後帶了電。兩樣物品經過摩擦後，各自都會帶上電，這個現象叫做摩擦起電。」

接着，李提摩太又從他所帶來的鐵箱子裏取出一件物品來。這是一個木頭架子，架子上插了一根半尺長的細鐵針，鐵針的上端是粒棗子大的鐵圓球，下端是兩片薄薄的發亮的金屬片。

李提摩太指着薄片說：「諸位請看，這兩片薄葉是緊貼在一起的，等一下，注意看它有甚麼變化沒有。」

說完，他一手拿起毛皮，一手拿起玻璃棒，用勁地互相摩擦了幾下，然後將玻璃棒的一端碰着鐵針上端的圓球。瞬息間，鐵針下端的那兩頁薄片便分開了，就像有一陣風從底下吹起，將它們吹開了似的。

眾人正在疑惑的時候，李提摩太說：「剛才說過，經過毛皮摩擦的玻璃棒上起了電，這個起了電的棒碰上圓球後，棒上的電便傳到圓球上，再經過圓球傳到鐵針上，通過鐵針又傳到兩頁薄片上。兩頁薄片上因為帶的是同一種電，便會互相排斥，因而張開了。如果是兩種不同的電，便會互相吸引，挨得更緊。電有正負兩種，諸位若有興趣，我下次再詳細講。這個實驗，已讓你們親眼看到電的存在了。我們英國有一個偉大的人物，他的名字叫法拉第。就是他在五十年前，藉助機械大量造出電來，再通過電線將電傳送出去。電報、電話就這樣產生了。」

電的印象，在眾司道大員的心目中仍然是不可觸摸的玄虛怪物，他們中大多對此已無興趣了。相對蒸汽機來說，電在張之洞的腦子裏也依然是空空洞洞的，洋教士的這個實驗，也並沒有讓電像蒸汽機一樣，使他感受到明明白白的存在。但他相信洋教士沒有在騙他，因為他知道電報這個東西確確實實是真的，它一定也是靠甚麼來傳遞，否則怎麼可以從此地到彼地呢？

見他的同寅們都有疲倦之色，他意識到實驗應該結束了，便對客人說：「李先生，你的這兩個實驗使我們開了眼界，但是我想，無論是蒸汽機還是電，製造出來很難，使用起來大概也不是一件易事，中國目前要使用蒸汽機和電，或許還有許多困難。」

「是的，大人說得很對。」李提摩太說，「蒸汽機和發電機都可以從我們英國買進來，但使用它們的人，必須有很高的技能。目前不要說山西省，就是北京、上海、廣州這些大都市也沒有使用蒸汽機和發電機的人才。不過，這不要緊，可以培養。如果張大人相信我，我可以為此盡自己的力量。」

儘管張之洞亟盼望能有許多蒸汽機在山西使用，從而挖出更多的煤和鐵礦，儘管他也亟盼望山西能發出電來，他的許多文牘能藉助於電線朝發太原，夕至各縣，使得三晉各級官吏如同他的指臂一般，按他的指揮行動，但他還不太相信這個着中裝講漢話的英國傳教士，不知他的殷勤背後是否有着其它用心。更何況眼下山西尚不是使用這些洋機器的時候，哪有那麼多閒錢從英國去購買？又哪有那麼多的技師去管理？即使李提摩太願意來充當教師，目前山西也找不出幾個能學洋技能的人才呀！

不過，李提摩太這番舉動，也給張之洞以重大的啟示：洋人不是鐵板一塊的。洋人中有人憑藉堅船利炮來欺負中國，洋人中也有人願意與中國做生意，願意為中國購買機器、傳授技能；不管他出自何種目的，我至少可以從他那裏取來為我所用之物。且將這個洋教士羈縻着，待時機成熟後再說。

張之洞起身，笑着對李提摩太說：「謝謝你的這番美意，來日方長，我們再從容計議。」

3 唐風宋骨話詩歌

就在張之洞同日拜發三摺，就越南戰事發表己見後不久，法國政府便向其派往越南的遠征軍增餉添兵，由法軍總司令孤拔親率一支六千人的軍隊，向駐紮在越南山西的清軍和黑旗軍進攻。中國和法國之間的戰爭正式爆發。戰爭一開始，局勢便對中國不利。雲南巡撫唐炯竟然擅自撤退，留下黑旗軍獨自作戰。劉永福率領部屬苦戰五天五夜，終於不敵，山西落入法軍手中。法軍隨即進攻北寧。北寧中國駐軍統帥、廣西巡撫徐延旭此刻正在外地休假，前線將士不戰而潰。北寧又被法軍佔領。法軍乘勝追擊，清軍和黑旗軍節節敗退至諒山、鎮南關一帶，越南北部的紅河三角區全部被法軍控制。

越戰的失敗，在中國國內引起巨大的反響，其結果是導致清末政治史上一件大事的發生。

光緒十年三月北寧失守後，詹事府左庶子宗室盛昱上了一本，鋒芒直指軍機處，說「疆事敗壞，責有攸歸，請將軍機處交部嚴加議處，責令戴罪立功，以振綱紀」。參劾摺辭氣亢厲：「恭親王等參贊樞機，我皇太后、皇上付之以用人行政之柄，言聽計從，遠者二十餘年，近亦十幾年，乃餉源何以日絀，兵力何以日單，人才何以日乏？既無越南之事，且應重處，況已敗壞於前，而更蒙蔽於後乎？有臣如此，皇太后、皇上不加顯責，何以對祖宗，何以答天下？」

這道摺子遞上去沒有幾天，內閣便奉到慈禧太后懿旨：以恭王為首，包括大學士寶鋆、李鴻藻，尚書景廉、翁同龢在內的軍機處大臣全班撤職，改換以禮王世鐸為首，包括額勒和布、閻敬銘、張之萬、孫毓汶、許庚身在內的另班人馬。懿旨並特為強調，遇有重大事件，須會商醇親王辦理。軍機處全班換人，為有清一代所罕見。最近一次大換班，乃是咸豐十一年的廢顧命制而行垂簾制。那是一次宮廷政變，非常例。故而此次全班換人，便成為一樁震動朝野影響政局甚大的事件。這一年歲在甲申，歷史學家們稱之為甲申易樞。晚清逢甲之年多有大事發生。這之前的甲年為甲戌，十九歲的同治皇帝去世。這之後的甲年為甲午，與日本的海戰爆發，北洋水師全軍覆沒。再過十年輪到甲辰，實行千餘年被視為天經地義的科舉考試走到末日，甲辰科會試完畢，中國就從此永遠廢除了科舉。大清朝的最後幾個甲年，全是多事之秋。史學家對這次甲申易樞多有貶詞，有的甚至將它與唐開元二十四年罷張九齡起用李林甫之事相比。然而，這次易樞對於張之洞而言，則是他仕途生涯中的一個福音。早在前年正月，七十二歲孝服剛除的張之萬，便奉旨進京任兵部尚書。接過堂兄的親筆函後，張之洞知道，當年賢良祠清風閣兄弟密談的大事，其序幕已經拉開。一年後，張之萬改任工部尚書，這次便以工尚身份進入軍機。進京三年來，閻敬銘的仕途也十分得意。他的戶部尚書做得有聲有色，經他的調理，國庫這兩年間增加了八百萬兩銀子。慈禧很滿意。她尋思多年的清漪園工程，應當開工了。這次和滿尚書額勒和布一起進軍機，正是慈禧對戶部的格外嘉獎。這些年來，閻敬銘沒有忘記張之洞在他出山前的多次推舉，以及在山西時的特別禮遇，常和張之洞有書信往來。山西庫款的清理，得到戶部的大力支持，清理完畢，又被戶部當作成功的例子向各省推介，為張之洞在官場廣延聲譽。這班軍機名義上是禮親王世鐸領銜，但明眼人都知道，真正的首領是醇王而不是他。這位努爾哈赤第二子禮王代善的後裔，其為人別無所長，唯有謙恭之道，人皆不及。就連李蓮英向他行禮，他也以平等之禮回答。以親王之尊，向太監行平禮，為從來所沒有。他做了軍機處的領班大臣後，大家才明白，他正是以籠絡李蓮英而討得慈禧的歡心，也正是以謙恭之道而贏得醇王的信任。

稍懂背景的人都知道，工部左侍郎孫毓汶曾做過醇王府的西席，刑部右侍郎許庚身則是醇王府棋枰上的常客。這個由慈禧和醇王密商圈定的，名義上由禮王牽頭的軍機處，其實完全是太平湖潛邸的班底。中國晚清新一輪叔嫂聯手掌權的時代開始了。

當京師上下為這次大換班議論紛紛，甚至肇事者盛昱也深為震駭急忙上疏收回原摺的時候，太原城的主人卻對此並不大感意外，只是他沒有料到，醇王的事情竟然進展得如此順利快速。他更沒有料到新軍機處作出的第一號決定，就是罷免張樹聲的兩廣總督，將眼下眾目睽睽的粵督一職交給他！

當新軍機處的名單公佈之初，張之洞興奮難捺，額手稱慶。他既為子青老哥白髮重用而欣慰，更為在朝廷中樞中有自己的兄長和關係親密者在而歡喜。那年清漪園晉謁醇王的情景又浮現在眼前。這些年來，醇王對自己的恩德深厚無比。他清楚地意識到，一輪紅日正面對着自己冉冉升起，眼前的仕途將會因此而更加明亮光輝。然而，遷升來得如此之快，朝廷所託是如此之重，卻為他始料所不及。

總督一職僅只八個，分別為管轄直隸省的直隸總督，管轄江蘇、安徽、江西三省的兩江總督，管轄廣東、廣西兩省的兩廣總督，管轄湖北、湖南兩省的湖廣總督，管轄福建、浙江的閩浙總督，管轄四川省的四川總督，管轄陝西、甘肅兩省的陝甘總督，管轄雲南、貴州兩省的雲貴總督。

直隸總督由於所轄地處京畿，形勢重要，向為總督之首。兩江總督所轄面積廣大物產富饒，其地位僅次於直督。陝甘、雲南因地方偏遠且貧瘠，在總督中列為末等。過去兩廣、兩湖、四川三地的總督地位大致相當，近年來因洋人的關係，兩廣總督的地位明顯超過湖廣和四川。張之洞以一個資歷淺薄的晉撫一躍而為粵督，此中機奧，他心裏甚是明白。他不能辜負太后和醇王的重託，也不能辜負堂兄和丹老的期待。

但是，此番南下粵海，卻非比一般。前線喪師敗績，戰火越燒越烈，縱觀中國與洋人交戰史，從來沒有過取勝的記載。此時的粵督，不是太平疆吏，而是督師將帥，往日的那些用兵計略，說到底不過是紙上談兵而已，現在即將由自己來調兵遣將，與洋人決戰於血肉橫飛的沙場，從未廁身行伍的一介書生能辦得了嗎？面對着這次遷升，張之洞不免湧出幾分臨深履薄之感來。然而，這種畏怯之態很快便過去了。

他從來自信極強自許甚高，敢於任事，不憚風險。此時的粵督固然難做，但此時的粵督做好了，它的光彩卻也不是前任所能比的。

擢升來到太快，他得把山西的事情料理好，為三晉父老留下去後之思。

眼下的第一件大事，是要將李提摩太主動承擔的海路運鐵之事落實。因李提摩太，張之洞又想起山西教案。是的，必須盡早設置一個教案局，以便有專人負責處理民教糾紛。日後凡遇民教衝突，即令教堂致函教案局，由該局全權處理。

還有兩樁關係到山西長治久安的大事，已議論多時了，也應在離晉前作出規定來。一是實行保甲制度，在原有村社組織的基礎上，將此制度完善，以此來對付強盜匪徒，協助官府保境安民。二是晉北的七廳改制。山西北部歷來設置有管理蒙民交涉事務的七個廳，這七廳分別隸屬於雁平道和歸綏道。這一帶，蒙回雜處，情況較為複雜，近年來又因洋人的插手，更為難治。這七廳原先都是滿蒙官員治理，諸務混亂。張之洞已向朝廷建議，七廳官員應滿漢通用，並擬施行編立戶籍，清理田賦，設立學校，變通驛路，添設公費，募練捕兵，使之與內地各州縣無異。此事應再上一道摺子，請求朝廷作出明示，以便接任者奉旨實行。

許多事都在他的考慮之中。猛然，他想起了一件大事。此事是在離開山西前非辦不可的。

來到太原不久，張之洞便去視察三晉的最大書院晉陽書院。他跟士子們約定每半年來書院一次，或給士子們授課釋疑，或與士子們共商省情。前年，他守約春秋各去了一次。去年清明時分，他也抽空去了一次。但從那以後到現在將近一年了，因為忙於庶務，一直未去。即將離晉南下了，學台出身的張之洞深以失信於士子而不安，他要再去一次晉陽書院，藉以彌補自己的失約。

晉陽書院的師生都知道張之洞已擢升兩廣總督，不日將離開山西，山長石立人和新任總教習楊深秀與士子首領們早就談論過，應該到巡撫衙門去一趟，為撫台大人送行。石老先生在晉陽書院做了二十多年的山長，經歷過七八位巡撫。巡撫們到書院走走看看，大多是做做樣子而已，從來沒有哪個巡撫正經八本地給士子們上過課。一輩子精研學問的老山長也知道，像曾國荃那樣的巡撫，要他上課也是件挺為難的事。他自己連個舉人都沒考上，又怎麼好意思給這些大多已有舉人功名的士子上課呢？其他幾位巡撫，也不乏有進士出身的，但他們原本就是把四書五經當作敲門磚，功名之門一旦打開，那塊磚便棄之不顧了；何況中進士到做巡撫之間，還有一段很長的道路要走，這條道路上的獲勝者靠的不是學問，而是另一番功夫。待到爬上巡撫高位時，過去的子曰詩云之類早已忘記得差不多了，何能再面對這些飽學士子大談學問呢？

只有張之洞不同，他來書院雖只講過三個半天的課，卻讓所有聽課的士子佩服得五體投地，就連博學而清高的石山長也自愧不如。對於這樣的撫台，年過古稀再無慾求的老學究的尊敬是發自內心的。

當下，石山長和楊總教習，將張之洞一行迎進書院。在山長的學思齋裏坐下後，張之洞也不多寒暄，開門見山地說：「這一年來忙於雜務，一直未來書院，向士子們許下的諾言沒有兌現，心裏總不安。再過幾天就要去廣東了，今天到書院來，一是看看各位，二是再跟士子們講一課，算是彌補去年的所欠。」

石山長激動地說：「大人榮升，本應老朽帶領書院教習和士子們去衙門祝賀。不想大人如此繁忙之際，還惦記著書院和去年下半年缺的那堂課，親來書院。老朽和書院全體師生深謝大人這番情誼。」

張之洞說：「就請老先生傳令下去，叫所有的士子都來吧！」

石山長轉過臉對楊深秀說：「漪村，把大家叫到風雨軒去，都和張大人道一聲別吧！」

風雨軒是一個開敞的集會之處，書院逢有大事，則全體聚集於此。聽說張撫台要給大家上最後一課，所有的人都來了，一百多個教習和士子濟濟一堂。

張之洞坐在平素石山長坐的太師椅上，將全體師生掃了一眼，見大家都全神貫注地望着他，等他開口。他清了清喉嚨說：「鄙人承乏晉省近三年，給諸位授了三堂課：一次講德行的修煉，一次講學問的積累，一次講文章的寫作，也不知對諸位的求學有所裨益否。近日奉旨，將總督兩廣，不日就要離開晉省，今天特地來書院看望各位，想再給諸位授一次課。今日這堂課，想聽聽諸位的意見，要鄙人講點甚麼，大家說吧！」

在座的士子你望着我，我望着你，都不知道要撫台大人說點甚麼好，有的在互相小聲商量着，風雨軒裏開始熱鬧起來。楊深秀見此情景，估計一時難得有統一的意見，不如自作主張算了。他素來喜詩，也讀過不少張之洞的詩篇，便在一旁說：「晉陽書院裏的士子，大多讀過大人的詩，很喜歡大人的詩作。我看今天就請大人給我們談談詩吧。不知大人意下如何？」

張之洞喜歡寫詩，也自負於詩。過去做翰林，做學官，都有充裕的時間吟詩，來山西這幾年，政務太繁，沖淡了吟詩的雅興。今日能給士子們談點詩，倒也是一個輕鬆而有趣的課題。他自己的詩作，至今並未刻集印刷，先前在京師清流同人中，每有所作，大家互相傳抄，張之洞的詩才常被稱讚，傳出圈外的詩作不少，故京師士人亦多有能誦讀其詩的，至於太原士子也在讀他的詩，他卻沒料到。張之洞饒有興致地對着大家說：「剛才楊總教習說晉陽書院也有人讀過我的詩。我現在問你們，有誰能當着我的面背誦我的詩嗎？」

眾士子都很興奮。許多人都讀過撫台的詩，有的人怕背不全，有背得全的又沒這個勇氣。正在互相慫恿的時候，有一個士子勇敢地站了起來，說：「張大人，我背一首。若背錯了，請您寬諒我。」

張之洞含笑說：「好，你背吧！」

那士子定了定神，高聲背起來：

一嶺如龍九曲回，江東霸主起高台。

羞從洛下單車去，親見樊山廣宴開。
水陸上游成割據，君臣投分少疑猜。
張昭乞食無長策，豚犬悠悠等可哀。

這是大人詠懷湖北古跡九首中的第四首《吳王台》。不知背錯了沒有？」

這首詩，張之洞自認寫得不錯，這個士子背得如此流暢，可見此詩在書院裏廣泛流傳，看來晉陽士子們賞詩的眼力不差。他很高興，說：「背得好，誰還能再背一首，我就答應楊總教習的請求，今天專談詩。」

士子們天天讀四書五經，日日伏案代聖人立言，真個是神昏氣墜，味同嚼蠟，平時也只有靠讀點唐詩宋詞來調節下。今天撫台不講那些枯燥無味的經典，專講可作下酒菜的詩歌，豈不太愜人心懷！眾士子很快推出一位素日記誦能力強的人。他擦了擦額頭上冒出的絲絲汗津，略有點膽怯地說：「大人，晚生也背一首，若有背錯的地方，大人儘管責備晚生一人好了，千萬莫因晚生的背錯而不講詩歌。」

張之洞覺得此生憨實得有趣，便說：「你背吧，背錯了不要緊，我給你糾正。」

那士子又擦了一把汗，揉了揉太陽穴，努力讓自己安定下來。風雨軒裏鴉雀無聲，一會兒，大家聽到了誦詩聲：

嘯台低，吹台高，台上瓦礫生黃蒿。
登台弔古逢吾曹，故人誰歟今邊韶。

大梁本是霸王地，至今白沙三丈沒城壕。
五季如風青城虜，惟有信陵死不腐。
中原蕩蕩不自立，金戈蹂踐徒辛苦。
當年汴水入泗流，清明上河尚可游。
南下朱仙四十里，大車轔轔，小車轆轆，徹夜何時休？
一自河決汴流斷，中州貧索來寇亂。
錦衣甘食皆河兵，哪有健兒習征戰？
君來蔡州營，我去宋州城。
宋蔡相望列三帥，千羣邊馬仍橫行。
爾我少年容易老，王粲從軍歡情少。
飲我酒，為君歌，金梁水月吹酒波。
試看戰骨白，豈惜朱顏酡。
報關俠士不可見，只有憲王樂府堪吟哦。

很長一會不見再有誦詩聲發出，眾士子知道背完了。當着這位顯赫詩人的面，一口氣背下這首長篇歌行，不錯不漏，不停不頓，大家為這位士子的記憶力和膽氣所傾倒，風雨軒裏響起一陣鼓掌聲。

張之洞也不由得擊節讚歎：「好，這樣長的一首詩，難得你一氣背完。這首詩作於同治元年。我當時春闈未捷，來到河南堂兄幕中。那時幕中有一個叫邊韶的人和我意氣相投，我於是寫了這首詩送給他。爾我少年容易老。不知不覺間二十多年過去了，現在真的老了。當時和你們差不多大，正是目空一切好說大話的年歲。這位朋友能背得這麼流利，看來是喜歡這首詩。李賀說『少年心事當拏雲』，年輕人有點目空一切好說大話，也不是太壞的毛病。諸位是我的知己，我今天就非得說點詩不可了！」

撫台原來是這樣的熱血熱腸可親可愛，在楊深秀的帶動下，風雨軒內外響起了經久不息的掌聲。

「論中國的詩，自然首推唐詩。唐詩之後，宋詩別是一路，也是高峯。國朝初期，有個詩壇泰斗，乃大名鼎鼎的王漁洋，他論詩高標神韻。這神韻之說，便是為唐詩定的調子。乾隆時期，又出了個詩壇泰斗，乃長壽老人翁方綱，他論詩標出一個肌理。這肌理主要來源於他對宋詩的領悟。近世作詩崇尚宋人，便是受翁氏的影響。」

眾人都被帶進了詩的天國。此刻晉陽書院的風雨軒，如同九天玄宮海外洞府，只見珠玉飛濺花香飄溢，沒有半點塵世的囂雜，凡俗的瑣屑。

「鄙人論唐詩不同於王漁洋，獨標一個風字；論宋詩有別於翁方綱，特重一個骨字。」

年輕士子最不喜歡的就是因舊襲故，最有興趣的就是標新立異，尤其是學問上的新奇之說，更是對他們吸引力最大。撫台自家獨得之學說，立即振奮了他們的精神。

「若把風字說得具體點，便是風流。諸位，這風流二字，可不是時下所謂的吟風弄月，拈花惹草，秦樓楚館，作狎斜遊等意思。」

撫台這幾句風趣的話，引起了年輕士子們的會心之笑。

「唐人眼中的風流，包含的內容異常豐富，囊括人品人性、德行才華方面諸多美好資質。比如張九齡的『雄圖不足問，唯想更風流』。這裏的風流，便是指的才華縱橫，文采斐然，不拘常禮，通脫曠達。再如李白的《贈孟浩然》：『吾愛孟夫子，風流天下聞。』這裏的風流，就是指的超凡脫俗的風度人品和卓爾不羣的文采才情。這種風流，不但使李白傾心，也讓當時普天下的唐人豔羨。所以杜甫詠宋玉，就說『搖落深知宋玉悲，風流儒雅亦吾師』。宋玉的風流，就連詩聖杜老夫子都想師事於他。」

風雨軒裏又是一片歡快的笑聲。

「至於司空表聖所說的『不着一字，盡得風流』，這風流便象徵着一種詩文的最高氣象。這種氣象含蓄蘊藉，韻味無窮，而又不可以跡尋之，正是羚羊掛角，渾然無跡。可謂風流二字的最大內涵了。所以鄙人認為，論唐詩，切不可忽視唐詩的風流。」

撫台對唐詩研究的真學問，使士子們由衷歎服，他們不停地點頭，報之以完全的贊同。

「若說宋詩，則突出表現在一個骨字上，具體地說，這骨便是筋骨。筋骨是個比喻，說得明白點便是義理。宋詩最重的便是這二字。我們讀宋詩，切記不可忽視了這一點。」

眾士子個個聽得全神貫注。

「宋詩在這方面取得的成就最高，所以有的詩便成了格言哲理傳了下來。比如大家所熟知的《讀書有感》：『半畝方塘一鑒開，天光雲影共徘徊。問渠那得清如許，為有源頭活水來。』朱夫子的這首詩是宋詩的代表。有源源不斷的活水灌注，小小的池塘才得以清亮如鏡。這是一個極為恰當的比喻。士人們要勤奮學習，要博覽羣書，才能不斷地有新知湧進胸臆，才能如同這一池清水般的令人可愛。」

如同當時大多數讀書人一樣，石立人山長也是一個寫宋詩的學究，他對巡撫的這番話很能聽得進。「至於王安石說『不為浮雲遮望眼，只緣身在最高層』，蘇東坡說『不識廬山真面目，只緣身在此山中』，這些蘊含在詩中的義理，則千百年來無數次地被人們所引用，去說明許多長篇大論未必能說清的道理。這就是宋詩的成就。歷代都說唐詩高於宋詩，其實也不盡然，宋詩中的義理深度便不是唐詩所能達到的。應當說，唐詩宋詩是雙峯並峙，都是無可替代的瑰寶。」

楊深秀情不自禁地鼓起掌來，隨即，全體士子都熱烈鼓掌。晉陽書院再次響起雷鳴般的掌聲。

掌聲剛剛平息，一個出身官宦家庭的膽大士子站起來說：「請問張撫台，您的詩是屬於唐風一類，還是屬於宋骨一類？」

這個問題提得近於唐突，老山長頗為不悦地瞟了那士子一眼，心裏說，怎麼能這樣問撫台？大多數士子卻很讚賞發問者的膽量，他們也想聽聽撫台對自己詩風的評論。

張之洞不以為意，莞爾一笑，說：「明代和國朝初期，士子都學唐詩。國朝乾嘉之後，士人都學宋詩。學唐詩，若不得風流之精髓，則易入輕浮淺薄一路。學宋詩，若不得筋骨之要領，則易入生硬說教一路。故而無論學唐學宋，都要取法乎上。這是第一義。還有第二義，即我剛才說的，唐宋既然是雙峯並峙，故不應偏於一方，應該都學，而且要盡取其長，力避其短。鄙人便有志於此，作詩盡可能有唐人之風，亦有宋人之骨。唐風宋骨才是鄙人所追求的最高目標。因此，鄙人的詩，說得好聽點，就是既有唐風，又有宋骨；說得難聽一點，便是既無唐風，又無宋骨。」

說着，自己先哈哈大笑起來，大家也都跟着笑了。

撫台不擺架子，願意坦率地回答普通士子的提問，鼓舞了大家的膽氣。這時，又有一個士子站起來問：「請問大人，您最喜愛的前代詩人是哪一個？」

「蘇東坡。」

提問者話音剛落，張之洞便脫口回答，頗令士子們感到意外。

「我喜歡他的詩詞中兼備唐人之風流和宋人之筋骨。他為惠崇畫的春江晚景所題的詩，堪稱集唐風宋骨於一爐的典型。四句詩，三句寫景，風光綺麗，風物活脫，得唐風之精髓。一句『春江水暖鴨先知』，說出了天地間一個深刻的道理，然而又是如此的天衣無縫，不着痕跡，決沒有半點說教味，令人不能不佩服。」

眾士子中有人已在咀嚼「春江水暖鴨先知」這句名詩了，越咀嚼越覺得其中回味無窮。

「蘇東坡令我喜愛之處，還有他曠達的人生情懷。」張之洞繼續他的蘇軾論。「他才華蓋世，人品正直，卻一生坎坷，命運多舛，但他卻從來都以曠達通脫的態度對待那些挫折，始終摯愛生命，熱愛人世。『蓋將自其變者而觀之，則天地曾不能以一瞬；自其不變者而觀之，則物與我皆無盡也。』諸位，你們看東坡先生這種胸襟是多麼的曠達樂觀！諸位現在還年輕，尚未涉世事，今後走出晉陽書院，步入天地江湖之間，或順利，或乖逆，都難以預料。然而憑甚麼來面對世事之逆順呢？就要憑東坡先生這種曠達之胸襟，順也喜樂，逆也喜樂，此為處世之道，亦為養生之方。這就是鄙人今天送給諸位最重要的一句話，願長記不忘。」

這次是石山長帶頭鼓掌。三晉大地上的最高學府，又一次響起回蕩四壁的掌聲！

4 人生難得最是情

先前三次講課，張之洞從不在書院吃飯。一來是鑒於山西官場吃喝風氣太甚，他多次下令各級官員出巡必須從儉，不得鋪排張揚，他自己應帶頭執行。二來他知道書院不比衙門，特別清貧，倘若在這裏吃飯，會給他們增加負擔。這次不同，以晉撫身份給士子授課，應該說是最後一次了，石山長很想撫台今天能賞光，與大家共進一頓午餐。他悄悄把楊銳叫到一邊，將這個意思説明，請楊銳問問巡撫。當楊銳把山長的話轉告張之洞後，他竟然爽快地答應了：「今天破個例，就在這裏吃午飯，但只能三個菜一個湯，多一個都不行。」説完後，又特為補充一句：「請山長叫幾個士子來與我們同桌吃。」

石立人得知撫台同意在這裏吃午飯，很是高興，便一面吩咐廚房趕緊張羅，又打發一個教習去士子中挑幾個人作陪。

沒有多久，一切都已就緒，石立人領着張之洞走進學思齋。這裏已將兩張方桌並成一條長桌。石立人陪着張之洞坐在正前方兩個主位上，張之洞的下首坐着楊深秀，石立人的下首坐着楊銳，剩下的八個座位，坐的是士子中臨時推選出來的代表。他們或是士子中的首領，或是公認的品學兼優的才子，或是有權有錢人家的子弟，總之，都是晉陽書院士子堆裏的頭面人物。今天，他們能有幸跟與榮升粵督的撫台同桌共餐，既興奮又很覺光彩。

桌上擺的不多不少，恰是三菜一湯，只是因為是兩張桌子併成，菜是一式兩份，分開擺。書院清貧，又是臨時的決議，故三菜一湯甚是普通：一碗油燜牛肉，一碗爆炒羊肉，一碗小蔥豆腐，一碗粉條青菜湯。怕不夠吃，都用頭號大碗裝着。

石立人以主人的身份舉起杯子來，對張之洞說：「今天，張大人肯賞臉在書院用餐，又邀請士子代表共席，這是我晉陽書院的榮耀。倉促之間沒有佳餚，且大人又嚴格規定只能三菜一湯，今天這頓飯菜實在簡陋之至。現在老朽請各位一同舉杯，為張大人三年來為山西的操勞，為張大人的榮升，也為張大人此去廣東的一路平安，乾杯！」

說罷起身，楊深秀和眾士子都一齊站起，張之洞也忙站起，舉着杯子說：「謝謝老山長和諸位的美意，我和大家一起乾了這一杯。」

說完一飲而盡。待大家都喝完酒後，老山長恭請撫台坐下，眾士子也重新坐好。

楊深秀笑着對張之洞說：「剛才山長只說到菜，沒有說到酒。今天這幾道菜確實平常，但這酒可不平常。」

張之洞說：「這酒有何不平常之處，還請漪村說明。」

「這壇酒是一個士子的父親送給老山長的。」楊深秀指了指放在旁邊的深褐色的大肚酒壇，說，「五年前，這個士子中了進士。士子的父親是個票號老闆。這個士子，起先貪玩不好讀書，父親很擔憂。老山長說，到晉陽書院來吧，我可以將他造就出個人才。就這樣，這個士子來到了書院，一年後即進學，三年後中舉，再過三年就中了進士。他父親感激不已，給老山長送了一塊題有『晉學春暉』四字的金匾，又特地在杏花村酒舖花了一百兩銀子，買了這壇百年老酒相贈。」

張之洞吃了一驚，說：「剛才喝的竟然是百年老酒，我一口乾了，還沒有品出個味來。」

楊深秀忙起身，給張之洞的空酒杯再斟滿，說：「我怕大人您沒在意，故特意提起。現在我們慢慢喝，細細品品它的味。」

張之洞端起酒杯，淺淺地抿了一口，半瞇着眼睛認真地品着。他青年時代耽於酒，中年後才有意少飲。品酒，他也可算得一個內行。這口酒，氣色香馥，味道醇厚，的確是一壇年代久遠的老窖。張之洞笑道：「好酒，好酒，今天我要開懷暢飲幾杯！」

大家聽撫台這麼說，都快樂地笑了起來。

石山長微笑着說：「老朽年輕時也極愛這杯中物。花甲之年後遵醫囑，少飲酒，多喝茶，故而酒喝得很少了。老朽平生不愛熱鬧，不喜交往，既無特別尊貴的客人，也無特別舉辦的宴席，這壇酒便一直擺了五年未動。今天用來招待為山西百姓操勞三年的張大人，也算是物盡其用，給這壇酒添了極大的臉面。」

老山長的話引起眾位士子的會心一笑。

張之洞說：「剛才漪村說那個士子還送了一塊金匾給您，為何不張掛出來，也好給書院增添光采。」

山長淺淺一笑：「這金匾上的字題得太重了。『晉學春暉』，老朽如何擔當得起！若不自量而張掛，定會招致鬼怒神怨，折了老朽的草料。老朽一生雖然平平淡淡，其實對人生還是眷戀極深的，生怕過早離開這花花世界。」

眾士子又都笑起來。張之洞也笑了，心想：這個滿腹詩書，見生人頗有三分靦腆的山長，卻原來還是個很有風趣的老頭子。他是個富有真性情的人，很自然地對有趣味者感到親切，於是說：「你主持晉陽書院數十年，桃李滿天下，『晉學春暉』四字，我看是擔當得起的。這是您的一塊招牌，有了它，神鬼不會認錯。萬一哪天閻王爺遣小鬼勾別人的魂，走錯了，誤進您家的門，反倒不好。」

山長摸着滿口白鬍子，樂哈哈的，眾士子也很快活。撫台的平易和他對山長的尊崇，更使士子們對這位名士出身的顯宦增添了敬意。

張之洞起身，舉起酒杯說：「今天，我借花獻佛，請各位和我一起，祝我們的晉學春暉健康長壽，為我們三晉造就出更多的人才！」

「不敢，不敢！」老山長慌忙起身，對着張之洞連連擺手。「這杯酒老朽不敢喝！」「我先喝為敬。」張之洞把杯中的酒一飲而盡，滿桌人都一飲而盡。老山長無奈，只得把杯中的酒喝了。

重新坐下後，老山長親自為張之洞挾了一塊牛肉，楊深秀也向楊銳勸菜。

酒好，菜好，氣氛也好，張之洞心裏很是高興，他笑着對眾人說：「我在山西做了將近三年的巡撫，可能大家都不知道，我是回到了故鄉。三晉百姓是我真正的父老鄉親。」

除了剛到太原時與葆庚說起過「洪洞人」的話外，張之洞再也沒有對別人提過自己的祖籍在山西，官場士林都只知道撫台是生長在貴州的直隸南皮人。

見眾人滿臉疑惑，張之洞開心地說：「大家都不知道吧，我們南皮張家是明永樂年間遷到直隸的。

『要問故鄉在何處，洪洞縣外大槐樹』這句童謠，在我們張家也世世代代流傳着，傳到我這一代已經是第十四代了。」

「這麼說來，張大人真的是我們山西人了！」士子們興奮地交頭接耳。

石山長摸着鬍鬚慢慢地說：「明洪武、永樂兩朝，山西頻遭旱災，逼得百姓背井離鄉，外出謀生。洪洞縣土地少，人口稠密，加上災情更重，故外出的人更多。當年縣城東門外有一棵老槐樹，樹幹粗得四五個人不能合抱，夏日裏樹蔭足有一畝多地大。這棵槐樹是洪洞縣的標誌。於是，離開洪洞縣的人，都在城門外這棵老槐樹下舉行一個告別儀式，對着它叩頭灑淚，就算是向祖宗世代居住之地告別了。剛才張大人說的這句童謠，我在洪洞縣志裏見過。」。

張之洞對山長說：「去年我去洪洞縣，還特地去看了這株老槐樹，它仍然枝繁葉茂，不知這株老槐樹是不是明代的那株。」

老山長說：「洪洞縣志上說洪武、永樂年間的那棵老槐樹在正統八年老死了。過了幾年，從根部又長出一棵小槐樹來。這是老槐樹的第二代。這棵槐樹也長得很大，活了兩百來年，順治二年被雷劈死。第二年，根部同樣又長出一棵槐樹來。大人看到的就是這一棵，它已是第三代了。從順治三年算起，到現在有二百四十年，也算得上一棵高齡老樹了，據說只是比不上當年那棵老槐樹的粗大。」

「唔，唔。」張之洞連連點頭。

一直沒有開口的楊鋭插言：「看來，山西是從明朝時才開始變窮的。過去讀唐詩，山西在我的印象中是一個很美好的地方。比如鬥酒學士王績的詩：『樹樹皆秋色，山山惟落暉。牧人驅犢返，獵馬帶禽歸。』一幅多好的田園風光圖。」

張之洞感慨地說：「叔嶠說得不錯。《全唐詩》中我們山西籍的詩人很多，詩也寫得極有氣魄，應該說山西這方水土是很能養育人的。大家都知道旗亭畫壁的故事。故事中三個詩人：王之渙、王昌齡、高適，其中兩個便是我們山西人。王之渙的『欲窮千里目，更上一層樓』，王昌齡的『秦時明月漢時關，萬里長征人未還』，真是千古絕唱，後世很少有人把詩做得這樣雄健豪邁的！」

聽了這段話後，楊深秀突然來了靈感：「剛才張大人說到我們山西人的詩，我有了一個主意。今天在座的除叔嶠外，包括張大人在內，都是我們山西的才俊。今天為張大人榮升餞行，大家在一起飲酒談詩，是一件難得的事。我提議，我們每一個在座的，除老山長外，都依剛才張大人所說的掌故，講一個山西詩人的故事，然後再背一首這個詩人的代表作。講得好，我們為他鼓掌，大家同飲一杯酒；講不出的，罰他三杯冷水。」

楊銳不在其間，自然高興，忙附和：「總教習這個主意極好，山長這麼好的百年老酒，是要有這樣的詩情才能和諧的，這比酒令要強多了。」

眾士子既興致甚高，又有點擔心怕說不出來，臉上都紅樸樸的，眼中閃爍着光采。

張之洞懂得年輕士子的心態，知道他們都有好表現的慾望，便說：「大家都說一個，最後我來評論，取第一的我有獎賞。」

見撫台興致如此高，山長和總教習都格外高興。楊深秀說：「議是我提的，我理應第一個說。」大家都專心致志聽他的。

「我講一個宋之問遇駱賓王的故事。」

駱賓王就是那個為李敬業起草討武則天檄文的人。這篇文章把武則天罵得狗血淋頭，卻又讓武則天稱讚不已。其文之好，其才之高，可想而知。傳說討武之舉失敗後，駱賓王便不知去向了。宋之問怎麼會遇到他呢？這事可真的奇了！

「宋之問是初唐的名詩人，他是我們山西汾州人，因觸犯權貴而貶官江南。有一天，他遊杭州靈隱寺，夜晚就宿在寺裏。當夜月明如晝，四周山色極佳，引發了他的詩興，脫口而出兩句詩：『鷲嶺郁岧嶤，龍宮隱寂寥。』吟完這兩句，下面便接不上來了。他在靈隱寺庭院裏獨自徘徊，苦苦思索，就是得不到更好的續詩。這時，有個老和尚提着一盞油燈過來，準備進大殿點長明燈。見宋之問老是吟着那兩句詩，知道他是做不下去了，便走到他身邊說，我幫你接下去吧！宋之問目光懷疑地盯着老和尚：你也會做詩？老和尚說，試試看吧！他對着油燈凝思片刻，說，你看這兩句如何：『樓觀滄海日，門聽浙江潮。』宋之問聽了大驚：這兩句詩既切合靈隱寺的實景，又氣勢開闊宏大，比自己的那兩句強多了。經老和尚的提示，宋之問很順利地做成一首詠靈隱寺的好詩。第二天，他再去找點長明燈的老和尚，卻找不到了。住持告訴他，昨夜的那個老和尚就是駱賓王，他一早就離開靈隱寺了。宋之問驚訝不已，心裏默默感激駱賓王的慷慨相贈。」

士子們平日讀的都是八股文，做的詩也只是闈場所用的試帖詩，其他的書讀得很少。這則載於孟棨《本事詩》中的故事，他們沒見過，於是都鼓掌叫好。

張之洞自然是知道這個掌故的。但今天這個場合，由楊深秀說出來，也是一個有趣的故事，遂也跟着鼓掌。

楊銳說：「這個故事好聽。按你自己說的，還得朗誦一首宋之問的詩。」

「行。」楊深秀想了一會兒，背道，「嶺外音書斷，經冬復歷春。近鄉情更怯，不敢問來人。」

張之洞點頭說：「這是宋之問最好的一首詩。他道出人在某種特殊情況下所特有的一種複雜心情。我們大家為漪村的好故事同飲一杯酒！」

十幾隻杯子都高高舉起，然後均一飲而盡。

「下面該你們了，誰先說？」楊深秀望着那幾個士子們的代表說。

小伙子們互相推讓一番後，一個素日喜歡拋頭露面的士子頭領，被推為第一個講。此人名叫呂臨，胸有大志，能說會道。

他站起身來，大大方方地說：「我給張大人、石山長和各位講個故事，說的是唐代我們太原的一位名人王播的往事。王播小時隨父遷居江蘇揚州。不久父親去世，家道中落，生活日漸貧困，只得寄居在揚州惠照寺苦讀詩書。每天早晚鐘聲響時，他隨寺裏的和尚一道趕齋飯。日子一久，和尚們都討厭他，於是改為先吃飯後鳴鐘，待王播聽到鐘聲去趕飯時，和尚們都已把飯吃光了。王播知和尚們嫌他，但他沒有地方去，也沒有錢去買飯吃，只得忍受這個屈辱，每天到吃飯的時候，他不待鐘聲響便先去齋堂。」

這時有位士子忍不住發出小聲竊笑。坐在他身邊的同伴見撫台正斂容凝神聽着，便用手臂推了一下竊笑者，那士子趕緊閉了嘴巴。

「王播就這樣硬着頭皮在惠照寺住了一年半，果然高中了。二十年後，王播以檢校尚書右僕射的身份出任淮南節度使，駐節揚州。想起當年落魄惠照寺，他起了舊地重遊的念頭。寺裏有健在的老僧人，聽說節度使就是先前那位趕齋飯的窮書生，甚是慚愧，便趕忙把王播原先題在寺院牆壁上的詩，用碧紗罩起來，以示尊重。王播來到惠照寺，見到牆上的題詩。今昔對比，引起他的無限感慨，便拿起筆來，又在牆壁上題了兩首詩。一首是：『二十年前此院遊，木蘭花發院新修。如今再到經行處，樹老無花僧白頭。』另一首是：『上堂已了各西東，慚愧闍梨飯後鐘。二十年來塵撲面，如今始得碧紗籠。』陪同王播的官員們知道節度使有這樣一段潦倒經歷，都感慨不已。」

張之洞說：「王播少時窮不墜志，發憤苦讀的經歷，的確很感動人，家境貧苦的士子都應以王播為榜樣。只是王播發跡後，為官不大清廉，對老百姓搜刮過多。這一點，諸位今後切記不能學他。」

石山長立即強調：「剛才張大人這幾句話說得好極了。我們要學習王播少時忍辱負重，又要力戒他做大官後的不知恤民。過幾天，我還要專門將張大人這幾句話對全院士子說說。」

楊銳又充當起監令人的角色來：「按規矩，你還得背誦王播的一首詩。」

呂臨說：「我剛才已背了兩首王播的詩了，還不算數嗎？」

「不算，不算！」楊銳一個勁地搖頭。

呂臨摸着頭皮想了很久，終於想出一首，遂大聲背道：「昔年獻賦去江湄，今日行春到郤悲。三徑僅存新竹樹，四鄰惟見舊孫兒。壁間潛認偷光處，川上寧忘結網時。更見橋邊記名姓，始知題柱免人嗤。」

楊鋭冷笑道：「又是一首『如今始得碧紗籠』，可見王播是念念不忘少年時的窮苦，也未免胸襟窄了一點。」

眾士子都附和着笑了起來。

張之洞舉杯說：「故事說得好，詩也背得流暢，我們與他共飲一杯。」

笑聲又起，滿桌歡快。

楊深秀說：「呂臨說的這個故事，我們今後還要多講。誰再講一個，爭取超過他！」

這時，一個名叫段暢年的士子被推了出來。段家是太原城裏的富商，他書唸得不太出色，為人卻仗義疏財，人緣好。他憑着這點而有幸被推為代表，與撫台共餐。

他站起來說：「我為張大人說一段韓滉歸妓的故事。」

「歸妓」二字引發了年輕士子們的極大情趣，便都放下筷子，洗耳恭聽這個與妓女相連的風流故事。段暢年摸了摸圓滾滾的下巴，不緊不慢地說：「從前韓滉鎮守浙西的時候，名詩人戎昱是他轄區內的虔州刺史。虔州有個色藝俱佳的酒妓，戎昱與她情誼敦密。浙江的樂營將官聞這位酒妓的名，報告韓滉。韓滉遂下令將她召到樂營來。戎昱捨不得酒妓走，但又留不住，便設宴為她餞行。酒席上，戎昱寫了一首歌詞給酒妓。歌詞是這樣寫的：『好去春風湖上亭，柳條藤蔓繫離情。黃鶯久住渾相識，欲別頻啼四五聲。』又對酒妓說，你到韓大人那裏後，就唱這支曲子。到了韓滉處，在一次酒宴上，酒妓果然唱了這支曲子。韓滉問她：戎使君愛戀你？她說是的。又問你想念他嗎？她又答了聲是的，說着便流下了眼淚。韓滉一聽臉色沉下來了，對酒妓說：你下去換衣服，等着我處置你。席上陪酒的人見韓大人生氣，都為酒妓捏一把汗。韓滉將樂營將官喚來，嚴厲地對他說：戎使君乃浙西名士，他對這個酒妓有情意，你為甚麼不查明便將她調來樂營，這不成了我的過失嗎。樂營將領嚇得忙叩頭請罪。韓滉命打二十軍棍，又命送酒妓一百疋細絹，派人護送她回虔州。」

楊銳樂道：「過去只知韓滉是唐代的大畫家，他畫的《五牛圖》，把牛的形態畫絕了，卻不知他還是個知情知趣成人之美的君子。這個戎昱真正是交了好運，遇到一個好上司。」

楊深秀皺着眉頭問段暢年：「韓滉不是山西人嗎？我記得他好像是長安人。」

段暢年笑着說：「他的祖籍在哪裏我不知道，但他封晉國公這是確實的。做了我們山西的國公爺，說他是個山西人也不算太離譜。張大人，您說呢？」

張之洞笑道：「封了晉國公就算山西人，那顏真卿封了魯國公，不就成了山東人啦？」

眾士子皆大笑起來。有人喊：「韓滉不是山西人，犯了規，要罰冷水三杯！」

張之洞笑着說：「罰是要罰，但他這個故事說得好。諸位日後做了高官，都要像韓滉那樣體恤下情，千萬不要仗勢欺人。若仗勢欺人，人家恨你，一時報復不了，遇有機會便會發洩。所以，自古以來不少罷了官的人，被人唾罵，處境可悲，大多是在位沒做好事的緣故。假若這個韓滉，一旦失勢去投靠戎昱，戎昱會把他當老子供養的。你們說是嗎？」

眾士子都齊聲答：「是！」

張之洞笑道：「看在他故事講得好的份上，不罰三杯冷水了，向大家鞠個躬吧！」

「好，我向撫台、山長和各位鞠一個躬。」

段暢年向大家恭敬地彎了一下腰。

一個名叫劉森的士子不待總教習催促，便自告奮勇地說：「剛才段暢年說了酒妓的故事，使我想起唐代一個有情有義的妓女來。她不是冒牌的山西人，是一個真正的太原府女詩人。我給張大人和各位說說。」

唐代太原府的妓女詩人。此人是誰？連博通山西歷史的石老山長一時都想不起來。大家都興致盎然，張之洞也是興味頓生。大家都瞪着眼睛望着劉森。

「話說唐德宗貞元年間，有個名叫歐陽詹的讀書人，與韓愈、李觀等人同年中進士，是個事父母孝順，與朋友交往守信義的才子詩人。他那年遊太原府，與城裏一名妓女相好，約定回長安一個月後，即派車來迎娶她。回到長安後，歐陽詹接到家裏的信，信上說母病重速回。他一時心緒零亂，遂匆匆離長安回老家。歐陽詹是福建泉州人，從長安到泉州要走兩個多月。待母親病好，他再回長安時，已超過與妓女相約的日期半年了。這個妓女以為歐陽詹變心了，憂慮成疾，終於不起。臨終前，她用剪刀鉸下自己的頭髮，連同一首絕命詞，打發妓院的一個小姐妹送到長安。絕命詞是這樣寫的：『自從別後減容光，半是思郎半恨郎。欲識舊時雲髻樣，為奴開取鏤金箱。』歐陽詹回到長安看到這縷頭髮和這首絕命詞後，傷心過度，竟然跟着這個妓女一道離開了人世。」

張之洞靜靜地聽着這個哀豔動人的故事，一時竟百感交集，思緒萬千。他由這個太原妓女的癡心，想到女人的戀情。由女人的戀情想到妻子石氏、王氏的溫馨。往昔她們在世的時候，曾給了自己多少體貼恩愛啊！王夫人去世這兩年多來，他再也沒有得到過女人的溫情了。一種對妻子的追思感，重重地壓在張之洞的心頭。瞬時間，他從內心深處湧出一股渴望再得女人的濃烈願望。

段暢年很想拉一個受罰的陪陪自己，心想這樣的癡情女或許有，但這樣的癡情郎卻從來沒聽過說，便高聲嚷道：「這個故事是你編的吧！我這個太原人都不知道太原有個這樣的妓女詩人。瞎編的故事不能算，要罰，要罰！」

楊銳、呂臨等人也一起助興起哄：「罰，罰！」

張之洞揮揮手，制止眾人的喧鬧，語氣頗為沉重地說：「他說的故事不是自己編的，《太平廣記》中有記載。太原妓為情而逝，歐陽詹見詩而死的事都是真的。歐陽詹的詩，《全唐詩》裏也收了。」又轉過臉來問劉森：「歐陽詹送太原妓的那首詩，你還記得嗎？」

劉森說：「詩較長，我記性不好，記不全，只記得首尾四句。」

張之洞說：「那你就把首尾四句背給大家聽聽吧！」

劉森背道：「開頭兩句是：『驅馬漸覺遠，回頭長路塵。』末尾兩句是：『流萍與繫瓠，早晚期相親。』」

往昔夫妻間的患難之情一直盤旋在張之洞的腦中，他歎了一口氣，說：「太原妓年輕貌美又有才，卻墜入煙花，命不好。歐陽詹少年時便以詩文出名，卻功名不遂，直到不惑之年才中進士，一輩子也沒做過大官。他的命比太原妓的命好不了多少。一個是流萍，一個是繫瓠，二人是同病相憐，惺惺相惜。他們的愛是真誠的，故而有這樣感天動地的殉情之事出現。你們現在還年輕，還不懂得人世間甚麼是真情，甚麼最值得珍惜。人到中年後，就慢慢明白了。只是到了中年明白的時候，許多真情又都被平平淡淡地打發走了，追悔也來不及。石老山長，時間不早了，今天的飯就吃到這裏吧！士子們的故事都講得好，依我看，最好的還是這個太原妓與歐陽詹的故事。劉森，我給你頒賞！」

劉森忙站起，又興奮又緊張。眾士子也都在想：撫台大人會給他一個甚麼獎賞呢？

「漪村，你拿紙筆來！」

楊深秀從書架上拿來筆墨紙硯。大家知道撫台要寫字了，忙將碗筷收拾好。

楊深秀把紙鋪開。張之洞拿起筆來，沉吟片刻，在紙上寫下七個勁爽飄逸的大字：

人生難得最是情

大家正在心裏默念時，紙上又出現了一段小字：

甲申暮春，余在晉陽書院聽劉森講唐太原妓與歐陽詹故事，感慨繫之，特書此以贈劉君。

南皮張之洞親筆

一生以聖哲為榜樣的石老山長，怎麼也沒有想到張之洞會寫出這樣一句話，來贈送給一個青年學子。他滿是疑惑的雙眼，望着張之洞那並無絲毫輕佻淺薄的神態，茫然不解。楊深秀和眾位士子，以此看到素日剛正峻厲的撫台的另一面，他們感覺在心靈上似乎與他更顯得親近了。

5 離開山西的前夕，張之洞才知道三晉依舊在大種罌粟

下午，張之洞回到撫署。準兒一見到父親便說：「爹，師傅今天說我們要隨你到廣東去了，師傅和我們就要分別了。爹，這是真的嗎？要去廣東的話，把師傅也帶去吧，我不跟師傅分別。」說着，小臉上流下幾滴淚珠兒。

張之洞忙給女兒擦去眼淚，說：「小孩子家，不要管這些事，你只跟着師傅好好認字彈琴就是了。」

準兒出去了。然而，她沒有料到，她的這幾句童稚之言，卻使父親陷於了沉思。

其實，接到聖旨的第二天，張之洞就想到了李佩玉的事。就要離開太原了，佩玉怎麼辦？讓她隨着準兒去廣州嗎？佩玉有老父老母牽連着。這一年多來，每個月佩玉都回到晉祠父母身邊住兩三天。有一次，她母親跌一跤，扭傷了腰。她父親打發人來撫署接她回去照料母親，佩玉為此很犯難：不回去，無論如何也說不過去；若回去，又不是兩三天就能了結的，小姐的學業就耽擱了。正在兩難時，張之洞知道了，對她說，你乾脆把準兒帶到晉祠去吧，住上十天半月，待你媽好些後再帶她回來。佩玉感激撫台的體貼，帶着準兒回到晉祠，一邊照料母親，一邊教準兒識字彈琴。半個月後回到衙門，準兒高興極了，說晉祠好玩，又纏着爹同意她今後每次都跟師傅到晉祠去住幾天。從那以後，果然佩玉每次回家都

帶上準兒。佩玉並無兄弟姐妹，她又怎能離父母遠去呢？若不隨同前往，那真的就從此分別了。一說到分別，不但準兒難捨難分，就連張之洞自己也突然覺得有點惆悵。

張之洞很喜歡聽佩玉彈琴。每天，佩玉在教準兒彈琴之前，自己都會完整地彈奏一個曲子。在佩玉那裏，這樣做，首先是為了將準兒帶進一個優美的藝術境界，培養準兒對琴藝的興趣。其次，這也是她的自娛自樂：琴藝是她生命的一個重要組成部分，有了它，生活才充實，生命才有意義。每天完整地彈一曲，正是為不讓琴藝生疏。而對張之洞來說，只要有可能，他都會在這個時候，放下手中的公文來到後院，一個人坐在小書房裏靜靜地聽着，直到曲終才回到簽押房。

每到這個時候，他的靈府深處總有一種寧馨之感。有時候，他的腦子裏還會出現一些幻覺：總以為那美妙的樂曲，是他幼時便已永訣的母親彈出來的，是那與他分手十多年的髮妻彈出的。這琴聲，將他帶回他永遠懷念的在母親懷抱中的歲月，帶到與石氏相濡以沫的歲月。那是他一生中最寧靜最溫馨的日子啊！

這種時候，他每每會叩問自己：將佩玉招來撫署，究竟是為了給女兒尋一個師傅，還是為自己尋一種慰藉？他回答不了自己所提出的這個問題，仿佛也就在這樣的時候，他覺得佩玉已是他生活中不可缺少的一個人了。

那一夜，佩玉無意間與他談起了「和」，從奏琴的角度談到她自己對「和」的領悟。這個被經師們說得神乎其神的「和」，卻被一個普通女琴師解釋得那樣具體平實，聽得見，摸得着。眾音和諧方成樂，眾民和諧方成邦，眾邦和諧方成國。大道理皆從小道理而來，小道理又往往能啟發大道理的產生。

山西巡撫從一個女琴師的無意談話中，領悟了安邦治國的深刻大道理。

從那一天以後，張之洞對佩玉開始另眼相看了。

張之洞並不清心寡慾，四十六七歲的他仍需要女人的溫情，正是身邊多年來缺乏貼心知情的女人，才使得他有「人生難得最是情」的感慨。這兩年多來，他不是沒有想過要續娶的事，但每一想到此事，傷心之情便會油然而生。得知新巡撫原來是喪妻的鰥夫後，太原城不少人出於各種不同的目的，都想為巡撫撮合一樁親事，但張之洞自己的心中卻總熱不起來。他心頭上有一塊結始終沒有解開。

他不明白，為何自己先後娶的三個妻子都不能與他白頭偕老，連比他小十多歲的王夫人都不能幸免，是命中注定要克妻嗎？半年前，桑治平跟他聊天，說太原城裏有個袁半仙，是袁天罡的後人，看相算命準得很，找他的人很多。他因而抬高身價，看一次收二兩銀子，即便收費如此昂貴，仍有許多人從遠處慕名而來。張之洞的心為之一動：何不找他去問個原因？

這天下午，他青衣小帽，由桑治平陪同來到袁半仙的家裏，先遞上二兩銀子。年近八十的袁半仙用兩隻深陷的小眼睛，將張之洞上上下下地打量一番後說：「先生的命好極了，還來找老朽做甚麼？」

張之洞吃了一驚，便有意考考：「您這話怎麼說？鄙人不過一清寒塾師，命不好得很。」

袁半仙把小眼睛盡量睜大，狠狠地盯着張之洞，又用黑瘦得如同鷹爪子似的手，在張之洞的下巴上用力地捏了幾下，冷笑道：「先生不要瞞我這個老頭子。你的面相雖極平常，但骨相卻比一般人要貴重得多。常人看相，看的是面相，只把先生當塾師、賬房一類人看了。老朽看的是骨相。聽先生的口音不像是山西人，依老朽猜測，先生或者是京師放到太原來私訪暗查的御史台，或是過路的外省貴人。」

張之洞見他說得這樣肯定，心裏也不得不佩服，便不再和他鬥嘴皮玩，微笑着說：「您說我命好，當然是我求之不得的事了。我想請問您，我的命中也還缺些甚麼嗎？」

袁半仙又將張之洞審視良久，慢慢地說：「先生一生福、祿、壽都不缺，要說缺的話，缺的是伴。這『伴』字對你慳吝。老朽斗膽問一句，先生是否有過喪妻之痛？」

張之洞點了點頭。

「而且不只喪過一房妻？」袁半仙又追問一句，兩道尖利的眼光，像兩把鈎子似的要把張之洞的心鈎出來。

張之洞不由自主地打了一個寒顫，又點了點頭。

「哦！」袁半仙鬆了一口氣，說，「先生的骨相太重了，夫人若不是骨相也重的人就經受不起，而要找一個骨相相匹配的女子，卻是不易得到。」

「照您這樣說來，鄙人今生就只好做一輩子鰥夫了？」

「不用，不用。」袁半仙直搖頭。

桑治平在一旁說：「請老仙人點化！」

袁半仙乾瘦的手在自己尖細的下巴上摸了一摸，然後似笑非笑地說：「找一個女人來，不給他夫人的名份，也就不必要有與先生相匹配的骨相了。這女人便可以與你長相伴，不分離。」

「您是說買一個女子做妾，而不是做夫人？」

「是的。」袁半仙點頭。「買妾而不娶妻，於兩人都有利。」

張之洞臉上現出欣喜之色，起身告辭。桑治平又從衣袋裏取出一兩銀子，謝謝袁半仙的點化。

桑治平知道張之洞有再找一個女人的想法，便勸他：「你身邊是得有一個女人照顧才行，就按這老頭子說的，買一個妾吧！」

張之洞沒有做聲。桑治平知道他動了心。

撫台要置側室，自然會有許多人來熱心參與。領人上衙門的絡繹不絕，張之洞都看不上。此刻，他才發現，原來自己的心裏深處已早有了一個人，此人便是佩玉。

佩玉不是一個尋常女子，要她委屈做妾，她會願意嗎？他託桑治平的夫人柴氏先去試探試探。果然，女琴師拒絕了巡撫的美意。張之洞的心頭頓生一股淒涼之感。晉陽書院酒席上，劉森所說的太原妓的故事又冒出他的腦中。半生潦倒的歐陽詹，可以贏得絕色女子的生死相許，身為堂堂巡撫的我居然就得不到一個女琴師的愛情，這是甚麼原因呢？

人生難得最是情。是的，情難得！他找出李昉的《太平廣記》來，重新讀讀歐陽詹送給太原妓女的那首詩：

驅馬漸覺遠，回頭長路塵。
高城已不見，況復城中人。
去意既未甘，居情諒多辛。
五原東北晉，千里西南秦。

一屨不出門，一車無停輪。
流萍與繫瓠，早晚期相親。

怪不得太原妓可以為他而死，這位八閩才子對淪為煙花女的戀人，其情其意是何等的深切啊！情難得，難得的是兩心相印，兩情相許。佩玉不同意，應是她不知我的情。張之洞決定放下撫台的架子，以普通人的身份去向戀人傾吐心中的一腔真情。

佩玉正在為拒絕巡撫大人而心中不安的時候，沒想到撫台親自來到她的房間。她心裏慌亂，表面上依然鎮靜如常：「大人將升兩廣總督，佩玉祝賀大人榮升。」

「謝謝。」張之洞在佩玉的對面坐下，一副心事沉重的模樣。「做總督，說起來是升了，但兩廣眼下正是多事之秋。從我心裏來說，是憂多於喜。人在官場，身不由己。不瞞你說，要是由我自己來選擇的話，此時我倒並不想升官去做粵督，寧願在太原做我的山西巡撫。」

佩玉住在衙門，常聽人說起雲南廣西一帶中國軍隊與法國開仗的事。在佩玉看來，此刻去廣東，也未必是件好差事。她知道張之洞對她說的是實話。但她決沒有想到，未來的總督大人會對她這樣一位地位低下的弱女子，說出自己的心裏話。她隨口說：「太后、皇上信任大人，大人的本事也大，兩廣的事情會辦得好的。」

「但願如此。」

如同喃喃自語似的，張之洞信口說了這句話。他望了望佩玉。佩玉的神態不是過去的那種坦然大方，她一接觸張之洞的眼光，便馬上羞得低下頭來，滿臉漲得紅紅的。雙頰飛紅的時刻，佩玉頓增無限春色。

二十七八歲的佩玉，本來長得五官清秀身材勻稱，但她一來家境清貧，酷愛琴藝又使得她養成了樸素淡雅的習性；二來她作為一個寡婦，世俗的眼光和自己的心情，都使得她不能搽脂抹粉披紅戴綠。平日在張之洞的眼中，佩玉甚麼都好，就是暗淡了一點。此刻，這桃花似的紅暈一下子使得她光彩奪目起來。張之洞在心裏暗暗地叫了一聲：原來佩玉竟是一個比石氏、王氏還要漂亮的美人，過去居然沒有發現！一股熱流猛然貫注他的全身。他覺得自己竟然如同一個二三十歲的年輕人那樣，熱血沸騰，激情澎湃。難道說，是佩玉讓我歲月倒流，韶華重來？張之洞驚異於自己的癡想，他興奮至極，一股一定要娶佩玉的情緒勃然湧起，再也不能抑制下去了！他真想對這位女琴師高喊一句「我喜歡你」，但話到嘴邊，嗓音卻是壓得低低的，而且吐出的是另一句話：「我希望你嫁給我，卻沒料到你竟然不同意。」

佩玉聽到張之洞直截了當地說出這句話來，臉漲得更紅了，頭深深地埋下去，嘴抿得緊緊的，很久不開口。

張之洞窮追不捨：「你為甚麼不肯嫁給我呢？是嫌我老，還是嫌我醜呢？」

佩玉兩隻眼睛死死地盯着自己的一雙青布鞋，胸臆間正如同波濤洶湧的大海、亂雲飛渡的天空，她自己也無法把握住。

「你倒是開口說話呀！」

張之洞是個剛烈心急的人，若不是對這位女琴師有着深情的愛，如此長的沉默不語，早已使得他的自尊心大受刺激，甚至會拂袖而去。

佩玉努力壓住胸中的波濤和亂雲，終於說話了：「小女子不配與大人談這樁事。」

「為甚麼？」見佩玉開口了，張之洞剛剛萌生的急躁心緒立刻平靜下來。「我知道，你是嫌我老了。你別看我雙鬢都白了，我其實還不滿四十八歲。我是道光丁酉年生的，屬雞，你幫我算算，看是不是四十八歲？兩三年前我還只有幾根白頭髮，來山西後，不知不覺間兩鬢頭髮都白了。我自己也沒有想到會白得這樣快。」

雖然佩玉不是嫌他老，不過也沒有料到他只有四十八歲。看他的模樣，佩玉總以為有五十四五歲了。女琴師輕輕地搖了搖頭。

不是嫌我老。張之洞心裏這樣想着，信心立時增加幾分。

「我知道了，只是嫌我長得醜。」張之洞坦誠地說，「我是長得醜了點，個子不大高，五官也不太整齊，我有自知之明。但自古以來，選女婿看才不看貌，男子漢不在長得好不好，而在有無才幹。太后不嫌我醜，放我做山西巡撫，現在又要我去做兩廣總督，與洋人打交道。太后不擔心讓長得醜的張某人去跟洋人打交道，會丟大清國的臉，她知道沒有才幹的總督才會丟大清國的臉。」

說實在話，佩玉也不是因為張之洞長得醜才不嫁給他，但她聽了這番表白後，倒看出撫台原來是個有風趣的人，也是一個坦蕩的人。做過人婦的女琴師懂得，坦蕩而貌醜的男人遠比狹隘而英俊的男人要好。「太后都不嫌我醜」的話，使得佩玉直想笑，她努力地克制住了。雖沒笑出聲，心情卻已比剛才要輕鬆些了。

不嫌老，不嫌醜，那就再沒有別的原因了，只有惟一的一點，那就是她不願意為妾。張之洞理解佩玉的心情，他要誠誠懇懇細細緻緻地跟她說清這件事。

「佩玉，我知道了，你是說我不該收你為妾，而不是娶你為夫人。你嫌名份不正，又擔心日後進來一個正夫人，你會受氣，是嗎？」

話說到這裏，方才說到點子上。佩玉的家庭雖說是清貧，卻也是書香之家，她雖守寡在娘家，卻也是清清白白的良家女子，給人做妾，是她從來想都沒想過的事。哪怕那人家裏堆着金山銀山，哪怕一輩子住在娘家冷清貧寒，心靈手巧琴藝高超的佩玉也不願意去給別人做妾。

她抬起頭來，迅速地望了望張之洞那雙充滿熱切目光的眼睛，立即又低了下來。就在這個時候，她下意識地點了點頭，表示同意張之洞的猜測。

「佩玉，你聽我慢慢地跟你說明白。」張之洞心情沉重地說，「你來衙門裏，教準兒認字奏琴已有兩年了，你天天看到的是一個有權有勢威風凜凜的撫台，你或許不知道，這個撫台其實是個苦命的孤獨的人。」

佩玉的女人心，立即給張之洞這幾句帶有濃厚傷感情緒的話給吸引過去了。是的，她的確不知道巡撫大人還是個苦命的孤獨的人。她的頭慢慢地抬起來，眼神中的羞怯和畏懼減去了許多。

「在我四歲的時候，我的母親便去世了。撫養我長大成人的是我父親的側室魏老太太。幾十年來，我一直將魏老太太當作親生母親看待。我在湖北、四川做學政的時候，都將她老人家接到官衙奉養。她病逝後，我親自送她歸葬南皮祖塋。」

在佩玉的心目中，妾是沒有地位的，她沒有想到巡撫大人竟然是父親的妾帶大的，而且他對父妾執禮甚恭。她不由得對眼前的撫台生出幾分憐敬交加的心情來。

「魏老太太告訴我，我的母親在生時最愛的便是彈琴，又將母親留下的古琴拿出來給我看。魏老太太自己不會彈琴，卻能學着母親彈琴的姿勢，講述母親彈出的琴聲是如何如何的好聽。就因為這個原因，從小起，琴便在我的心目中有着神聖的地位。後來，我的髮妻石氏過門，我就將母親留下的古琴送給她，要她學會彈琴。石氏聰慧，很快也便能彈出一手好琴來。」

佩玉靜靜地聽着。琴，將她和高高在上的撫台大人之間的距離拉近了。

「那一夜，我在晉祠聽你彈琴。你猜我是怎麼想的？我以為那就是我的母親在彈琴，又以為是我的髮妻石氏在彈琴。所以，第二天我一定要見你，並執意要請你進府來教我的女兒彈琴。」

佩玉的心顫動了一下。這位平日嚴肅到頗近威厲的撫台，居然有如此純厚的孝心和深渺的情懷！她不由自主地抬起眼來，靜靜地看着張之洞，那眼光再也不是羞怯和畏懼，而是蕩漾着似水柔情。

「在府中，我常常一個人在小書房裏聽你彈琴。你的琴曲給了我很好的享受。那時候我就這樣奢望着：下半輩子能天天有如此享受就好了。」

佩玉周身熱活起來。從來知音難覓，更何況這等知音，普天之下有一人足矣。藝人渴求賞識的心情，與女人渴求愛慕的心情交織在一起，女琴師的心動了。

她輕輕地說：「謝謝大人的厚愛。若早知道大人這樣喜歡聽我的琴，我可以每天專門為你彈奏幾曲。」

「好哇！以後我就天天請你為我彈幾曲。」張之洞接過佩玉的話，把它特為強調一下。

佩玉意識到機靈的撫台已經鑽了她剛才話中的漏洞，臉上不由得又浮起一片紅暈。這片紅暈，再一次將她打扮得俏麗動人。

「那一夜，你從一個琴師的角度説起『和』字的道理，使我對自小起就讀過的《樂記》有了更為深刻的認識，受到許多啟發。我想到，如果你能始終在我身邊的話，不但能讓我天天聽到美妙的琴曲，你還能成為我的內助，可以補我之失，糾我之誤，半為良師，半為益友。」

佩玉覺得自己承受不起這份器重：「大人言重了。小女子那夜一時興起，信口胡謅的話，原是當不得真的。」

「不，你那夜説得很好。」張之洞鄭重地説，「和，是音樂產生的基礎；和，也是治理邦國的最佳途徑。聖人治理天下的大道，很可能就是從樂師彈奏琴曲啟發而來的。老子説治大國如烹小鮮，大道理和小道理其實是相通的。好了，這些就不多説了。但你要相信我，我的確由你的話得到了許多啟迪。我於此看出你的治事之才，你今後是可以成為我的幫手的。」

張之洞的這番話使佩玉頗受感動。她已覺察到話中的重量：知音，幫手。這分明不是尋常大官員買小妾，將買來的女人當玩物，當侍婢，當任意處置的奴隸，而是將她放在與自己平等相待的位置上。若真的這樣，作為一個平民家裏出身的女人，一個喪夫夭子的寡婦，她還有甚麼話可説的？但，既然如此，又為甚麼不用八抬轎從大門將我娶進來，立為正室呢？佩玉甚是疑惑不解。

「現在讓我説説，為何不將你作為續弦夫人娶進門的道理。」

張之洞感到這話有點難於說出口，他在心裏作出一個決定：如果佩玉堅持不同意做妾的話，他就改變主意，寧願再冒一次風險，也要把佩玉娶過來。佩玉對他太重要了。

遲疑良久後，張之洞說：「你可能還不知道，我先前有過三個妻子。結髮妻子石氏去世時還不到三十歲。續妻唐氏去世時三十四歲，第三個妻子王氏去世時三十五歲。她們都是年紀輕輕地便離我而去，使我很痛苦，也使我奇怪。太原城裏的袁半仙告訴我，我的命太硬，若要女人長久保住，只有不居夫人的名份才可。」

略停片刻，他又以十分懇切的態度說：「我很喜歡你，非娶你不可，但我又不想你走石氏、唐氏、王氏的老路。為了你，也為了我，所以才作出這種安排。你能體諒我的苦衷嗎？」

佩玉只知道準兒的母親三十多歲就過世了，卻不知道在此之前還有兩位，也是青春年華便過早棄世。因為自己的不幸遭遇，佩玉也相信命運。她相信是因為自己的命不好，才克夫克子，才寡居孀處。一個三喪妻子，一個兩喪親人，從痛失親情這點上來說，兩人同是情感世界中的天涯淪落人。是啊，與其頂個夫人的名份而短命，不如做個偏房而長相廝守。佩玉望了一眼張之洞，沒有說話，而張之洞卻從她的眼神中看到了諒解的目光，他心裏一陣欣喜。

男子漢的激情，發自內心深處的愛的驅使，使他一時忘記巡撫的尊嚴和中年男子的持重，他的兩隻強勁的大手，抓住佩玉的兩隻纖纖素手，動情地說：「佩玉，嫁給我吧，我會始終對你好的。你名義上雖居側室，其實家裏並沒有夫人，你就是夫人，內政全部交給你，由你一人掌管。今後，我也不會再買妾討小了，也沒有人再來與你爭個高下。準兒這兩年來和你相處親熱，她昨天聽說你就要回晉祠去都哭了，她捨不得你走。看在準兒的分上，你留下吧！」

說到童年就沒娘的女兒時，張之洞那顆剛烈的男人心已化為慈母情，聲音不覺抖動起來。

名為妾實為夫人的許諾，準兒的心意和她的眼淚，最終把佩玉給說動了。事事都好，就不該這個名份上差了。佩玉雖靈慧過人，但終究是一個貧窮而命苦的弱女子。她相信命，相信天意，她不再執意拒絕了。張之洞一把抱過佩玉，緊緊地將她摟在懷裏。佩玉沒有推脫，也沒有將臉貼在張之洞的胸前。她並沒有多少喜悅和幸福的感覺。她從來沒有想過高攀官家，她最大的願望只是能遇到一個實心實意知寒知暖的男人，與他同甘共苦地過日子，創家業。她知道，走進官家，有許多外人看得見的風光，而同時也有許多外人看不見的煩惱。她不知道今後的日子到底會怎樣過。想起英年早逝的丈夫和兩歲夭折的姣兒，想起從此以後將琵琶別抱，再為人婦，佩玉心在劇痛，淚如雨下！

好長一會，她從張之洞的手中掙脱出來，輕輕地說：「我還要回家去告訴父母，聽從他們的意見。」

「是的，是的。」張之洞急忙說，「那是應當的。我明天就派人送你去晉祠，好好地跟兩位老人說清楚，請他們同意。」

「還有。」佩玉細聲細氣地說，「我的父母只有我一個女兒，他們一天天地衰老了，身邊要人照顧，我想請大人答應，讓他們隨我一道走。」

「好，好。」張之洞忙不迭地答應。「侍奉父母，是做兒女的本份。你父母就你一個女兒，他們自然是應該跟隨你到廣東去的。他們願住衙門也行，願自己賃屋住外面也行，一切聽他們的。」

佩玉不再說甚麼了，心也慢慢地平靜下來。

正是春末夏初時分，三晉大地麥青花黃，萬物欣欣，張之洞結束在山西兩年半的巡撫任期，肩負着以醇王為後台的新軍機處的重任，懷抱着兼濟天下、經營八表的素志，離開太原，前赴眼下朝野內外、歐亞東西所關注的爭鬥之地，他將要以一身作南天柱石，撐起這座風雨飄搖的帝國大廈的一隅。四十八歲的中年總督不免憂喜參半：大展宏圖之心與責任重大之感同時並存。

然而，與當年孤身赴晉不同，此時，他的身邊多了一位有才有識的終身伴侶。這些天的共同生活，佩玉給張之洞帶來的溫馨，在他的身上發生了神奇的作用，彷彿青春重返，韶華再來，張之洞覺得渾身上下都充滿了像二十年前似的用之不竭的生命力。他回顧兩年多來所辦的一樁樁大事：鏟除罌粟，獎勵農桑，戒煙禁煙，清查庫款，查辦貪官，整飭吏治，免除攤派，蘇緩民困。儘管這些政績是用兩鬢全白的辛苦所換來的，卻是十分值得。望着古道兩旁一派莊稼茂盛耕作繁忙的景象，張之洞的臉上泛起欣慰之色。

車到蔭營鎮時，他想起了那年途中打尖的小飯舖，便把大根叫來說：「你再去跟那位薛老闆聊聊，問問他罌粟根絕了沒有，老百姓的日子過得好些沒有？」

半個時辰後，大根趕上了車隊。

「見到那個薛老闆了嗎？這裏的情況如何？」張之洞希望從這個小小的點上的變化，顯示出他治晉兩年多來的巨大政績。

「見到了。」大根的情緒並不高昂。「薛老闆說，他們這裏的罌粟還在種，只是大路邊沒有而已，離開大路兩旁不到十里地，那裏的罌粟照舊和過去一個樣。」

「他們為何還要這樣做？」張之洞生氣起來。

「我也問過。薛老闆說，大路兩邊不種，只是為了應付官府。老百姓還是要種，他們要靠它養家糊口過日子。」

「苛捐雜稅減少了一些嗎？」停了一會，張之洞又問。

「薛老闆說，也沒有減少甚麼。原來的名目沒有了，又增加了一些新名目。一年下來，老百姓出的錢，與過去差不了多少。老百姓若不種鴉片的話，這些捐稅根本就無法交。薛老闆還說，官府也有它的難處。有次平定縣的主簿在他的飯鋪吃飯，說省藩庫一年支給縣衙門的錢還不夠大夥兒吃飯，再不要說有錢辦公益事了。縣衙門不問老百姓要問誰要？所以官府後來知道罌粟還在大量種，也就開隻眼閉隻眼，明禁暗不禁了。」

張之洞不再問下去了。蔭營鎮是這樣，看來其他地方也差不多，剛才的欣慰之色，早已在他的臉上消失得無影無蹤。一個認識猛然清晰地出現在他的腦海中：中國的根本癥結在於百姓的貧困，若這個癥結不化解，任何德政都將無法施行。然則，如何才能使得百姓富裕起來呢？這真是一個重大而棘手的難題。他想：將法國之事了結後，一定要用全副精力來致力於富民之事。

然而，清流出身的新任兩廣總督沒有料到，法國之事，其實是很難了結的，這裏面有太多太複雜的緣故。就在張之洞千里南下旅途中，京師政壇幕前幕後的活動正在緊張地進行着。

第七章 和耶戰耶

1 恭王府裏的密謀

古老的天津衞近幾十年來湧現了許多新鮮事兒，這些新鮮事差不多都與「洋」字有關：街道上常常可見一些金髮碧眼，戴高筒帽，拿黑手杖，趾高氣揚的男人，那是洋人；也能見到穿黑大長袍，蒙白頭巾，低着頭面無表情，用急匆匆的步伐趕路卻又沒有一點腳步聲的女人，那是修女，老百姓都叫她們洋尼姑；在低矮破舊的民宅邊突然會有一棟奇怪的建築出現，大塊大塊的石頭壘成，尖尖的屋頂直插雲天，屋頂上還矗立着一個十字架，那是洋教堂；在城中心的繁華地段，或是海邊幽靜之處，常常可見到一棟棟新奇鮮亮的房屋，那是洋人們住的洋樓。

天津衞大小衙門的官員們，對這些帶「洋」字的玩意，大都採取敬而遠之的態度。此時，在一頂豪華耀眼的藍呢大轎裏，卻坐着一個與眾人心態不同的官員。此人以冷冷的甚至帶有幾分鄙視的目光，看着轎邊晃過的長袍馬褂和陳舊不堪的店鋪，而一旦他的眼前出現洋人或洋房的時候，他便會立即掀開轎窗簾子，睜大眼睛，極有興致地欣賞着，那神情，滿是羨慕、渴望、追求……

此人並不是洋人，也從沒有在國外喝過半天洋水，他是一個地地道道的中國人，有標準的中國長相，有純粹的中國血脈，也有一個規範的中國名字：盛宣懷，字杏蓀。然而，他對洋人和洋人所辦的一切事業，卻是五體投地地歎服、敬仰。

盛宣懷出身於一個官僚世家，父親做過湖北鹽法道，與先後做過湖北巡撫及湖廣總督的胡林翼、李瀚章李鴻章兄弟很要好。因為這層關係，他在二十歲時便以秀才身份進入李鴻章幕府，以精明能幹而得到李的信任。不久，官居直隸總督兼北洋大臣的李鴻章創辦輪船招商局，他委派盛宣懷為該局會辦。

盛宣懷把中國人破天荒辦起的這個內河航運公司，經營得興旺發達，居然將美國人辦的，稱霸長江十五年的旗昌航運公司全部買下，輪船招商局的實力一時間無人可以抗衡。與此同時，盛宣懷也為自己撈取大量銀子，遭人彈劾，終於丟掉了會辦的職務。

這時，中俄伊犁糾紛出來了，朝廷深為遠在西北邊陲的伊犁城的文報不通而憂慮。相反地，俄國人卻可以通過電報，天天與聖彼得堡聯繫。在事實面前，即使是最頑固的守舊派，也承認洋人的電報要勝過中國的四百里專遞。於是，朝廷決定仿照洋人之法建立電報局，將此事交給李鴻章。李鴻章相信盛宣懷的能力。因為此，賦閒家居的盛宣懷，便成了設在天津的中國電報總局的督辦。才四年光景，盛宣懷又把另一個時髦的洋務弄得紅紅火火。

現在，他的袖口袋裏正裝着一份重要的電報。他帶着它直奔北洋通商大臣衙門，去拜謁他的主子。

藍呢大轎在越過幾座洋樓洋教堂，送走幾個洋男人洋尼姑之後，來到了氣勢宏大的北洋大臣衙門。盛家衣著鮮麗的僕人持着名片，踏上麻石鋪就的九級階梯，彎着腰雙手將名片遞給一個架子不小的中年門房。

門房見了名片，知道來訪的是電報局的盛督辦。盛督辦是北洋衙門的常客，門房是熟悉的，但時當正午，來的不是時候。門房操着一口合肥土話，對盛家的僕人說：「爵相剛散完步後躺下，要過半個時辰才起來辦公，請盛老爺等一等。」

爵相便是李鴻章，這是對他最尊敬的稱呼。李鴻章官居總督，通常的總督，可尊稱為制台或督憲；他身為大學士，通常的大學士，可尊稱為中堂或相國。但李鴻章不是一般的總督，也不是一般的大學士，他乃是一個有着二等肅毅侯爵位的大學士總督，故人們都特別尊稱他為「爵相」。

盛家的僕人早已得到主人的指示，忙說：「我家老爺說，勞您駕，他有一份洋人打來的重要電報，要立即稟告爵相。」

聽說是洋人打來的重要電報，門房不敢怠慢，趕快進去了。一會兒功夫，便傳出話來：「請盛老爺進去。」

盛宣懷這才從藍呢轎子裏踱出來，氣宇軒昂地跨過北洋大臣衙門那道又寬又厚的鐵門檻。剛在小客房坐定，門外便傳來一句洪亮的安徽官腔：「杏蓀，有甚麼急事，這個時候來吵煩我？」

隨即走進一個身材頎長穿着白綢睡衣睡褲的人來，此人即威名赫赫的李鴻章。

李鴻章二十二歲時從合肥老家來到北京，拜父親的同年曾國藩為師，成為曾氏一生惟一的及門弟子。二十四歲高中進士入翰苑，三十歲時回原籍協助呂賢基辦團練，因軍功而升至按察使銜。三十六歲那年他投奔曾國藩，得到業師的賞識，不久便命他回家鄉招募子弟，組建淮軍，救援上海。又向朝廷保舉他為江蘇巡撫。從此，李鴻章憑着淮軍這支戰鬥力極強的軍隊，和他自己的過人才幹，收復蘇南，平定捻軍，又在西北有效地鎮住回亂，得以一步步走向事業的高峯。到了同治末年，無論官位，還是權力，他都與乃師並駕齊驅了。

李鴻章很受慈禧的器重。自從同治九年以來，他穩坐直隸總督這把天下第一疆吏的交椅已經十五年了，不論朝廷內外，凡國家大事，慈禧都非常重視李鴻章的意見。儘管軍國大事十分繁忙，但李鴻章深得業師的養生真諦，每天堅持飯後走三千步，臨睡時用熱水泡腳一刻鐘，加之他稟賦剛強，遇事想得開，故而身體健朗，面色紅潤，六十二歲的老者，看起來如同五十開外的人一樣。

「爵相，打擾了您的午睡，實在對不起。」

盛宣懷跟隨李鴻章十多年了，深諳李的通脫簡易的脾性，他站起來說完這句話後，不待李鴻章吩咐便立即坐下，既不寒暄客套，也不咬文嚼字，開門見山地說：「赫德從上海打來電報，是關於眼下與法國人鬧糾紛的事。事情重大，不能遲緩，所以立即送過來，請爵相過目。」

赫德是英國人，二十一歲時來到中國，已在中國住了整整三十年，是個真正的中國通。他身居中國海關總稅務司要職已達二十年之久，以洋人之身而執掌大清帝國海關稅的大權，與李鴻章的關係很是親密。

聽說是赫德的電報，又是說的與法國人的事，李鴻章的精神立刻振作起來。他將手中那兩隻不停轉動着的曾國藩所送的玉球放在茶几上，說：「快拿出來給我看！」

盛宣懷從左手衣袖裏抽出一迭電報紙來，雙手遞過去。李鴻章接過後，順手將茶几上的一副西洋進口老花眼鏡戴上，仔細地看起來。

赫德的電文較長。他告訴當今中國的第一號外交家，法國最近派遣一個名叫福祿諾的海軍中校為特使，賚帶一封重要密函來到中國，在廣州會見粵海關稅務司德璀林，請德璀林陪他一道北上，設法將這封密函交給朝廷。德璀林和福祿諾帶着這封信已來到上海，將要赴天津拜謁爵相。據福祿諾說，密函中有開放雲南，不得損害和限制法國在越南的權利，賠償法國軍費，調離主張對法作戰的駐法公使曾紀澤等主要內容。此事如何答覆，請爵相作出決定。

看完電報後，李鴻章摘下老花鏡，默不作聲。

「福祿諾和德璀林很快就要到天津來了，這事如何辦？」盛宣懷見李鴻章老是不開口說話，忍不住問了一句。

李鴻章重新拿起那兩隻淺綠色的玉球，在手上慢慢地滾動着，仍然沒有開口。

這是一件很大的事情，李鴻章自然要深思之後才能作出決定，盛宣懷不再多嘴了。他自己也開始認真思索起來。一來他對眼下國家的這件大事也很關心，二來他需要作點準備，若萬一爵相問起來，也好有一個像樣的回答。

「杏蓀，你看這個法國人如何接待為好？」

果然被盛宣懷料中了，李鴻章轉了好多圈玉球後，突然側過臉來問他。盛宣懷知道李鴻章是當今惟一能圓熟應付洋人的大員，但因為慈禧太后的態度不好把握，在與洋人打交道時，他也不免存幾分疑慮之心。

盛宣懷胸有成竹地回答：「爵相，依職道的想法是，叫德璀林一人帶着法國政府的密函來天津，讓那個法國特使在煙台候着。德璀林雖然是德國人，但到底現在是咱們的官員，得聽朝廷和爵相您的，彼此之間有些話也好挑明說。那個法國特使我們向來沒見過面，不知這人怎麼樣，倘若是個橫蠻不講道理的傢伙，反而會把事情給攪了。」

李鴻章注意聽着盛宣懷的話，心裏不停地在想：這小子是越來越成熟老練了。可惜，這種頭腦清楚又會辦事的人太少了，若身邊有十個盛杏蓀的話，天下甚麼事都好辦。

「這個法國特使我倒是見過一面。」李鴻章緩緩地說。

「爵相認識他？」盛宣懷頗為吃驚。

「三年前他的兵艦在塘沽停了一個月，專程到北洋衙門看過我，看起來像個精明鬼。只見過一面，我對他不了解，是得防範點。就按你的主意辦，趕緊給赫德發個電報，叫德璀林帶着密函來見我，讓那個法國人在煙台候信。」

盛宣懷不敢多打擾李鴻章，遂告辭離開北洋大臣衙門。

李鴻章拿着電報走進臥房，再細細地看過一遍後，便將它壓在枕頭下。他是個心胸開闊的人，平生不知度過多少險灘惡浪，這種事不至於影響他的情緒，他照常睡他的午覺。

一個鐘點後，他起床走進簽押房，開始處理公事。老僕人送來他數十年來喝慣了的祁門紅茶。他喝上一口後，想起了午間盛宣懷送來的電報。

自從同治元年組建淮軍救援上海以來，李鴻章與洋人打交道已有二十餘年的歷史。他雖然不懂洋話，也沒放過洋，但對東洋西洋各國的情況大致了解，至於對自己國家的實力和各種弊端，更是洞若觀火。積二十餘年的洋務經驗，李鴻章深知中國目前遠不是東西洋各國的對手，必須有一段相當長的時間用來向洋人學習，引進他們的長技，然後才能談得上與他們抗衡；至於制服洋人，則更是近期所不能奢望的。他的老師曾國藩在世時，師徒倆多次談過這件事，彼此的看法是一致的。同治九年他們聯合上摺，請求派出優秀子弟分期分批出洋留學，學習洋人的天文曆數、機器製造等技術，十年八年學成後再回國報效。他和他的老師把這個國策定名為「徐圖自強」之策，並認為這是導致中國富強的惟一穩健而有效的策略。中國在近幾十年裏，應當有一個能保證這項國策得以實現的安定環境，所以，在與洋人糾紛中，要儘可能地採取妥協的辦法，避開與外人交戰。

徐圖自強之策得到慈禧太后、恭親王的支持，但也時常受到國人的指責。守舊者認為學洋人的「奇技淫巧」是離經叛道之舉，有辱祖宗；激進者又認為在洋人面前的妥協是軟弱可恥的行為，有漢奸之嫌。雖有太后和恭王的支持，李鴻章仍時常有各方不討好的煩惱，但他生性倔強，並不因此而改變自己的國事宗旨。

法國人在越南挑起的與中國人的糾紛，從去年開始就鬧起來了，朝廷像往常一樣，也把這件棘手的外交事務交給李鴻章去辦理。去年四月間，當法國政府調兵遣將，加大軍費開支，準備在越南大幹一場的時候，慈禧命李鴻章迅速前往廣東，督辦越南戰事，所有廣西、雲南兩省的軍隊都歸他一人節制。李鴻章抱定不與法國破裂的既定方針，沒有去廣州，而是在上海與法國公使作了一個多月的和平談判。後來，談判的地點又搬到天津。中法雙方在談判桌上磨了半年多的嘴皮，幾乎沒有甚麼進展。法國方面終於停止談判，於是有今年春天越南戰場上，中國軍隊的喪師失地。

這個時候，法國政府派遣特使前來天津拜會，表示法國並不想把這場戰爭打下去。只要中國不是損失太大，為了「徐圖自強」的大計，對外之事李鴻章都主張隱忍曲全。是的，要抓住這個機會，恢復談判，如能簽訂一個雙方都可接受的條約，使戰爭即刻停止，那就更好了。

但這是一樁極大的事情，不能擅自作主，趁着法國特使和德璀林還在海上航行的時候，應該到京師去一趟，請求陛見，當面向太后稟報。李鴻章打定了主意，次日一早便動身，坐上一駕快馬車離開天津。進了京城後，他決定先去看看恭王。於公於私，這都是非去不可的。

恭王奕訢的府第，是北京城裏的第一號王府，坐落在前海西街，是乾隆朝的權相和珅的住宅。和珅玩弄權術，貪污受賄，積累了數不清的銀子，建造這座僅次於皇宮的大宅院。乾隆死後，和珅垮台，嘉慶皇帝將他賜給自己的胞弟慶王，以後幾經周折，便到了恭王的手裏。自從辛酉年兩宮垂簾聽政以來，二十多年裏，恭王一直處於軍機處領班王大臣的重要位置，執掌朝政，權傾天下。他住這個宅子，倒也是名副其實的。

但眼下，恭王的地位與這座王府的規模卻不符了，因為現在他只是一個普通的王爺，他的炙手可熱的權力，已被慈禧太后一紙命令給剝奪了。

當年，因共同的險惡處境，而內外攜手結成聯盟的叔嫂，本應長期合作，共享坐天下的榮耀，但其實不然。早在垂簾聽政初期，江寧剛剛打下，江南局勢尚未完全穩定的時候，慈禧與恭王之間便有了裂縫。

慈禧雖是咸豐帝的妃子，但他的兒子做了皇帝，她升為太后，便是君了。恭王雖是道光帝的兒子，從血統上來說也是名正言順的皇位繼承者，但一旦這個皇位沒有繼承上，他便只是一個臣子，只能聽從為君者的號令。違令便是欺君，反抗便是造反，上下形勢，一轉眼功夫就這樣鐵定終生。於是慈禧可以對恭王發號施令，恩威並加，而恭王也只有臣服的份。

裂縫出現，慈禧對恭王很是不滿，親自動手寫了一道錯字連篇的上諭，把恭王的一切職務都給罷了。過了幾天，因為滿朝文武都不贊成，慈禧又把職務還給恭王，但「議政王大臣」這個最高頭銜卻始終沒有交還。

再過幾年，同治帝親政，在母親的授意下，下令修復圓明園。身為當家人的恭王知道國庫窘迫，根本拿不出這筆巨款來，便力勸侄兒收回成命。恭王的不合作，既得罪了侄兒皇帝，也得罪了嫂子太后。小皇帝剛執政，不知輕重，為了討得母親的歡心，也為了樹立自己的權威，竟然下令革去恭王的一切差使，並貶為庶人。這道命令太駭人聽聞了，整個皇族為之震驚。咸豐帝的五弟惇王代表王公大臣向太后求情。慈禧原只想警告一下恭王，給他一個處分，卻不料兒子這樣不懂事，弄得合朝不滿。她只得教訓兒子一頓，將罷免幾個時辰的各種差使又全數奉還。恭王當然知道這背後的原因，彼此之間的裂縫遂更為加深了。

上個月，因越南前線的軍事失利，軍機處全班下台，恭王心裏明白，這是二十餘年來，他和慈禧在國事及私事上，各種積怨的總爆發。

恭王是一個集器局開闊和性格軟弱於一身的王爺，罷官以後，他幾乎謝絕所有人的拜訪，自己更是足不出戶。他在王府內賞花觀魚吹簫聽戲，倒也自得其樂。過去太忙，沒有時間讀書，現在有的是清閒，他捧出幾本唐詩宋詞來讀，立刻就被漢人祖先所創造的精美絕倫的藝術給鎮服了，成為一個詩迷詞狂。

恭王聰明，從小起又受過嚴謹的宮廷教育，學問基礎好。一兩個月下來，他居然寫出了幾十首很像個樣子的詩詞來，而在集句這方面，則更顯出他過人的才情。

吃過早飯後，他在王府的東花園裏一邊散步，一邊隨意背誦幾句唐詩。忽然間靈感上來，又得到一首集句佳作。他急忙回到書房，抽出一紙花箋，將這首詩記下。剛寫完，王府長史便來稟報：李中堂的轎子已停在府門外。

恭王雖然被罷了官，但他還是王爺，且他執政多年，得過他好處的人不少，故家居以來雖大為冷清，卻也並非門可羅雀，還是有人前來看望問候。若是尋常的大臣，恭王看過名帖後，交代長史一句「知道了，多謝」，就沒有了下文。長史明白王爺的意思，出去婉拒來訪者。這樣做，來訪者並不見怪，反而覺得十分合適。因為這種時候，來訪者也不過是表示一種慰問之意罷了，彼此之間都不便深談，甚至還不知王府旁邊是否有醇王的暗探，轎子停留的時間越短越好，心意到了就行了。長史說完這句話後，來訪者便會立即起轎離開。

這就是官場之間的交往，本來不合情理，然而大家都這樣做，反而合情合理了。但是，李鴻章不是尋常的大臣，他和恭王的交情也不同尋常。李鴻章這半年來都住在天津，恭王離開軍機處後，他只來過一封慰問函，這是罷官後的第一次拜訪。恭王放下手中的筆，對長史說：「將李中堂請到閱報室去。」

王府裏的閱報室，是專為恭王閱讀西洋各國報刊所闢的一間房子。恭王不懂洋文，這些報刊上的文章自然是已經總署翻譯好了的。室內所有擺設，全是西洋的一套，精美考究，舒適實用。

「王爺。」李鴻章一進閱報室，便要行跪拜大禮，恭王忙雙手扶着他的肩，不讓他跪下。「中堂年事已高，千萬不要這樣。」

說着，親手把李鴻章領到牆邊的座椅旁，請他坐下。這是一套西洋牛皮沙發，是英國公使威妥瑪送的。

「王爺，近來身體還好嗎？」李鴻章望着五十剛出頭便已顯衰老跡象的恭王，關心地問。

「託祖宗的福，還好。」奕訢微笑着說，「中堂氣色甚好，我真佩服你的保養工夫。」

「哪有保養工夫，不想事罷了。」李鴻章哈哈一笑，「聽說王爺在用功讀書，這兩天讀的甚麼書？」

「讀的都是閒書。」奕訢猛然想起自己的詩作，忙叫長史從書房拿來剛寫上字的那張花箋，遞給李鴻章。「中堂是翰林出身，詩文很好，看我這首集唐人句，有沒有牛頭不對馬嘴的地方。」

李鴻章恭敬地接過花箋，看那上面寫的是一首題作《無題》的五律：

白髮催年老，顏因醉暫紅。
有時弄閒筆，無事則書空。
縹緲晴霞外，筋骸藥臼中。
一瓢藏世界，直似出塵籠。

李鴻章出身書香世家，小時候在父親的嚴督下，刻苦攻讀過經史子集，詩文的確做得不錯。當年，他的父親李文安想讓兒子拜曾國藩為師。曾國藩對李文安說：「把你家二少爺的詩文拿給我看看吧。」

李文安送上兒子的詩稿，曾國藩慢慢地翻開着，目光久久地停在那十首《入都》組詩上，默默地唸着這個二十二歲的同年家子的詩作：「馬是出羣休戀棧，燕辭故壘更圖新。遍交海內知名士，去訪京師有道人。」心裏在點頭讚許。當他讀到「丈夫隻手把吳鈎，意氣高於百尺樓。一萬年來誰著史，三千里外欲封侯」時，大為驚訝，他合上詩稿簿，對李文安說：「二少爺志向高遠，前途無量，這個學生我收下了。」後來，在曾國藩的指點下，他的詩文長進更大。但李鴻章要做英雄的事業，不樂意在筆墨之間耗費太多的功夫。後來，軍務政務繁忙，他幾乎與詩文絕交了。

此刻，他讀了奕訢這首集唐人句詩，不覺大為歎服：「渾然天成，如出一手。王爺唐詩功底如此深厚，真令我這個翰林要汗顏了。」

奕訢聽了很高興：「中堂說好，看來這個事我今後可以長做下去了。」

李鴻章說：「吟詩作賦，畢竟是文人的事業，王爺儘管在這方面才華橫溢，也不必下過多的功夫，還有許多大事需要王爺您去費神哩！」

奕訢笑道：「我現在無官一身輕，軍國大事都不考慮了，正可以全副身心來做這個名山事業。」

李鴻章佩服奕訢的器局，奕訢賞識李鴻章的才具，又加之無論對內對外，二人在大計上十分投合，故二十年來，李鴻章與奕訢，除開在官場上配合默契外，在私交上也有較深的情誼。對於兩個月前的政局巨變，李鴻章的心中是大不以為然的，但無奈這是太后的決定，新軍機處的後台又是皇上的生父，何況軍事上的失利，軍機處也有推卸不掉的責任。所有這一切，都使得李鴻章不好說甚麼，只能對此保持緘默，而對奕訢的同情，則是發自內心的。儘管他們之間的身份上有近支王爺與漢大臣之間不可逾越的差距，因為相知頗深，李鴻章説話也就不顧忌。

「王爺，話雖這麼説，但哪能呢，祖宗留下的江山，王爺能不操心嗎？依老臣之見，王爺不久還得復出，朝廷這個家還得王爺您來當呀！」

奕訢眼睛一亮，猛然想：李鴻章一向住天津，這會子怎麼到京師來了呢？莫非太后有甚麼大事召他來商議？

「説了這多閒語，我還沒問你，甚麼時候來的京師，住在哪兒。」

「昨天午後到的，住在賢良祠。」

奕訢點點頭：「有甚麼要事嗎？」

「有一件大事要當面稟報太后，還沒有遞牌子，先到這裏來了，一來看望王爺，二來也要向王爺請教。」

「甚麼大事，還要找我這賦閒家居的人。」奕訢説着，神情立即肅然起來。他知道，李鴻章親來京師稟告太后，自然是有極大的事。二十多年來的執政生涯，養成了他以國事為己任的習慣。這兩個月來無國事過問，他的心空落落的，讀書也好，集句也好，實在是百無聊賴的自我消遣。他的內心深處，一刻也沒有停止過對往日權勢的追憶。

「越南的戰爭，赫德來了電報，説法國政府專門派了個特使要來天津見我，談停戰簽約的事。」李鴻章説着，從衣袖袋裏取出電報，遞給奕訢。「這是赫德的電報，請王爺看看。」

奕訢接過電報，細細地看過一遍後還給李鴻章，端起茶碗來，慢慢地抿着，一言不發。

李鴻章謙恭地問：「王爺您看，這個法國特使，見還是不見？」

奕訢又沉默了一會，方才開口：「按理說，這樣的大事，我現在已不便說甚麼了。一來如你說的，事關祖宗傳下來的江山社稷，我再沒有一官半職，也是太祖太宗的後裔，宣宗成皇爺的兒子；二則你打老遠的來，看得起我，就衝着中堂你的面子，我也不能不說兩句。」

「王爺言重了。我這張老面子可有可無，倒是您說得好，祖宗傳下來的江山社稷為重，別的過節都是小事。」

奕訢聽出李鴻章的話中之話，說：「老七早就想自己動手了。也好，看人挑擔不費力，讓他自己來挑一挑吧！」

「王爺這話說得對極了！」

奕訢這句話真是說到李鴻章的心坎裏去了。這二十多年來，他每受到別人的指謫時，心裏就老想起這句話，滿肚子都是怨氣。

「你問我的看法，我就實說吧。與法國人打仗，是絕對打不贏的，早和早好，遲和遲好，和總歸是好。你就辛苦下，抓住這個機會，與這個法國特使談出個和局來。談成了，就是大清江山社稷之福，是太后、皇上之福。」奕訢以十分明朗的語言表達了自己的意見。

「好，有王爺這番話，我心裏就有底了。」

奕訢的這個態度，也正是李鴻章的態度。

「你甚麼時候去見太后？」

「過會我告辭後，就去遞牌子。看明天上午太后能不能召見我，我在賢良寺裏候着。」

奕訢又端起茶碗來，慢慢地喝着茶。李鴻章心裏想：電報，恭王看了，對談判的看法，恭王也說了，可以告辭了。正想着要起身時，奕訢開口了：

「在越南帶兵打仗的兩個巡撫，都是那些清流黨極力推薦的，壞事後把責任往軍機上推的，也是那些清流黨，真不知這班人要把國家弄成甚麼樣子才肯罷休！」

奕訢所說的兩個巡撫，一個是指廣西巡撫徐延旭，一個是雲南巡撫唐炯。徐延旭在廣西做藩司時，幕僚中有人在越南住過一段時期，徐便通過此人的講敍，寫了一本關於越南山川形勢的書，自以為把越南的國情都掌握了，主戰的調子唱得很高。唐炯乃將門之後，對兵戈一事也自視甚高，主戰甚力。

對外一貫主張強硬的清流黨人，很是欣賞徐延旭、唐炯；尤其是徐延旭，還是一個研究越南的專家，更為這些書生所看重。就在法軍挑釁日甚之時，張佩綸極力主張將原來的滇、桂兩省的巡撫換下來，擢升徐、唐為巡撫。張佩綸怕自己一人的力量單薄，便邀請已為一方疆吏的老友，在越事上與自己持同樣觀點的張之洞會銜。張之洞也是同意的，只是這兩個人都和他有些親戚瓜葛：唐炯是他死去的唐夫人的弟弟，徐延旭是鹿傳霖的兒女親家，為着避嫌，他請陳寶琛與張佩綸會銜。張、陳的摺子遞上去沒有幾天，徐、唐二人便分別升為滇、桂兩省的巡撫。

不料，這二人都只是紙上談兵的角色，一到實戰時便不中用了。電報傳到京師，大家都很憤怒。一個名叫盛昱的人上了一疏彈章，先是指責張佩綸、陳寶琛濫保匪人，繼而強調最終責任還是在軍機處。於是，便有軍機處大換班的變局出現。因為官居右庶子的盛昱也是個喜歡參劾大員的言官，時人也將他視作清流黨。這便是奕訢所發怨氣的背景。

李鴻章說：「清流誤國，的確是不刊之論。這些人只唱高調，不辦實事，出了麻煩惹了禍，他們一點責任都沒有，還得別人來替他了結。就拿前些年天津那樁燒教堂殺洋人的事來說吧。都說陳國瑞是幕後的指揮，其實陳國瑞是受那幫唱高調人的煽動。後來又說甚麼趁此機會燒掉所有教堂殺盡一切洋人，聽起來愛國得很，若真照他們說的去做，禍還不知要鬧多大。虧得文正公委曲求全，總算較好了結了，卻背了個漢奸的罪名憂鬱而死。」

「趁此機會燒掉所有教堂，殺盡一切洋人」這句話，便是醇王奕譞說的，李鴻章不便點名，奕譞一聽就明白。在洋務這方面，他們二人是完全一致的，對清流黨的指謫都是深惡痛絕的。

奕訢說：「這班子清流黨，我看都得給他們派點實事做做為好，免得他們天天說自己懷才不遇，看別人這也不順眼那也不順眼的。」

「張之洞這不放了兩廣總督，讓他試試看吧！」

李鴻章的話語裏明顯地帶有幾分輕慢的色彩。在他的面前，張之洞真正是個後生小輩，沒有他的那些赫赫軍功，這是不消說的了；就拿資歷來說，也不過只做了兩年多山西巡撫。僅憑幾份寫得好看的論兵奏疏，就擢升粵督？戰場上的事可不是做文章，白刀子進紅刀子出，要的是真傢伙！

「是呀！」奕訢拖長着聲調說，「那是軍機處剛交班的幾天，太后為的是不太冷淡了我，特地問我，世鐸提出的讓張之洞接替張樹聲去做兩廣總督，你看行不行。我知道這是張之萬在作祟，一入軍機就營私。老七也是急於要提拔新進，組建自己的人馬。行不行，我說了都不中用。後來我想，張之洞主戰嚷得最兇，那年伊犁事件上，也就數他喊得厲害。正如你剛才說的，讓他自己來試試也好，吃點苦頭，長長見識，做個徐延旭第二，也未必不是朝廷之福，免得日後為害更大。我於是對太后說，放張之洞做兩廣總督，算是放對了人，他寫了那多軍事奏摺，一定有帶兵統將的才幹，眼下兩廣正要他這樣的制台。」

「王爺說得好！讓他撞一撞南牆，也好頭腦清醒點。」

李鴻章不覺笑了起來。兩廣總督張樹聲是二十多年前李鴻章創建淮軍時的第一批哨官，跟隨李鴻章南征北戰，多有戰功，是淮軍系統中一個很重要的成員。撤掉張樹聲的粵督，令張之洞代替，自然不是李鴻章所喜歡的事。

「還要多讓幾個人去撞撞南牆。」奕訢端起茶碗，但並沒有喝，他邊思索邊說，「第一個要放張佩綸出去。此人自以為天下第一，誰都不放在他的眼裏，談起打仗來，好像比哪個都有本事。我看也得放個兵差讓他過過癮。」

張佩綸這個人，李鴻章對他又愛又惱。愛他的才華過人敢於言事，惱他在國事上常與自己針鋒相對。一個功勳蓋世、年歲與他父親同輩的人，他卻在奏章中用刻薄的辭句加以挖苦，在平日的言談中用調侃的語言加以譏諷。對奕訢的這個建議，李鴻章是很贊成的，甚至佩服恭王這種整人不留痕跡的高明手法。

「張佩綸是一個。」

「還有陳寶琛。這人也是個眼低吳楚目中無人的傢伙。還有吳大澂，此人金石書畫還不錯，在翰苑做個翰林倒是稱職，但偏偏不安本分，覺得自己是個帶兵打仗的大才。我看也得讓他們去試試，免得終日抑鬱不得志。」奕訢揭開茶碗蓋，嘴角邊露出一絲冷笑。「中堂不是明天要遞牌子見太后嗎，你好好琢磨琢磨一下，該給張佩綸、陳寶琛、吳大澂委派個甚麼差使合適，明天就當面向太后提出來，太后是一向看重你的話的。」

離開恭王府，在回到賢良祠的路上，李鴻章坐在轎子裏一直在想着奕訢這個建議。讓那幾個清流黨在實際事務中去碰碰壁，殺一殺他們平日的驕矜之氣，這也是李鴻章的宿願。不過，他在細細思索之後，又發覺奕訢更主要的還不是要整幾個清流黨，他是把醇王當作清流的後台，最終目的是要整他的這個親弟兼政敵。李鴻章想到這裏，心猛地抽動了一下。

2 慈禧深夜召見李鴻章

中國軍隊在越南境內與法軍交戰這件事，幾個月來一直是慈禧心中的一件大事。作為一個女性當國者，慈禧從來沒有要作出一番大事業來的雄心壯志，實事求是地説，辛酉年那次政變，也是咸豐帝的失誤和肅順跋扈所逼出來的。

倘若不是咸豐帝那樣心胸狹窄，把兄弟之間的過節老盤着至死不解，而在顧命大臣中安排恭王一個位子；即使不安排，哪怕是在臨終前見見面，像歷代託孤帝王那樣，執着恭王的手説幾句好話，委託他輔佐六歲的孤兒。若這樣做了，恭王便不會跟慈禧聯合起來，置祖制不顧而廢顧命大臣。

倘若肅順等人不是那樣的跋扈囂張，專斷一切，眼角裏根本沒有兩宮太后和近支親王，而是稍微照顧下他們的體面，有一點和衷共濟共渡難關之意，也不至於把慈禧逼到要與顧命大臣們一決生死誓不兩立的地步。

垂簾聽政十二年，同治皇帝十八歲了，慈禧把權力完全交付給兒子。誰知兒子並不成器，處理國家大事既草率，個人立身更孟浪，在親政到駕崩這一年多時間裏，慈禧不得不替兒子操心費神。到兒子一死，誰來繼位，則又成了天上人間的頭等大事。比來比去，思前想後，終於選擇載湉來接替，做了個光緒皇帝。

光緒登基只有四歲，離十八歲親政，還有十多年，同治朝已經垂了一個朝代的簾，顯然，此時朝野內外，無論誰都認為這個簾子還是繼續垂下去為好，慈禧只得又管理國事了。如此說來，慈禧豈不成了一個憂國憂民捨身為公的賢明太后？也不是的。

慈禧壓根兒沒有想到要效法康熙、乾隆去安邊綏遠，臣服四夷，也沒有想到要像他們那樣去修《康熙字典》、《四庫全書》。凡這些流芳百世的文治武功，她都不大去想。她只是熱衷權勢，有極強的統治慾望，指使慾望，滿足慾望。她喜歡所有的鬚眉男子在她面前匍匐稱臣，唯唯諾諾，聽憑她的吩咐，向她宣誓效忠。她喜歡過問一切事情，大至軍國謀略，小至某個王府格格的婚配，她都要過問，都要裁定。大事小事，一經她的定奪，便不能改變。

慈禧就是這樣一個女人，這樣一個女當國者。她有過人的機敏才智，卻沒有深厚的學養和遠大的識見；她有強烈的權力之慾，卻沒有宏偉的抱負和做大事業的氣魄；她有至高無上的地位，卻沒有為國為民謀福的公心。

說實在話，人類歷史上這樣的統治者，又何止一個慈禧太后！他們真正是辜負了天時地利人和給他們匯聚成的舉國無雙的機遇！倘若是平平淡淡庸庸碌碌倒也罷了，更為可恨的是，他們以自己的愚蠢、自私、狂妄、強暴，藉助於這種無人可及的地位和權力，去禍國殃民，給人世間帶來痛苦和災難，讓歷史為此蒙上羞恨恥辱，常使後人浩歎！

就慈禧內心來說，她希望所有的洋人都不招她惹她，她也不會去招惹洋人，彼此相安無事，她安安心心地做她大清帝國獨一無二的太后，頤指氣使，生殺予奪。到了皇帝成年後，把權力交給他。他辦事辦得合自己的心意，則讓他辦下去，若辦得不合自己的心意，讓他改辦重辦，乃至於廢掉他，重立一個，到時都是可以做得到的事。可是，就是這些可惱可恨可鄙可殺的洋人，無休無止地尋是生非，跟她過意不去。

這二十年來，大大小小的教案數也數不清，還有俄國的東北邊界糾紛，伊犁城的歸還，日本強佔藩屬國琉球、干涉藩屬國朝鮮，還不時有這個國家要開放一個港口，那個國家要借一塊地等等。現在，又拱出一個越南事情來。

法國人咬定說他只是要開通一條進入中國的貿易線而已，別無他求。慈禧真的不明白這些紅毛藍眼的洋人是怎麼想的。口口聲聲說的是經商做買賣，但買賣是雙方的事，是一個願賣一個願買的平等商量的事呀！你願賣，我不願買，或者說你願買，我不願賣，就不做好了，你憑甚麼要用強力逼迫人家呢？要說洋人蠢嘛，他的那些船炮又確實造得好；要說洋人不蠢嘛，怎麼連這樣簡單的道理都不懂？夷狄真的是夷狄。一想到這裏，慈禧就連連搖頭。

對於遠在雲南、廣西之外的越南國，慈禧先前所知甚少。後來那裏鬧事了，雲貴總督、兩廣總督向朝廷報告，她才知道有這麼一個君主昏庸、官吏貪惡、百姓無知無識的小國家，才知道這個國家每年給朝廷送點貢品，而朝廷的回贈要比它的進貢大過十幾二十倍。它名義上承認是大清的藩國，實際上它的朝廷更替、君位承繼、官員任免、稅金收入等等一切大事，朝廷都不能過問，反而還要承擔保護它免受外國侵略的責任。

慈禧弄不清楚，當年老祖宗為甚麼要把這個包袱背在自己的身上，這對咱們大清國到底有甚麼好處？若不是礙着丟了祖宗臉面這一點，慈禧真的不想去管這檔子事。把軍隊全部撤回來，讓他們越南去和法國人周旋好了，自家的事已夠麻煩，哪還有那份閒心思去管人家的事哩！

因此，究其實，恭王軍機處的全班撤換，並非是因為丟了越南的北寧、太原兩個城市的緣故，而是慈禧要借此機會除掉久已不滿的奕訢，換上覬覦此位甚久的奕譞罷了。

要說，慈禧這樣的大換班，也自有她的道理所在。奕訢當國二十餘年，歷事多了，腰桿也硬了，上下黨羽也肯定安插不少了。他近年來常常自作主張，明顯地有架空慈禧的趨勢。過幾年皇帝親政，他就會完全把皇帝架空。慈禧讀過張之萬為她編的《治平寶鑑》，知道歷史上大凡出現皇帝被架空的時候，便是國家禍亂的時候。這是因為：如果皇帝弱，則會被權臣廢掉，皇帝強，則會從權臣手中奪回失去的權力，不管哪種情形，都會引起政局的動盪不安，甚至發生戰亂。軍機的權操在奕訢的手裏，則不會出現這種情況。奕譞聽話，不會背她自作主張，奕譞對自己的親生兒子也決不會有二心，一定會盡職盡責、盡心盡力地輔佐，今後也決不會有權力爭鬥的事情出現。

慈禧自認為考慮周到計謀深遠，斷然採取了這個少見的大舉措，儘管朝野內外有不少的議論，她一概置之不顧。她寄希望於新的軍機處，要他們先把上台來的第一件大事辦好。這第一件大事便是越南境內的中法衝突。這件事辦好了，不僅為他們自己建立威信，奠定日後的治國基礎，也為她的臉上爭來光榮。

新軍機處上台後的第一個舉措，便是將辦事不力的兩廣總督張樹聲革職，擢升山西巡撫張之洞為新的兩廣總督。張之洞這幾年在山西實心辦事，成效突出，這是慈禧所知道並賞識的。張之洞究心兵事對外強硬，這點，慈禧更是從光緒六年的伊犁事件中就知道了。雖然同意軍機處的任命，但張之洞畢竟是個一天兵都沒帶的翰林出身的文官，他能勝任戰火在即的前線制軍之任嗎？慈禧對此沒有把握，而對中國與法國的交戰，勝負前景如何，慈禧更不可預料。她總巴望着哪天突然傳來一個消息：仗不打了，大家和解了。若真有這樣的好消息，那才真正是阿彌陀佛，佛祖保佑，祖宗保佑。

傍晚，慈禧吃過晚飯後，正在和李蓮英，以及兩個常來侍候她的禮王府小格格一起玩牌九。這時，內奏事處的值班太監進來稟報：「李鴻章請求陛見。」

「李鴻章這幾個月不是在天津嗎，他現在是在天津呢，還是已到了京師？」慈禧一邊看着手中的牌，一邊慢慢地說話。

「他昨天已到了京師。」

「有甚麼事嗎？」慈禧依然慢聲慢氣地說，並示意在她身後的小宮女照常為她抓牌。

「說是法國將派特使來天津談和……」

「法國談和？」慈禧打斷太監的話，手中的牌立刻被收了起來。

「是的，談和約。」

「傳令，一個時辰後在養心殿召見李鴻章！」

「喳！」

內奏事處的太監立即把這道懿旨傳了出去。很快，這道懿旨就被傳到位於紫禁城附近的賢良祠裏。

太后破例連夜召見，既體現她對此事的重視，也說明她對此事很有興趣。與太后打了三十多年交道的前淮軍統帥這樣尋思着，心裏也便有了幾分把握。

紫禁城一到斷黑時，進入宮中的各道大門小門一律緊閉，並加上又大又粗的門槓。白日裏，在陽光照耀下，在翎頂蟒袍的輝映下，雄偉威嚴的三大殿和氣象宏闊的青磚廣場，將朝廷的尊嚴和皇家的富貴，表現得淋漓盡致，氣勢逼人。可是一到黑夜，就完全是另外一番模樣。三大殿內沒有一盞燈，黑幽幽的，宛如三座從昌平搬來的前明皇帝的祭祠享殿。青磚廣場上也沒有一盞燈照着，空曠曠、黑沉沉的，就像一處死了無數生靈的古戰場，給人以淒涼悲哀之感。宮中歷來稀奇古怪的傳聞甚多，太監又格外的膽小多疑。所以，一入夜，這裏便見不到一個人影。白日的天堂，此刻簡直就成了陰間。

不過，這只是紫禁城的前半部分，至於後半部分則多少還有些人間生氣。圍繞乾清宮、坤寧宮、交泰宮兩側的東西十二宮以及御花園等，向來被稱為後宮，是皇帝和后妃及皇子、公主們的居住活動之地。在咸豐朝以前的幾個朝代裏，尤其是康熙、乾隆那些年代，皇帝在位時間長，享壽又高，后妃眾多，龍子龍孫更是多，後宮熱熱鬧鬧的。晚上燈火輝煌，小兒女嬉笑聲不斷，紫禁城裏並不乏人間天倫之樂。尤其是那位號稱十全老人的五福堂主乾隆爺，更是龍體健旺風流成性，每天夜晚他所宿的那個妃子宮裏，必定絲竹繞樑弦歌不絕，人盡名花，舞皆霓裳，把夜間後宮真弄成一個鶯歌燕舞的海外仙島似的。

到了咸豐朝以後，後宮就如同大清的國運一樣，一朝不如一朝，一年不如一年。咸豐帝三十去世，只留下一子一女，兒子便是慈禧所生的同治帝，女兒則是另一個妃子麗妃所出。咸豐帝因為死得早，妃子的隊伍還來不及壯大。相比道光朝來說，後宮已是大為冷落了。

慈禧集女性的嫉妒、寡婦的變態、君王的大權於一身，後宮這塊小天地本就是她職份所在的主管之地，現在更成了她砧板上的一塊魚肉，任她擺佈宰割。咸豐帝所留下的那些與她爭過寵的太妃們，哪個見到她不像鼠兒見了貓一樣，戰戰抖抖，誠惶誠恐？後宮不要說晚上，即便白天也都是一片冷冷清清的。同治皇帝十九歲就死了，皇后被逼殉夫，留下的幾個不明不白的妃子，在後宮中毫無地位可言。今上只有十四歲，他還沒想起要女人。麗妃所生的女兒早在同治八年便出宮下嫁符珍。自從同治八年起到眼下十五六年了，偌大的紫禁城後院裏，就再也沒有一個皇子公主出現過。人們在背地裏歎息：大清朝皇嗣主脈怎麼會凋零到如此地步？這是不是前廷所顯示的國運不昌對後院的壓迫，或者反過來說，恰恰是後院的後嗣不興，而使得前廷的國運不昌？更有受到慈禧壓抑的老太妃們，則把責任歸咎於她的身上，暗地裏嘰嘰嘖嘖地議論着：從來陰氣太盛，陽氣則衰，哪朝哪代有過這樣強梁霸道的太后？怪不得大清苗裔不旺！

歎息也罷，指責也罷，大清王朝的皇宮後院便是這樣冷清多年了，大家都寄希望於這個尚未大婚的光緒皇帝身上，但願他多置妃嬪，廣育子女，最好能像周文王那樣，生他一百個皇子出來，重振當年後宮雄風！

然而，這還得拭目以待，至於眼下則依舊如故。到晚上，更比白天冷清，妃子也好，宮女也好，太監也好，都早早地縮進各自宮裏，不再出來。整個後院悄沒聲息，從外表看來，與死氣沉沉的前廷相比，只多了一些燈火和幾個巡更守夜的太監罷了。

但也有惟一的例外，那就是養心殿。從垂簾聽政的第一天開始，這座本來屬於後院系統的宮殿，就成了整個紫禁城的第一號建築。這是因為慈禧住在這裏。大清國一切有資格面見聖上的官員，都在這裏向她三跪九叩頭；大清國一切軍國大計都在這裏制定，都從這裏發出。這裏，白天王公大臣川流不息，入夜燈火通明，警戒森嚴。不過，慈禧通常夜裏不辦公事，她很會保養自己，每晚戌時剛過，她便上床睡覺了。但今天慈禧卻要在夜裏召見李鴻章。養心殿裏的宮女、太監都在猜測着，太后一定有刻不容緩的軍國大事要與李中堂商量。

一頂簇新的墨綠呢大轎，停在紫禁城東側的景運門邊，李鴻章身着正一品官服，神色端凝地從轎中走出來。他順手從左邊袖袋裏掏出一塊金光閃亮的大懷錶出來看了看，時針正好指在七時上。這是一塊瑞士錶，乃駐英法公使侍郎曾紀澤所贈。李鴻章喜歡用洋人的東西，連生病時都喜歡吃洋藥，說洋藥簡便收效快。這塊懷錶他已經用了四五年，隨時隨地都帶着，而且養成了每隔一會兒便掏出來看看的習慣。

景運門已經打開，幾個刀槍晃晃的侍衛分立兩旁。近年來，大受慈禧寵愛品銜升得很快的太監李蓮英，早已恭候在門邊，見李鴻章已走出轎門，忙哈着腰迎上。因為李蓮英的地位非比尋常，許多大臣都對他禮讓有加。有的是想走他的門子，求一條升官捷徑；有的並非想巴結，只是防他在太后面前說對自己不利的話，故而也不得不對他假以辭色。李蓮英在宮中久了，見的王公大臣多了，這些袞袞諸公究竟有多大能耐，他也心中有數了。大清朝中的這些不可一世的大人物，說句實在話，李蓮英對其中很多人都看不起，真正令他從心眼裏生發敬佩之情的還不多，而在為數不多的幾個人中，便有眼前的這位相國爺。在李蓮英的眼裏，李鴻章才是真正有着治國安邦定天下的文武全才，就連他的那種氣宇，也不是一般人所能比擬的。

「老相國，這麼晚了還要進宮來，您真辛苦！」

這樣的話，李蓮英平時對那些王公大臣也常說，但只有他自己知道，平日說的只是客套，今晚這一句，才是從心裏說出的。

「國家多事，不能不辛苦點。李總管，近來身體好嗎？」

李鴻章也不想得罪這個太后身邊的寵奴，臉上露出了難得的笑容。

「託老相國的福，還好。」

李蓮英感激這位他所崇敬的人物的關心，遂走近李鴻章的身旁，伸出一隻手來攙扶着李鴻章。

「天色黑了，老相國慢慢走。」李蓮英以一種近於平時對慈禧說話的口吻關照着李鴻章。同時，又對着附近的一羣太監高聲命令，「把燈籠點得亮亮的，為老相國引路！」

於是八盞大紅宮燈一齊點燃。六盞在前面開路，兩盞在後面護衛，中間，李蓮英親自攙扶着李鴻章，跨過景運門，向着養心殿走去。李鴻章自家帶來的跟班和轎夫都被攔在門外。

李蓮英攙扶着李鴻章走的這條路，正是紫禁城裏前廷後院的分界之路。往左邊中和殿方向望去，是一片令人生悸的黑寂；往右邊乾清門方向看去，也只有稀稀疏疏的幾點星火。詞臣出身的北洋大臣，腦子裏突然冒出兩句唐人的詩句來：「潮落夜江斜月裏，兩三星火是瓜洲。」他在心裏笑了起來：今夜走在紫禁城內，即將面見太后，怎麼沒有「劍佩聲隨玉墀步，衣冠身惹御爐香」的體會，卻無端生出這種感覺來！

穿過這道黑暗的分界地，來到西長街口，這裏的燈光明顯地亮多了。當李鴻章跨過遵義門，進入養心殿前院時，眼前一陣目眩。原來，此處燈火通明，亮如白晝。跟在李蓮英的後面，李鴻章一直走進東暖閣，在門簾外站定。

一會兒，李蓮英掀開簾子，對門外的李鴻章說：「老相國，太后叫您進去。」

李鴻章邁進門檻，肅立站定，然後跪下，摘掉裝有大紅珊瑚頂插着雙眼花翎孔雀毛的帽子，將它放在一旁，磕了一個響頭。再站起，左手捧着這頂帽子，向前邁進幾步，來到太后身邊，又跪下，將帽子放在手邊的地磚上，用帶着濃厚淮北口音的官腔喊道：「臣李鴻章叩見太后，祝太后萬壽無疆！」

「起來吧！」慈禧輕輕地說了一句，又對着站在門邊的李蓮英吩咐，「給李中堂搬一張凳子來。」

「謝太后厚恩，臣不敢坐。」

李鴻章被慈禧的格外眷顧感動得熱血奔湧。李蓮英很快親自搬來一張精緻的梓木方形小凳，放在李鴻章的旁邊。李鴻章還是不敢起身。

「李鴻章，你是年過六十的四朝老臣，今夜又不是平時的叫起，說話的時間可以長一些，你就坐着慢慢說吧！」

李鴻章長年帶兵征戰四方，且性格開朗，他想了想，太后說的也是：自己今年六十二歲了，為朝廷立過汗馬功勞，今夜就是坐着和太后說話，也不是擔當不起的。這樣想過後，他站起身來，將雙眼花翎大紅珊瑚帽端端正正地戴在頭上，然後大大方方地在梓木方凳上坐了下來。

「李鴻章，你是要跟我說點法國政府的事兒吧，你說吧！」

「臣正是要向太后稟報這件事。」

李鴻章挺直腰板，望了太后一眼。不料這一望，卻讓李鴻章的奏對停了瞬間。論名望勳績，李鴻章無疑是當今天下第一人，但他面見慈禧的次數也不很多。這是因為李鴻章一直是外官，而不是內臣，尤其是他沒有在軍機處任過職。從同治九年以來，他一直做直隸總督兼北洋大臣。直隸總督衙門在保定，北洋大臣衙門在天津。李鴻章長年住的地方便是保定和天津，不是特別重要的事，他通常不到京師來；就是有時住在京師，也不是每次都能見到太后。至於朝廷與李鴻章相商的事情自然很多，但都是通過文報往來，並不需要面談。

慈安在世的時候，兩宮太后召見臣工時，一律垂下簾子。跪在簾外的臣工即使想看清太后的花容月貌，也是不可能的。慈安過世後，慈禧便撤掉了那道簾子。但臣工們既要行君臣之禮，又要守男女之防，何況召見時氣氛莊嚴，時間短促，跪在地上的大臣只求奏對不出差錯，就是萬千之幸了，誰敢有那大的膽子，偷眼看下掉簾子的太后？萬一惹怒了她，你還要不要腦袋？

李鴻章亦不例外。往常的召見，他也沒敢正眼看過太后一面。慈禧的聖容，只存在於他的想像中，而不在他的記憶裏。

今夜這一眼，既距離很近，又是平視，真是把太后看得真切了：輝煌的宮燈之下，太后美麗得就如傳說中的嫦娥似的，端莊高雅，氣度尊貴。朝廷年初就發下諭旨，說今年十月是太后的五十萬壽華誕，將要舉行盛大慶典為之祝福。五十歲的女人了，臉上不見一點皺紋，容光煥發，宛如青春玉女。李鴻章不覺暗自稱奇。他想起自己的大姨太，還不到五十歲，當初進門時也是美人尖子，而今比起太后來可就差遠了。是上天賦予她的這種母儀天下的高貴，還是宮中藏有駐春美容的秘方？李鴻章來不及在腦中思考這些問題，他要向太后稟報比這重要得多的夷情大事。

「赫德從上海打電報到天津，說法國政府已派出一個名叫福祿諾的特使，在德璀林的陪同下已到了上海，馬上就要到天津來與臣見面，商談訂立中法兩國條約事。」

「法國政府要跟咱們講和了？」

天天盼望着越南戰爭早日停止，想不到法國果然遣使前來講和了！慈禧按捺不住心中的喜悅，打斷李鴻章的話。

「是的，法國有講和的意思。」

李鴻章與洋人打了多年的交道，深知洋人的脾性。法國在越南的戰爭，是中國人節節失利，他們並沒有吃大虧。顯然，此時訂條約，是想趁戰勝之機向我們索取更多的好處，並非主動求和，硬要說是和約的話，也只是城下之盟。他不想觸慈禧的興頭，順着她的話回答。

「赫德有沒有說，他們提出了些甚麼條件？」

其實，慈禧的頭腦很清醒，她也知道法國人不會無緣無故地來此一舉。

「赫德的電報裏說了幾條。」赫德的電報就放在他的袖袋裏，但他既不能拿出來，要慈禧自個兒看，也不能自己照着電報去唸。他的記性極好，雖年老而不減當年，電報的內容早已全部記在他的心中。「一是開放雲南，二是不能限制法國在越南的權利，三是賠償軍費，四是調走曾紀澤。主要是這麼幾條。」

慈禧聽後沒有做聲，心裏在盤算着：開放雲南，讓他們進來做生意，也不是一件很不好的事。法國人在越南做甚麼，不去管它也好，多一事不如少一事。曾紀澤因為主戰得罪了法國政府，也可以考慮換一個去。難就難在賠款上，朝廷現在缺的就是銀子。再說，戰爭是他們挑起的，到頭來還要我們賠銀子，這口氣也嚥不下呀！慈禧沉吟半晌後，決定先聽聽李鴻章的意見。

「李鴻章，你說說看，法國人這幾個條件，咱們哪些可以接受，哪些不能接受？」

老於官場的李鴻章，對於慈禧的這個問話並不感到奇怪。年青的時候，他的官職低，常常在稟報時遇到上司的詰問，經過一兩次尷尬後，他有了經驗：稟報之前自己先深思熟慮，在腦中準備幾種不同的看法，到時視情況而說出其中的一種。因為此，李鴻章能常常得到上司的稱讚，故而官運亨通。中老年後，官職高了，他又常常搬來別人的這個伎倆，一是從下級的回答中受到啟發，二是借此考察屬員。

關於越南境內打仗的這件事，他早有自己的看法，昨天聽了恭王的意見後，心中更有把握了，於是底氣甚足地回答：「回稟太后，依臣之見，這次是個好機會，務必要把這個和約給定下來，戰火早一天熄滅，國家便可早日安生，太后您也可以早一天寬心。」

「是呀，你是打了大半輩子仗的人了，仗還是不打為好。」慈禧感歎着。

「太后英明！」李鴻章立即恭維。「臣打了大半輩子的仗，辦了大半輩子的軍務，從中悟出這樣一個道理：國家一定要備戰，戰爭不可不防備，這是第一；第二，仗能不打就不打，萬一打起來，能早停就早停。」

「這話說得在理兒。」慈禧點頭，表示讚許。

「所以，臣以為法國這些條件，都可以接受，只要能早日停戰，一切都好商量。」

「賠款一事要好好談。」慈禧打斷李鴻章的話。「朝廷銀錢短缺，最好不賠，能少賠就少賠。」

「是。」李鴻章趁此機會抓緊請示，「其他幾條，也請太后慈諭訓示。」

「曾紀澤與法國人爭吵了嗎？」慈禧問李鴻章，「為何法國人容不得他住在那裏？」

「曾紀澤性格耿直，或許在言談之間對法國人有得罪之處。他是公使，若與駐在國不和的話，還是調離一下為好。」

曾紀澤既是老師的兒子，又是有德有才的君子，李鴻章對他很是器重，視為親兄弟。曾紀澤最令李鴻章佩服的一點是他懂洋文，不但能讀洋書，而且能說洋話，是朝廷派往各國公使中的第一等人才。曾國藩晚年親自延聘兩個英國人為塾師，分別教兩個兒子紀澤、紀鴻學英文。那時紀澤已過三十，學習英文甚是吃力，但遵父命，還是硬着頭皮學下來。幾年後，真的是英文幫助了他，為國家出了大力。每一念及此，李鴻章便發自內心地對老師的遠見表示欽佩，並效法老師，也請洋人到家裏來教自己的兒子。遇到兒子們不好好學的時候，便拿曾紀澤的例子來開導，果然對兒子們啟益很大。

想到這裏，李鴻章又補充一句：「曾紀澤這些年在國外很辛苦，為國家做了不少好事。依臣之見，他回國後宜予以優敘。」

「那麼誰可以接替他這個事呢？你有沒有合適的人？」

太后顯然接受了這一條。李鴻章立即答：「法國公使這個職位，眼下最是緊要，一天都不能空缺。日後也很重要，一定要有一個相當的人才行。依臣之見，不妨先將駐德國公使李鳳苞從柏林調到巴黎，做個代理法國公使，處理日常事務，朝廷再慢慢地選擇一個人去接替。」

「這樣安排也好。」慈禧輕輕頷首。「剛才你說的法國特使叫個甚麼名字來着，此人是個甚麼人？」

「法國派出的這個公使叫做福祿諾，臣與他打過交道。」

「你們先前見過面？」

「見過面。」李鴻章答，「福祿諾是個海軍艦長。三年前他的艦艇在塘沽碼頭停過一個月，他到過臣的北洋衙門。臣與他見過面，說過話。」

慈禧淺淺地笑了笑說：「看來洋人也是講舊交情的。他們派這個艦長來，就是因為他與你有過交道。既然是熟人，更好說話。你就對你的這個老朋友說，賠款一條取消吧，其它的都好商量。」

李鴻章心裏吃一驚：太后說得也太輕巧了。漫說打過一次交道不能算是老朋友，即使是老朋友，就可以免去幾百萬両銀子的賠款嗎？法國又不是他的！何況李鴻章知道，洋人與國人不同，一般都忠於職守，對國家利益看得重，很少有接受賄賂而犧牲國家利益的。但他不能對這位不懂外情的太后說得太多，只能答：「臣一定利用這個關係，去跟他好好地談，盡可能地把賠款一項取消，若實在不行的話，也要越少越好，必不致使我大清吃虧。」

「這件事，你就這樣跟他談吧。」

慈禧終於為法國公使前來談判的事作了交代，李鴻章心裏一陣輕鬆。他在心裏尋思着：該向太后談恭王吩咐的事了，如何談起呢？

「李鴻章，你辦了這多年的洋務了，我問你一句話：咱們大清眼下的軍事力量，到底與洋人相差多遠，能不能與他們打仗？今夜沒有別的人，你只管對我說實話。」

這個問題雖然重大，但李鴻章胸中早有成竹。平日，他最討厭的就是那些既不懂外國，也不知本國實力的人，遇到與洋人鬧糾紛，開口閉口就是與洋人決一死戰之類的話，似乎很愛國，其實最是誤國之論。太后雖有定識，但有時不免也受這種論調的左右。李鴻章覺得自己身受太后厚恩，肩負着朝廷的重任，有責任實事求是地將這個大事說清楚。

李鴻章正了正腰板，一臉端謹地說：「回稟太后，臣奉太后之命辦了二十多年的洋務，為朝廷的軍隊買了許多西洋的槍炮，為北洋南洋購置了不少鐵甲船隻，比起先前打長毛捻子時來，我們的軍事力量的確是要強大多，但若跟洋人比起來還差得太遠，真的若是與洋人交起仗來，我們沾光的把握極少。依臣之見，咱們大清要趕上洋人，至少得有三十年到五十年的功夫。在這三五十年的時間裏，我們要力求避免與洋人打仗，以求發展。過去越王勾踐臥薪嚐膽，以『十年生聚，十年教訓』的話教育臣民，後來終於報了大仇。咱們要有勾踐的這種眼光和毅力。只是洋人比當年的吳王夫差要強大百倍，所以，臣以為，今天咱們大清的力量對付洋人，二十年還不夠，要有三十年五十年的準備。」

慈禧讀書不多，但「臥薪嚐膽」這個典故還是知道的，她也很佩服越王勾踐。李鴻章這番話，她深以為然。

「這麼說來，咱們與法國人這場戰爭，就寄希望於你與那個艦長的和談上了。」

李鴻章忙答：「臣一定不負太后的期望，把這次和談談好。」

「主張對洋人開仗的人，也不都是浮浪的人。」慈禧把左手無名指上長長的金指套壓了壓，說，「張之洞對洋人強硬，他也在實心做事。朝廷調他去兩廣，希望他代替張樹聲，把兩廣軍務振刷一下。天津的和談要談，廣西、雲南的防備也是不能鬆的。」

「太后英明！洋人詭詐，得多防着點，廣西、雲南的防備確是不能鬆勁。」李鴻章想，終於遇到機會了。他繼續說下去，「張之洞後生可畏，太后擢升他為兩廣總督，足見太后藉兩廣軍務歷練他的苦心。臣以為，還有幾個人，也都是年少有才之人，若加以歷練，日後可望為國家儲存大才。」

「你說說，有哪幾個？」慈禧對此很有興趣。

「第一個數張佩綸。此人志大才高，是廷臣中第一青年才俊。」李鴻章做出一副實心薦賢的神態。

這兩年來，慈禧對張佩綸印象甚好。前年親自提名擢他為都察院左副都御使，有心把他作為軍機大臣來培養，所慮的也是他的地方閱歷不夠，應該讓他磨練磨練。她問：「你看張佩綸做個甚麼事最好？」

「派他去福建會辦海疆事務。」李鴻章昨天便為恭王提出的幾個人想好了去處，此刻他不加思索地提了出來。「福建海疆綿長寬闊，形勢重要，但閩浙總督何璟不甚得力，須得強幹的人協助他。張佩綸長於軍事，正好做他的海防助手。」

「福建的海防現在是越來越重要了。前兩天劉銘傳還來密摺說，法國海軍有攻打台灣的可能。只是張佩綸從沒有過水師經歷，他辦海防行嗎？」

「臣以為張佩綸行。」帶了二十餘年兵的李鴻章，何嘗不知道打仗的事，不在紙上而在戰場上。張佩綸的軍事奏摺寫得好，不一定就能帶兵打仗。但自古以來，長於議兵的書生出面帶兵的，既有全軍覆沒身首不保的趙括，也有克敵制勝襄成霸業的管仲。張佩綸有可能是趙括，也有可能是管仲。李鴻章既然對他又愛又惱，也就沒有一定要把他往死裏整的念頭。倘若出息了，為國家玉成一個人才；倘若證實無用，也可為自己去一政敵。「太后，不妨將張佩綸派去福建試一試。據說何璟也器重他的才學，他們會合作好的。」

慈禧點了點頭，沒有做聲。

「南洋水師眼下最缺一個得力的襄助。南洋水域與福建海疆相連，張佩綸既出任福建海防的會辦，那南洋水師的會辦就非用他的好友不成。故臣以為，常與他會銜上摺言事的陳寶琛，可放南洋水師會辦。」

對於陳寶琛，李鴻章只有惱恨，沒有憐才之念。昨夜，他為陳寶琛想了一個極好的去處：南洋會辦。近日上任的南洋大臣，乃有名的曾老九曾國荃。此人，李鴻章是知之極深的。

曾國荃雖與曾國藩一母同胞，為人處事卻判若兩人。李鴻章永遠記得：當年老九為了搶天下第一功，帶着吉字營五萬人馬，匆匆忙忙去圍有着九十里城牆的江寧城。圍了近兩年時間，幾乎沒有進展，為了盡快打下江寧，塞天下悠悠之口，曾國藩請用全副洋槍洋炮武裝的淮軍前去援助。李鴻章答應了。正欲啟程，突然傳來曾老九派人捎帶的話：吉字營用死了幾千人的代價，才熬來攻進城門的好時機，你李少荃若來爭功，我與你先在城外分個高低！

李鴻章深知這個倔強過人的老九是說得出做得出的，趕緊打消前去江寧的念頭。他寫了一封信給老師：盛夏之際，洋火藥不靈，淮軍不能奉命，江寧還是讓吉字營獨家打吧！洋火藥盛夏不靈，這豈不是笑話一句！曾國藩知道是弟弟在作梗，也便不再勉強李鴻章了。

若說伴君如伴虎的話，那末伴這個曾老九就如伴狼伴鷹一般。若不是出自吉字營又能見他的眼色行事的人，簡直無法與他相處融洽。一旦惹怒了他，他會毫不留情地將你打下去。當年他做湖北巡撫，連身為大學士的滿人湖廣總督官文都被他逼得離開武昌。你想想，一個書生出身的年輕文人，來做他手下的水師會辦，他會將這人放在眼裏嗎？如果說，將張佩綸派給翰林出身的何璟做助手，成與敗還未可料定的話，那末，將書呆子陳寶琛派給血火中打出的曾國荃做會辦，則無異於將他推上刀山，推進虎口，幾乎不存在着半點成功的可能。

不料慈禧對這個推薦倒是一口答應：「曾國荃圍城打衝鋒是把好手，但與洋人鬥智鬥謀略的本事不夠，陳寶琛慮事周到，給他去做個助手，倒是極合適的。」

「太后英明。」李鴻章趕緊恭維一句後，又提出一個新人事設想來，「俄國政府幾次提出要跟我們把東北交界地區重新勘查一次，將中俄分界線劃定，以便今後雙方為領土問題少一點糾紛。臣一直在尋思此事，這得有一個精於地理的人主持才是。」

「是呀！」慈禧接言，「此事之所以遲遲未答應的原因，就是找不出這樣一個人來，你以為誰能勝任此事？」

「吳大澂。」李鴻章立即回答。

為吳大澂的去處，李鴻章昨夜頗費了不少腦筋，結果終於為他覓到了這個「美差」。這是件極苦極累又極不討好的事。俄國人橫暴強梁，只知以勢凌人，根本不去與你理論甚麼歷史沿革。吳大澂那一肚子古地理之學，在俄國人面前，正應得上一句俗話：秀才遇了兵，有理講不清。讓他和老毛子去慪氣吧，誰要他專愛說別人的風涼話！

「太后，吳大澂治古地理學三十餘年，他本人就是一本活地圖。臣對他的這門學問，也是敬佩不已，讓他去辦這種事，真是人盡其才。先派他去東北，與俄國人踏勘分界地段。明年還可以派他去雲南、廣西，與法國人踏勘中越兩國的分界地段。讓他一展平生才學，於國於己都是很有利的。」

聽到這兒，慈禧「噗哧」一聲笑了起來，說：「沒有想到，吳大澂這門舊學問，倒還真的派上大用場了。李鴻章，你今夜一口氣薦了三個人才，可見你平日於此是存了心的。昨天召見世鐸，要他提出兩個人來接替徐延旭和唐炯，他支支吾吾的半天，到底也沒正經說出個名兒來，真讓我失望。」

能說出個子丑寅卯的人，近支親王裏也還有幾個，誰要你聽信醇王，挑一個這樣的窩囊廢來做軍機處的領班呀！這些話當然只能在李鴻章的肚子裏嘀咕着，嘴面上還得另外說：「禮王爺遇事深謀遠慮，不像臣這樣想到哪兒就說到哪兒。」

慈禧也清楚，與李鴻章相比，世鐸自然是樗櫟庸材，但普天之下，能有幾棵李鴻章這樣的擎天大樹呢！「李鴻章，軍機處換了人馬，這也是無可奈何的事兒。世鐸這人老實，辦事的才能是要比奕訢差些。不過，閻敬銘、張之萬都是前朝舊臣了，可以幫襯點。你比起他們來，歷事又更多。還望你以國家重臣的身份，在外多多體貼朝廷的艱難，協助軍機處。張之洞到底年輕不大懂兵事，關於與法國人打交道的事兒，你以後還要多多開導開導他。為國家培育人才，不光是朝廷的責任，也是你等老臣的責任。今夜裏就談到這兒，若還有要說的，明兒個再遞牌子吧！」

李鴻章走出遵義門時，紫禁城裏已經是夜色深沉了。後宮的幾盞稀疏的燈火早已熄滅，天上也沒有月亮星星，上下內外一片鍋底似的黑暗。一陣夜風吹來，他覺得渾身涼颼颼的。若不是周圍有宮燈在護送着，這個刀槍堆裏殺出來的前淮軍統帥，也都會生出幾分恐懼感來。

3 醇王府把寶押在對法一戰上

第二天上午，軍機處領班大臣禮王世鐸，奉着慈禧的懿旨，來到醇王府。自從軍機處大換班以來，每天至少有一位軍機大臣到醇王府裏來稟報朝中大事，請示處置方略。這種情形在當時有個名目，叫做「過府」。

四十四歲的皇帝本生父醇親王，這兩個月來真可謂春風得意，躊躇滿志。自從兒子登基的那天起，他便蓄意要把朝政拿到自己的手裏。雖然有周公旦輔佐侄兒的事跡載之於經典，但醇王奕譞並不相信輔佐侄兒的叔伯，都會像周公旦那樣忠心耿耿，萬無一失。因為自古以來，也只有周公旦這一聖人，能做到任勞任怨，毫無一點野心，至於別的人，多多少少都有點三心二意。

奕譞當然知道，就在本朝開國之初，也有皇叔多爾袞輔佐世祖爺的故事。但是，若不是太后為了兒子的江山下嫁給小叔子，早就沒有了世祖爺登基這碼子事；就是後來嫁給了他，那位皇父也一天沒有斷絕過自己做皇帝的心思，如果不是後來墜馬而死，大清朝開國之初還不知又要多添幾場腥風血雨！自己兒子的江山，也只有自己來替他看守，才是真正的萬無一失。經過十年的韜晦、蓄勢、待機，現在終於大權在握了，奕譞怎能不興奮激動，不思有番大的作為呢！

他不便上朝，每天由世鐸或其他軍機處大臣來王府與他商量機宜，定奪國事，他總是拿出全副興致來做這些事情。然而，奕譞治國的才能，實在不如他精明的嫂子和能幹的六哥。不過，他有一個好幫手，此人便是經他全力薦舉才得以進軍機的孫毓汶。

孫毓汶字萊山，山東人，咸豐年間的翰林。咸豐十年在山東辦團練時曾被革職，後靠銀子的力量復了職。到了光緒年間，他的官運紅了起來，由侍讀學士升到工部左侍郎。孫毓汶聰明機靈，尤擅長走門子。他的老子咸豐年間曾經做過醇王半年的師傅，因這層關係，孫毓汶往太平府的腳步最勤，跟王府裏裏外外相處融洽。奕譞一直把他看作自己的人。

世鐸組建新軍機，孫毓汶擠了進來。因官階最低，資歷最淺，被排在最後一個，稱作軍機處行走。行走，意為看看學學，有點類似於學徒的味道。處於這種地位的軍機大臣，每到叫起時，則負責把東暖閣的簾子一角掀起扶住，待領班王爺和其他幾個資格較老的軍機大臣全部進去後，他才完成使命，把簾子角放下來，故朝中戲稱為「打簾子軍機」。

孫毓汶自知不能跟張之萬、閻敬銘等人相比，遂把這個打簾子的差事做得主動殷勤，人人滿意，但他心裏卻並不把張、閻這些老朽看得很重。每天散朝後，他都要在醇王府裏呆上個把兩個時辰，有事則辦事，無事則陪醇王聽曲賞花餵鳥説閒話，連王府裏未來的小王爺、小貝勒們，孫毓汶也樂意為他們效力，甘心充當他們遊戲的夥伴。他一天也不離開醇王，醇王每天也需要他。

世鐸這次過府相商的事，正是李鴻章昨夜與慈禧説的兩件事：天津的和談和外放張佩綸、陳寶琛、吳大澂三人。孫毓汶也正在醇王府，三人便坐在王府寬敞而高雅的書房裏商討起來。

「這和談是好事，若與法國人談好，越南的戰爭不再打了，咱們軍機處該省去多少麻煩！只是太后怎麼會突然間一下子放三個書生出京，太后難道忘記了他們可都是些清流，清流能辦事嗎？七爺，您看這是怎麼回事兒？」

矮矮敦敦的世鐸有一顆肥大厚重的腦袋，和一張彌勒佛似的胖胖的笑臉。他是清初八大鐵帽子王的後裔中最無干政之心的一個王爺。他喜歡吃，喜歡玩，喜歡女人，不喜歡讀書，不喜歡想事，不喜歡做官。就因為這，仗着祖上的餘蔭，他過了大半輩子享福的日子，甚麼麻煩事也輪不到他的頭上，他一年到頭快快活活無憂無慮的。

先前，常有黃帶子笑他無大志，無能耐，無出息。近幾年裏，黃帶子們則又稱讚他有識力，有遠見，有福氣。他不曾料到，年過五十後，還有宰輔的福份。那天醇王對他說，要他出來接替老六做軍機處領班，他還真以為耳朵出了毛病，聽錯了。他一再推辭，醇王就是不依，對他說：「我與太后一起把所有王爺都挑了出來，逐個兒琢磨，比來比去，還只有你最為合適。」世鐸仍是不敢接受。最後，醇王不得不說實話：「我身為皇上本生父，不便出面，只有請你挑起這個擔子。遇到大事，可以來王府一起商量着辦。」世鐸這才明白，自己只是替老七看攤子而已，他答應了。於是從接任的那天起，不論大事小事，他一概「過府」，由醇王和其他幾位軍機拿主意，他甘願做個傳聲筒。果然，醇王對他很滿意，太后對他這樣做也無異議。

「李少荃這個人一貫怕洋人，畏敵如虎。法國人在越南並沒有打敗仗，他們為甚麼會派特使談和，此事奇怪！」

體形單薄、滿臉病容的醇王奕譞靠在藤製的躺椅上，聲音不大，但語氣很是峻厲。

「是呀，七王爺懷疑得很有道理！」孫毓汶立即接腔。他高高瘦瘦的，神色精明得近於陰鷙。他平素稱奕譞，口口聲聲都是「王爺」，遇有世鐸在時，為便於兩個王爺相區分，他在奕譞的「王爺」面前加一個「七」字。「福祿諾這人我知道。他原是法國凱旋號艦艇的艦長，據說在天津塘沽碼頭停過一兩個月，與李少荃和北洋衙門裏的官員們都混得很熟。卑職以為，這很可能是法國政府在玩詭計。利用福祿諾與李少荃是朋友這個關係來迷惑我們，一方面在天津談和，使我們戒備鬆懈，一方面抓緊時間調兵遣將，打我們一個措手不及。」

「哎呀，萊山，你真不愧為智多星，眼睛就是比別人尖利。」世鐸對孫毓汶這番話表示由衷的欽佩。「你這一說我就明白了。法國和談是假，再打是真，用和談這塊幕布遮蓋我們的眼睛，幕後在秣馬厲兵。」

其實，孫毓汶也沒有確鑿的證據，證明法國人是假和談真備戰，只是，聰明和閱歷，使得他知道世上的事大都較複雜，從一個角度來看是這樣，從另一個角度來看又是那樣。談判有多種可能性，剛才醇王對這次談判表示懷疑，於是孫毓汶便把眼光盯在另一種可能性上。現在經世鐸這麼一肯定，他也彷彿覺得就是這麼回事似的，臉上露出得意的冷笑。

「萊山說的不無道理。」奕譞對洋人有一種近於本能的反感。「李少荃喜歡和談，就讓他談去，我們還是做我們的事。只是還得要跟李少荃指出幾點，不能離譜太遠。」

「七爺說得很對。」世鐸謙恭地說，「太后講了，賠款一事不能談，朝廷沒有銀子。」

「太后說的這點很重要。」奕譞摸了摸沒有鬍子的尖下巴，略為思索一下後，轉過臉對孫毓汶說，

「萊山，你看還有甚麼要對少荃說的嗎？」

孫毓汶想了想，說：「有一點很重要，務必要跟李少荃講清楚。越南是我們大清的藩屬國，這是祖宗傳下來的規矩，這個規矩不能壞。別的事可以跟法國人商量，咱們大清跟越南的主僕關係則不能改。若丟了越南這個藩屬國，我們如何向祖宗交代？」

「這是個頂重要的事！」奕譞從藤椅上站起，以堅定的口氣說，「世上最大的事莫過於正名，名份之事乃第一等大事。我們即便賠法國人幾百萬兩銀子，也不能丟掉我們對越南的宗主權力。亭翁，明天上午叫起時，你要向太后稟明這一點。然後擬一道諭旨，把不能賠款和不能改變藩屬這兩條寫進去，發給李少荃，叫他務必懍遵照辦。」

「是，是。下午就叫許庚身去擬旨。」世鐸忙答應，想起外放張佩綸等人的事，他又請示，「七爺，你看張佩綸、陳寶琛、吳大澂三個人的事怎麼說？」

奕譞重又坐到藤躺椅上，沉吟良久後問：「上午太后召見時，你揣摸太后的意思，是定了，還是交給咱們議一議？」

世鐸想了一會，說：「我揣摸太后的口氣，好像這三個人的外放也沒有定下來，是有點叫咱們議一議的意思在裏面。我說過會兒就去稟報七爺。太后說，明兒個你把七爺的話說給我聽聽。聽這口氣，我尋思着太后沒最後定。」

「清流中向來藏龍臥虎，張佩綸這幾個人也都是人才，雖說他們愛說些過頭的話，但向來不滿李少荃在洋人面前委曲求全，竭力維護我們大清國的形象，這種骨氣我是很看重的。」

奕譞頭靠在藤椅上的杏黃蘇綢枕頭上，說話間，枕頭滑下去了。孫毓汶忙上前將枕頭拉上來，重新平放在奕譞的後腦勺下。

奕譞繼續說：「張佩綸是個大才，跟何璟會辦福建海防，卻不是一個合適的安排。他不懂水師，萬一出了差錯，會誤了他的前程。此人今後我有要職相委。陳寶琛與曾沅浦去共事也不太合適。曾沅甫脾氣不好，陳寶琛與他會合不來，曾沅甫也會看不起他。我看不如把陳寶琛放到兩廣去，做個甚麼臬司、藩司的。他與張之洞氣味相投，彼此合作，說不定會有一番作為。至於吳大澂，他擅長地理之學，讓他與俄國人一道踏勘地界，倒是挺合適的。萊山，你看呢？」

孫毓汶托着腮幫坐在一旁，兩隻眼睛一直在望着奕譞。世鐸剛進府時一說到外放三人的話，便立時引起他的警覺。他一直在想：怎麼突然間一下子外放三個書生出京，或會辦軍務，或與洋人打交道，都是挺時髦又挺麻煩的事，是清流們時來運轉吉星高照呢，還是別有緣故？

孫毓汶討厭清流黨，結怨始於一次清流黨人的集會。

那是孫毓汶剛放工部左侍郎時，一次楊忠愍公祠的集會上，清流黨幹將鄧承修，毫不留情地說他這個左侍郎，是靠走醇王府的門子得來的。另一幹將黃體芳則說他是靠趴在地上，給小王爺做馬騎換來的。工部有個主事也參加了這次集會，為之鼓掌叫好。孫毓汶得知後氣得不得了，他奈不何鄧承修、黃體芳，卻可以整治工部那個主事。

不久，朝廷要外放一批邊遠地區的知府，孫毓汶便將這個主事的名字報上去。此人被分到雲南匪亂最重的東川府，叫苦不迭。不到一年，孫毓汶又指使心腹雲南藩司參東川知府一本，說他治亂不力。很快，知府被貶為縣令。前工部主事終於明白了此中的過節，請鄧承修、黃體芳幫忙說話。鄧、黃很為他抱不平，但苦於找不到孫毓汶陷害的痕跡，這個主事的冤終於無法伸清。然而，清流黨人都心裏有數，視孫為殺人不見血的奸邪小人，彼此之間的仇也便越結越深。這次孫升任打簾子軍機，清流黨人又好一陣子冷嘲熱諷。孫決心伺機出這口怨氣。

現在清流黨人一下子外放三人，要說他們走紅運了，也說得過去。三年前張之洞外放山西巡撫，兩年前張佩綸升為副都御史，都是清流大用的明證。張之洞眼下又擢升兩廣總督，更成了萬眾矚目的人物，官場內外都說他為清流露了大臉。因張之洞的能幹，使朝廷許多人改變了「清流能說不能幹」的傳統看法。從這種背景來看，張、陳此次外放軍事會辦，應該是太后對他們的重用。但孫毓汶卻不這樣認為，他從蛛絲馬跡中看出了另一些苗頭。

他想：這事與李鴻章和談一事同時傳出，可見是李在昨夜陛見太后時提出來的。李鴻章一向與清流黨不睦，由他來建議此事，不可能對清流黨有利。如此說來，李所採取的手段也跟自己一樣：陷對手於無形之中——讓書生來辦軍務，以軍務來困書生。想到這一層，孫毓汶高興起來，心裏說：你李鴻章聰明，我孫某人比你更聰明，你藉太后之手，我就來藉你之手。

於是，他以十分明朗的口氣對奕譞說：「七王爺，依卑職之見，太后這個安排是很有遠見的英明之舉。她一是讓張佩綸、陳寶琛二人有立功的機會，二是為了配合張之洞在兩廣的軍事行動。曾沅甫、何小宋都是張之洞的前輩，他們都是積了一輩子的勳勞，才做上一方總督的。張之洞年紀輕輕，便擢升粵督，跟他們平起平坐，他們心裏多少有點不服氣。太后想到了這一點。一旦戰爭打起來，法國人海艦厲害，兩廣、閩浙、兩江水域必定聯成一氣，如果曾、何兩位與張之洞不配合的話，就會影響大局。故派他的兩個好友去會辦閩浙、兩江的海防，這對張之洞是大有好處的。」

孫毓汶不愧為才高一籌，他這番話正說到奕譞的心坎裏去了。因為有了與法國人打仗的失敗，才有新軍機處取代舊軍機處，故而中法這場戰爭的勝負，便成了新軍機處能否立足的關鍵。仗打勝了，新軍機處就有了威望；若打敗了，不但無威望可言，說不定也會全班換掉。在別的軍機大臣而言，只是丟掉一個兼職，對於他奕譞而言，則有可能是主政之夢的徹底破滅。

這場戰爭的勝與負，重要之處在粵督的人選上。可以說，奕譞把這場戰爭之寶，甚至把自己主政之寶，都押在張之洞的身上。對於張之洞，只能全力支持，不能有半點損傷。經這麼一點撥，他突然明白了這是太后的深謀遠慮。奕譞從心裏佩服慈禧的治國謀略，他重又從藤躺椅上站起，斷然對世鐸說：「萊山說得有道理。你明天稟明太后：軍機處完全遵照太后的安排，即刻擬旨，發佈張佩綸、陳寶琛外放閩浙、兩江，同意派吳大澂去東北，與俄國人踏勘邊界。」

世鐸躬身答道：「我一定照七王爺所說的去辦。若沒有別的事，我先回去了。」

世鐸剛要轉身，奕譞又對他交代一件事：「你順路到張子青家去一下，叫他今晚到我這兒來一趟。」

世鐸領了這道旨意，命令綠呢大轎直奔煤渣胡同張府。

七十三歲的張之萬剛睡好午覺醒來。他踱步來到書房，戴上老花眼鏡，一邊啜着濃茶，一邊翻看着近日的邸抄。

邸抄上登載的多是有關越南戰場上的事。有揭露徐延旭手下兩個前線將領，互相傾軋而貽誤軍情內幕的；有抨擊越南君臣昏庸貪婪，主張丟棄越南的；也有說張之洞以一介書生持節兩廣前途難卜的。張之萬默默地翻着看着，自己的整個心緒都讓這場戰爭給浸泡了。

蟄居老家十餘載，不料古稀之年還能重返京師做尚書，升協辦大學士，此次又進了軍機處，張之萬深知老來的這番風光，完全是醇王所送。他稟賦清雅，不貪錢財，現在到了這把年紀，就是有再多銀子，他也消受不了。兩個兒子都還爭氣，一個走的是兩榜正途，現正在河南做個同知。一個舉人出身，在江南製造局做個局員，收入頗豐。兩子都不用他操心。他深服同輩好友曾國藩所說的話：子孫賢，沒有父祖的財產，也有飯吃；子孫不肖，財產越多越壞事。因而，他認為昧着良心去聚斂錢財，其實是件很愚蠢的事，既害自己，又害子孫。

老狀元已到了清心寡慾的境界。官位、權勢、金錢、享樂，他都無所求了。唯一應該做的，便是竭盡全力為國效勞。這既是平生志願之所在，也是為了報答醇王的知遇之恩。張之洞升粵督，其實並非他提的名。當年他做會試同考官，堂弟作為應試舉子尚須迴避，何況今日他為軍機，弟為巡撫，若由他提名，豈非明顯的徇私？張之洞的名是醇王提的，閻敬銘立即附和，他當然也同意。太后很快便欽准了。這說明堂弟恩眷正隆。

前幾天，他收到張之洞臨離太原前給他的一封信函。信中申謝對堂兄提攜的誠意，同時也懇請堂兄給予指點和幫助。不用張之洞開口，張之萬也會全力幫助的。這不僅因為堂弟年輕，前程遠大，更重要的是目前的形勢，明擺着是兄弟二人的命運已連在一起了。

張之萬離開書案，慢慢地在書房裏來回走着。他開始認真思索起來：應該從哪些方面為堂弟提供資助。

他首先想到的，便是應該為兩廣的軍隊提供一批新的槍炮彈藥。在軍機處討論前線戰事時，有人提到打敗仗的一個主要原因是裝備陳舊，徐延旭、唐炯的軍隊用的都是當年打長毛打捻子時的槍炮，比起法國人來相差得太遠了。

打仗靠的是武器。武器不利，如何打得贏？張之萬想，這批軍火要向洋人去訂購。據說美國、德國都有人在中國專做軍火生意。關鍵是要銀子，這要請身為戶部尚書的閻敬銘幫忙了。國庫再緊，也要撥出幾十萬両銀子給張之洞才行。此事明天就要找閻敬銘商量，最好由醇王來出面。

再者，應該調幾員宿將去兩廣。張之洞畢竟是個書生，缺乏實戰經驗，帶兵這碼子事，還是沙場上打出來的老將靠得住些。調誰呢？張之萬重又坐到太師椅上，閉着眼睛回想起來。

二十多年前那場瀰漫全國的戰火，仍令他記憶猶新。他雖然沒有直接帶過兵，但身為地方高級官員，與當時帶兵的文武大員多有接觸，對他們的才幹長短都很清楚。可惜，當年的那些能征慣戰的將帥們，如今絕大部分已凋零故去，剩下的幾個也已老病不堪，再也上不了戰場。張之萬扳着指頭一個個地數，終於想起了兩個人。

一個是當年威名赫赫的霆軍首領鮑超，因為戰功卓著，同治三年江寧打下後，他被封為子爵。鮑超不識字，為人粗豪，有一則笑話說，他封爵後衣錦還鄉，在四川奉節老家蓋起一座壯闊的府第。有個秀才跟他開玩笑，說，你這個房子蓋得跟宮殿一樣，皇帝的宮殿叫皇宮，你是子爵，你的宮殿就是子宮了。鮑超不知此人戲弄他，反而很得意地說，我是子爵，住的府第當然是子宮，麻煩你老兄給我題「子宮」兩個字，我要製一塊匾，把它掛在大門上。眾皆大笑。一個幕僚附着他的耳朵嘀咕了幾句，鮑超明白過來，瞪着眼睛對那秀才說，你在侮辱本爵！那秀才忙叩頭謝罪，鮑超居然也沒懲罰他。鮑超今年五十六歲，正在湖南做提督，身體還硬朗，請他出馬，對前線將士是個鼓舞。

另一個是婁雲慶，湖南長沙人，十幾歲投軍，東征西討，軍功纍纍。現正做着正定鎮總兵，還不到五十歲，是當年一批大將中存世的最年輕的一個。此人最是合適。

還有一點令張之萬欣慰的是，現正在廣東督辦軍務的兵部尚書彭玉麟乃湘軍元老，而鮑超、婁雲慶都是原湘軍的哨官。對於軍營來說，這層情誼非尋常可比。

張之萬想，這兩件事都是大事，得趕快辦理。正在思忖着在甚麼事情上，還可以再為堂弟援上一手時，他的眼睛突然被邸報上的一道奏章吸引過去。那道某御史的奏章上講，徐延旭、唐炯的軍隊排斥越南境內的黑旗軍首領劉永福，這也是北寧、太原失守的一個重要原因。這位御史建議重用劉永福，利用他久居越南的長處，收裏應外合之效。

張之萬立時覺察到，這是一道很有識見的奏摺，可惜沒有引起太后的重視。他認為張之洞應該在此事上，吸取徐、唐前車之覆的教訓，要和劉永福取得聯繫，建立一種彼此融洽的關係，以此換來劉永福的傾力相助。但劉永福乃會黨出身，參加過長毛，又和越南的三教九流都有聯繫，背景很複雜。張之萬深知堂弟清流本色，是極不情願與那些江湖人士打交道的，更何況現在身居制軍之尊，也不宜貿然與劉永福這類人聯繫，應該有一個人代替他去辦這種事才好。派誰去呢？

張之萬左思右想，終於替堂弟想出一個人來，此人即桑治平。無論從本人閱歷才幹，還是從目前的身份來說，桑治平都是最好的人選。

他拿起筆來，給張之洞回一封信，將自己的這些思考告訴堂弟，盼望他在中國與法國的這場糾紛中，發揮中流砥柱的作用，為朝廷，也為他這個老哥的臉上爭來光彩。

正在這時，世鐸進來，親自轉達醇王的口諭。張之萬高興地說：「我正要去晉謁王爺哩，過會兒就去。」說着，把世鐸請到客廳，細細地向他詢問上午太后召見的情形來。二人正談得興起，家中僕人進來報告：「賢良祠今日張燈結彩，準備迎接左侯下榻。」

左侯即爵封二等恪靖侯的左宗棠。上個月，左宗棠奉旨將兩江總督一職交給曾國荃，以東閣大學士的身份入閣辦事。左宗棠雖已高齡七十二歲，體弱多病，然豪雄之氣仍不減當年，面對法國人的囂張氣燄，他多次上疏請纓。張之萬對這個素有常勝將軍之稱的老朋友十分景仰。猛然間，一個想法跳入腦中，他興奮地對世鐸說：「左侯進京，此乃天助我們成事！」

「此話怎講？」世鐸尚不明白內裏。

張之萬說：「軍機處六人，沒有一人帶過兵，眼看與法國人這場戰爭不可避免，一旦打起來，調兵遣將，籌餉謀劃，便是軍機處的第一件大事，我們於此都是生手。何不請太后調左侯入值軍機，藉助他的聲望和經驗？他肯出力，您這個領班就好當多了。」

世鐸喜道：「你這個提議好！今夜我們一起與醇王商量，明日啟稟太后。」

張之萬笑着說：「左侯入軍機，軍機添虎翼。明日我們軍機處全班啟奏太后，務必說服太后，將左侯請進軍機處來。」

第八章

諒山大捷

1 面對炮火，好談兵事的張佩綸驚惶失措

近幾十年來，南國大都市廣州在中國的地位是越來越重要了。

四十多年前，林則徐在這座城市裏制定了焚燒鴉片的決策，試圖通過這個驚世之舉，維護中華民族的國家體面和人格尊嚴，斬斷不法之徒毒害中國人的魔爪。虎門的熊熊烈燄伸張了民族正氣。然而沒有多久，在堅船利炮的威脅下，道光皇帝屈服了，林則徐被撤職流放，一艘艘從英吉利海峽開過來的船艦，從南海駛進伶仃洋，進入珠江口，將堆積成小山般的鴉片箱卸下。就在光天化日之下，通過這座城市，將毒品合法地販賣全國各地。美麗的五羊城從此蒙上了巨大的恥辱，成為一座罪惡的都市。

然而，隨着鴉片公開上岸的同時，洋人也在廣州買地起屋，打起長住下去的主意。他們在珠江兩岸建起高大結實、採光通風設備都很好的樓房；自己發電，亮起了電燈，裝起了電話；換上了諸如鐘錶、留聲機、牛皮沙發等精巧舒適的奢侈品。他們還帶進了燙金硬殼的洋文書籍、滿載世界各地最新消息的洋文報紙。他們讀着洋書洋報，說着洋話，和廣州的官場打交道，做生意，通買賣，白花花的銀子水一般地流入他們的金庫。

隨着華洋交易的頻繁，一批溝通華洋的中國人應運而生。這種人既懂洋話，又懂官話，既知外情又

知國情，他們從中穿針引線，牟取暴利。廣州人叫他們做西崽，官方稱他們為買辦。買辦通過自己和家人親戚朋友，將洋風洋俗在廣州迅速地傳播開來。因而，廣州這座城市，又是受泰西文明影響最大、最有生氣的都市。

正是酷暑季節的閏五月中旬，張之洞帶着他的家小和隨從，千里迢迢從山西來到廣州，做起南國的這座大都市和粵桂兩省這片廣袤土地的最高主宰者來。

一個多月來的舟車旅途，使他有充裕的時間閱讀有關兩廣的史冊記載。他又從沿途官府那裏獲取朝廷下發的各類京報文鈔，那上面有不少關於越戰的消息。這期間，他還在幾個撫台衙門裏，收到了朝廷專為寄給他的包封。包封裏都是關於兩廣的絕密文書。所有這些，都有利於他對即將履任的新職作深入的思考。

到了廣東韶州府，他收到了一件只能他親自拆看的朝廷密函。密函裏裝的是李鴻章與福祿諾在天津和談的內容要點。這些要點有：法國願意保護中國毗連越南的疆土安全，中國在越南北圻的各駐防營即行調回邊界，法國不向中國索賠軍費，中國允許法國貨物在中國邊界自由運銷，法國與越南訂立各項條約均不得傷害中國體面，三個月後再議詳細條款。

張之洞一向不喜歡和談，隨便瞧了瞧後便封存起來，並不將這份日後載於近代史冊上的《簡明天津條約》看得太重。一路上，他和桑治平、楊銳等人常常談論當前的局勢。充滿少年激情的楊銳，從來對前途都抱着樂觀的看法。飽經世事的桑治平，則往往對事情複雜的一面注意得更多一些。

他們談得更多的是眼下廣東的局面。前任總督張樹聲雖搬出了督署，但仍住在廣州城外黃埔港督辦兩廣軍務。駐紮虎門的軍營是這幾個月來徵調的前湘軍系統的人馬，統帥是有中興名臣之稱的老將彭玉麟，他的助手正是張之萬所推薦的婁雲慶。另一支軍隊是由廣東提督管轄的綠營。在彭玉麟來到廣東前，張樹聲的淮系軍營與當地的粵軍有很深的隙嫌。這原因是因為張利用督辦的權力，將粵軍安置在虎門一帶的前沿陣地，而將自己的人馬留在廣州城郊。粵軍對此大為不滿，遂不與張配合，並向朝廷密告張的種種不是。張樹聲被撤去粵督一職，與此也很有關係。彭玉麟到了廣東後，將粵軍調回內地，而將湘系軍營駐防在虎門。彭玉麟這種大公無私以國事為重的品德贏得了淮、粵兩系的敬重。目前廣東省內的三支主要軍事力量各自都在修備戰具，密切注視戰事的進展。

進廣州城的第二天，張之洞從廣東巡撫倪文蔚的手裏接過兩廣總督的印信、王旗，正式做起負責指揮越戰的最高地方統帥來。通過與城內各大衙門的憲台及原督署僚屬的反覆會談，張之洞對當前的內外形勢有着更多的了解。為更好的謀劃運籌，他決定採取兩個行動。一是接受張之萬的建議，派桑治平和熟悉越南情形的雷瓊道員王之春親到鎮南關外走一趟，實地考察戰地形勢，會會正在關外督戰的清軍首領、新上任的廣西巡撫潘鼎新，以及黑旗軍首領劉永福等人。二是自己走出廣州城，先到扼控省垣的黃埔港看望駐防在此地的淮軍及張樹聲，再到廣東的南大門虎門去看望防守前線的湘軍及彭玉麟。

送走桑治平、王之春的次日，張之洞在兵備道李必中的陪同下，乘坐小火輪，順着珠江南下。在黃埔港，他見到了已重病在身的張樹聲，張樹聲向後任傾吐了這半年來壓在胸間的滿腹牢騷和委屈，拜託後任務必將這些奏報朝廷，主持公道。為安定淮軍軍心，共同備戰，張之洞滿口答應了。在總兵吳宏洛的陪同下，張之洞巡視了黃埔港一帶的防禦工事。淮軍的散漫軍風和應戰力量的薄弱，令新粵督擔憂。

在虎門炮台，張之洞見到了年近七旬猶與士卒同甘共苦的兵部尚書彭玉麟。彭玉麟和婁雲慶親自陪同他巡查虎門口內外的十餘處炮台。彭玉麟是個堅定的主戰派，虎門防守狀況要比黃埔港強，但大量缺乏射程遠殺傷力強的新式火炮，卻令雄風不倒的老將軍十分憂慮。面對着當年關天培將軍英勇捐軀的靖遠炮台，彭玉麟沉痛地說，關將軍和將士們並不乏愛國心、報國志，之所以不敵侵略者，是因為武器不如人家的緣故。戰爭的殘酷迫使大家接受了這個無情的事實。故而以後湘淮軍都大量購買洋槍洋炮。胡潤芝更主張自己製造。他留給身邊人的最後一句話便是：不把洋人的那一套學過來，我們就要永遠受欺侮。老將軍歎息：我們的武器還是不如洋人，假若虎門再增加二十座德國克虜伯鋼炮的話，防守起來，就更有把握了。

波濤洶湧的汪洋大海，血跡斑斑的古舊炮台，恥辱痛苦的往事回憶，形勢嚴峻的今日局面，所有這些，給張之洞的心靈以強烈的震撼。翰林、洗馬、學台、清流黨，不知不覺之間，這些身份正在離他漸漸遠去；兩廣軍隊的統帥、國家門戶的守衛者、粵東粵西的當家人、三千萬百姓的父母官，一副副沉重的擔子正在向他壓來。不管他願不願意，不管他挑不挑得起，他都得接受，都得擔當起來。

「不把洋人那套學過來，我們就要永遠受欺侮。」彭玉麟轉述的這句胡氏遺言，一遍又一遍地在他的耳畔響起。腦子裏又浮出榆次驛館裏閻敬銘的深沉談話，太原衙門裏李提摩太的科學技術實驗。要想致強，得學洋人，要想致富，也得學洋人。

「學洋人，辦洋務」，在返回廣州城的珠江航道上，張之洞從牙縫裏狠狠地擠出這句話來。

在桑治平、王之春暗訪越南的日子裏，戰事的發端地越南北圻倒是意外的寧靜，而數千里之外的中國東南海疆反而日趨緊張，憑藉着精良的武器裝備和堅實的國力基礎，面積不足四川、人口少於兩廣的法蘭西帝國，從來就視大清王朝如囊中之物，有恃無恐地對它進行訛詐和欺侮。

就在法軍侵犯諒山，王德榜率部把他們趕走的第二天，法國駐北京代理公使謝滿祿便照會總理各國事務衙門，說法方按規定收回諒山，卻遭到中國軍隊的襲擊，中國違背天津李福條約，應負擔此次事件的責任並賠償軍費。總理各國事務衙門覆函法國公使：天津條約載明三個月後再議定詳細條款，在詳細條款出來之前，雙方應維持現在局面不變，法軍此時收回諒山之行為本屬不當，應視同法軍侵犯了清軍，軍費賠償應由法國方面承擔。總理衙門的覆函顯然站在正理上，但謝滿祿狡辯說，條約應以法文本為根據，中文本翻譯有誤。清廷再三核對中、法兩個文本，並無歧義，乃予以嚴厲駁斥。法國政府老羞成怒，立即派出正式公使巴德諾趕到中國，要中國按天津條約第二款賠償軍費二萬五千萬法郎，折合白銀一百二十五萬兩。

作為天津條約的談判者和簽字人，李鴻章對法國政府這種做法也頗為頭痛。他告訴已抵上海的巴德諾，駐紮在越南的中國軍隊已遵命按兵不動，北圻平靜，條約中已寫明沒有賠款一事，再要中國賠款不能接受。巴德諾以逗留上海不赴北京的作法來拒絕與總理衙門及李鴻章會談。軟弱的清朝廷竟然遷就巴德諾，改派兩江總督曾國荃為全權大臣，與巴德諾會談。此時，陳寶琛亦以南洋軍務會辦的身份來到南京。

一貫主張對外強硬的陳寶琛對曾國荃說，要堅持天津條約，據理力爭，決不能示巴德諾以弱。曾國荃卻說，他已接李鴻章密電，李說法國現已對中國東南海疆採取軍事行動，形勢緊張，一觸即發。戰爭一旦打起，則對中國不利。若能以小的損失來換取大局的安寧，應是可行的。李的密電還說天津條約已請太后認可，要朝廷拿出錢來作賠款，太后面子上過不去，君有難處，為臣子的應當體貼，請兩江代朝廷受謗，在與法使會議時，無論曲直，拿出幾十萬銀子來給法國，滿足他們的貪慾之心，這樣做，無傷國體。

陳寶琛堅決反對這樣做。曾國荃卻並不理睬陳寶琛的意見，擺出一副上司的派頭，命令陳寶琛代表他去上海與巴德諾接觸，許以五十萬兩銀子為代價，息訟罷兵。

陳寶琛老大不情願，但面對着曾國荃冷峻威嚴的面孔和毫無商量餘地的態度，只得硬着頭皮去上海找巴德諾。誰知巴德諾一聽只有五十萬，與政府的要求相差太遠，便一口拒絕。陳寶琛被巴德諾大大奚落了一番。

此事並未就此而了。陳寶琛剛回南京，上海的外國報紙便將此事公開於眾，輿情嘩然，慈禧得知後，大不高興。傳旨斥責曾國荃背着朝廷私許外人，實屬不知大體，陳寶琛遇事向有定見，此事乃隨聲附和，殊負委任。陳寶琛想起來真是太窩囊不堪了。自己明明不願意向侵犯者講和示弱，但作為屬下，又不能抗拒上司的命令，違心地去與法國人談判，事情沒有辦成，反而招來四面難堪：洋人冷眼，國人憤慨，太后斥責。這是何苦來呢！好不容易培植的一世清流英名，便如此輕輕易易地毀於一旦！一向自命清高的陳寶琛來到兩江不久，便吃了這個有苦說不出的啞巴虧。他開始領略了世事的複雜，實務的難辦，頗為後悔不該離開京師，從此便將陷於這麻煩透頂的事務圈，既沒有讀書做學問的空閒，又丟失了指點江山激揚文字的瀟灑。正在李鴻章、曾國荃、陳寶琛處在騎虎難下的時候，美國公使館表示願意出面調停。於是大家都鬆了一口氣，靜待美法兩個強權國家之間私下交易的結果。與此同時，法國積極調兵遣將，試圖以武力威脅清廷，恐嚇主戰派，盡快達到他控制越南，打通紅河航線及最終瓜分中國征服遠東的戰略大目標。

法國海軍提督孤拔率領一支龐大的艦隊，駛向中國東海海域。六月十五日，法軍五艘兵艦突然攻打台灣基隆炮台。駐守在台灣的軍事統領乃淮軍宿將劉銘傳，他指揮兵士倉促應戰，交戰不到一個鐘點，基隆炮台便失守。劉銘傳慌忙向他的老上司李鴻章求援，請李派出北洋水師前來台灣救助。第二天，法兵四百餘人強行登岸。淮軍提督曹志忠、章高元率部與法兵戰鬥，雙方死傷慘重，昨天被法軍強佔的炮台則又被淮軍奪回了。

法國政府見在台灣並未佔到便宜，便指使巴德諾在談判中可退一步。巴德諾接到政府的命令後，立即照會曾國荃，詭稱已奪基隆炮台，賠款可酌量減少，若一次拿出八十萬兩銀子，則可息兵。又暗中請總稅務司赫德出面為之關說。赫德遂做出一副既為中國又為法國講話的姿態，提出一個折衷方案，中國出八十萬兩銀子，但分十年還清。同時駐北京代理公使謝滿祿亦向清廷發出最後通牒，限二日內答覆。如不允，則下旗離京，中法之間似乎到了撤館斷交的嚴重時刻。

清廷面對這一突變形勢，又氣又懼。一面將法國近期的無理行為照會各國，以求得國際社會的公道，一面又密諭沿江沿海統兵大臣，亟力籌防，嚴行戒備。

密諭發到福州閩浙總督衙門，總督何璟收到後，命人飛騎送往船政局。

何璟是個老官僚了，道光二十七年的翰林，與李鴻章同年。他雖然沒有戰功，但遇事敢言，為政幹練，故而遷升順遂，同治二年，便做了安徽按察使，又升湖北布政使，同治九年便擢升巡撫。同治十一年，曾國藩病逝江督任上，何璟正做江蘇巡撫。他上疏朝廷，請求為曾國藩在江寧立專祠，一時朝野都認為他體恤功臣，能仗義執言。

官場跟軍營差不多。再樸實的鄉巴佬在軍營中呆久了也會變成兵油子。若要使軍營常有生氣，便必須不斷地退去兵油子，補進鄉巴佬。同樣，再有血性的書生，官場呆久了，也會被磨光浸疲，直到從頭到尾都磨得光光的，浸得黑黑的，熏得蔫蔫的，當然也有不老松、長青藤，但古往今來都很少見到。可惜的是，官場有官場的規矩，不能像軍營一樣時常吐故納新，故而官場朝氣少，暮氣多，銳意進取者少，因循塞責者多，廉洁自愛者少，同流合污者多。這也真是無可奈何的事！

何璟年輕時也曾踔厲風發過，如今年過六十六歲，封疆大吏做了十四五年，早已做煩做膩了，當年的上進之心蕩然無存。

上個月，懷着振衰起疲、一展抱負之心的張佩綸奉旨來閩會辦軍務。這位名滿天下年方三十六歲的都察院左副都御史，以天使的身份面對着包括何璟在內的八閩官員。因為張佩綸一向敢於參劾大員，故他一到福州，便有人投匿名狀，告福建提督在元貪墨荒謬，列出了四大罪行。張佩綸為着要建立自己鐵面無私的清官形象，立即查辦，沒有幾天便一一查實。他將彈劾書專遞京師，在元被交部嚴議。身為總督的何璟有疏忽之失，也在彈章中被附帶指責了一句。何璟由此知張佩綸得太后特別寵信，飛黃騰達在指日之間，便乾脆將閩浙軍務防務大事都交給張佩綸，由他作主。基隆戰爭爆發後，他來到福州城外三八里的船政局。

這個船政局正式的名稱叫做福州船政局，因局址在閩江馬尾港，故習慣上都叫它馬尾船政局。同治五年由當時任閩浙總督的左宗棠所創辦，是與江南製造局、金陵製造局同時期開辦的官辦洋務企業。江南局重在造槍彈，金陵局重在造機器，馬尾局則專造輪船。馬尾局聘請法國人日意格為總監督人。三十年來，在左宗棠、沈葆楨等人的督理下，已造出了萬年青、安瀾、飛雲、伏波等十餘艘兵輪，裝備着南北洋水師。眼下，該局已有造船、模型、裝備等二十個車間，三座船台，一座鐵船，共有人員三千餘，並設立了船政學堂。中國海軍史上的一些著名人物，如嚴復、鄧世昌、劉步蟾、薩鎮冰等人都是船政學堂畢業的學生。顯然，馬尾船政局是當時閩浙最大的洋務企業，也是全國最大的一批洋務企業中的一個。海域軍情緊急，馬尾局便成為第一個重點保護的對象。

常住該局的還有一位船政大臣何如璋。何如璋是一個庸吏。擺架子，謀私利，這一套他都行，若論真才實學，卻和大多數官場人物一樣胸無點墨。海疆風聲一緊，他就巴不得有人來替代他。現在，張佩綸神氣十足地來到馬尾，何如璋則有獲救的感覺。張佩綸拍着胸脯對何如璋說：「有我在，你就放心好了。洋人我是琢磨透了，他們一貫欺軟怕硬。我張某人的硬漢子是出了名的，諒他們不敢胡作非為。」

作為船政大臣，何如璋對洋人的品性和軍事實力還是有所知的。他心裏想，洋人難道還會怕你張佩綸這個硬漢子？也未免太狂了吧！他知道戰爭一旦打起，局面一定不妙，眼下正需要有一個人自己挺身來做出頭鳥，將來好代他承擔責任。

他以滿臉信任的姿態說：「張大人，您是太后派下的欽差大臣，何制台都把閩浙軍務大事交給了你，我自然沒有話說的。馬尾船政局如何克敵制勝，就全聽您的指揮了。」

論職守，何如璋是船政局的主人，論資格，遠在張佩綸之上，張佩綸生怕他不聽調遣。現在聽他這麼說，恰合心意。張佩綸正要借這塊地方好好施展自己的軍事才幹，便毫不客氣地說：「這段時期，馬尾船政局一切就交給我了，我雖不贊同用上千萬両銀子建造這個船廠，但既已花二十年建成了這個規模，這船廠便是國家的一筆財產。我身為福建軍務會辦大臣，有責任保護它。何大人，你放一百個心，船廠在我張某人的手裏必定安然無恙！」

「好，好，張大人文武全才，年輕有為，我放心。」何如璋點頭彎腰地笑說，腦子裏想起了一樁大事。

六月初七，法國海軍提督孤拔接奉政府的密電後，率領一支由八艘艦艇組成的龐大船隊，突然出現在閩江入海口，從指揮艦上放下一隻小快艇。小快艇開足馬力，溯江而上，很快便來到馬尾港，被船廠巡邏人員攔截住。「我們是法國船隊。」快艇上站起一個穿西裝革履的年輕中國人，用帶有閩南腔的官話回答巡邏人員的喝問，又指着坐在他身邊的一個同樣年輕的洋人介紹，「這位是法國伏爾他號油輪副船長米歇爾先生，奉總領隊孤拔先生的命令，特來拜訪福州船政大臣，有要事商量。」

巡邏人員聽說是洋人商量要事，不敢怠慢，忙將客人帶到船政大臣辦事處，去見何如璋。聽了翻譯的介紹後，米歇爾脱下帽子，向中國船政大臣恭恭敬敬地鞠了一躬。行完禮後，米歇爾嘰裏咕咕地講了一通話，翻譯轉述：「我們是一隊法國油輪，是到俄國裝汽油的，路過貴國，一來我們淡水用完了，想補淡水，二來聽說馬尾船廠有一些法國人，總監督日意格先生與我們領隊孤拔先生是朋友。我奉孤拔先生命令，請允許我們船隊開進馬尾港，補充淡水，會會朋友和同鄉。所補充的淡水，我們將按量付款，懇請同意。」

何如璋說：「日意格先生不在此地，他已到香港休假去了。」

日意格不在馬尾，是他們早已知道的。米歇爾故作驚訝地問：「那太遺憾了，不過，還有別的法國同胞，我們也想見見聊聊。」

何如璋問：「你們準備呆多久？」

米歇爾答：「頂多只呆一個禮拜。」

何如璋答應了。

下午，八艘洋輪前後有序地開進馬尾港，在船廠的指定處停泊下來。隨即，自稱商船總領隊的孤拔，便由實為海軍中尉名為伏爾他號副船長的米歇爾和翻譯陪同，前來拜訪何如璋。孤拔五十餘歲年紀，兩鬢斑白，面色粗糙，然身材結實挺直，精力充沛。

他首先感謝中國船政大臣接受他的請求，然後叫米歇爾捧出兩樣禮品來：一個尺餘長的單筒望遠鏡，一個小碟子大的金殼懷錶。

何如璋特別喜歡洋人的望遠鏡。他曾借日意格的望遠鏡玩過。站在屋頂上，用望遠鏡一望，整個馬尾船廠都收入眼中，連五里之外船塢裏停的幾隻甚麼船都看得清清楚楚。現在有人將這個好玩意兒送給他，他怎不接受！他高興地接過望遠鏡後，又將金殼懷錶也收下，心裏想：這隻錶過些日子送給何璟，讓老頭子也歡喜歡喜，年終考績時在奏疏裏為自己說幾句好話。

次日，何如璋回拜。他的回禮也是兩樣，一對康熙年間景德鎮御窯廠燒製的高頸大肚青花瓷瓶，一座浙江青田八仙飄海石雕。每件都由四個工役抬着，加上翻譯，隨從、僕人在內，一行十多人，浩浩蕩蕩體面排場地來到領隊船伏爾他號。

孤拔高興地收下禮物，讚不絕口，又興致勃勃地陪同他在伏爾他號上上下下前前後後地參觀。伏爾他號堅固威武，艙房裏面佈置得富麗堂皇，電燈光明亮如晝，更有彩燈紅紅綠綠的，恍如仙境。比起船廠製造的伏波、安瀾來，伏爾他號簡直就是瑤池裏的畫舫，可望而不可即。大清國的福州船政大臣，不斷發出由衷的讚歎。

參觀完後，孤拔又設宴招待客人。精美的巴黎大菜，甘醇的馬賽葡萄酒，加上主人的殷勤相勸，直把何如璋弄得腦子醺醺的，心裏甜甜的。

從第二天起，八條輪船都在不停地灌注淡水，米歇爾也真的把在馬尾船廠的所有法國匠師都請到船上去喝酒敍鄉情。到了一個星期期滿了，翻譯陪着米歇爾再次來到船廠，說有兩條輪船出了毛病，擬請馬尾的法國匠師去修理，匠師修理期間的工錢，由他們支付，船廠可以停發他們的工資。

何如璋滿口答應，並大方地對米歇爾表示：匠師的工資仍由我們支發，你們要請哪個就請哪個好了。

米歇爾對何如璋的慷慨表示感謝。誰知這一修便修了五六天，至今仍停泊在馬尾港，何如璋再也沒有去過問。現在張佩綸來了，何如璋想起了這樁事，請他去看看，今後萬一出了甚麼事，責任便可以由他來承擔，與自己無關。

張佩綸也覺得不應該停這麼久，便同意去看看。來到船上，孤拔、米歇爾連連說抱歉，經全面檢查後，又發現了新的問題，有的零件還須重新在馬尾製造，故而耽擱了時間，說罷又拿出一萬法郎的支票來，說是按國際通例，法輪在馬尾停泊超過十天，應支付停泊費。何如璋、張佩綸都不知道有沒有這個國際通例，他們只知道中國百姓的漁船、政府的官船停泊在任何一個港口碼頭，都不需要支付停泊費。本來嘛，一隻船停在這裏，又沒有吃你的，拿你的，這個地方空着也是空着，客人認為沒有理由付款，主人也不好意思收款。中國是禮義之邦，既然自己人可以不收錢，又怎麼能收洋人的錢？有朋自遠方來，不亦樂乎！如果真的是朋友，不但不收停泊費，還有好飯好菜招待你呢，盡地主之誼嘛！但洋人的習性摸不透，何況在越南戰場上，中法兩國還處在敵對的關係，對這隊法國商船多少還得警惕。張佩綸這樣想過後對孤拔說：「停泊費我們不收，請你們在三天之內全部離開馬尾港。」

「行，行。」孤拔立即同意：「我們一定在三天之內離開。」米歇爾請他們吃了飯再走。何如璋巴不得主人發這個話，張佩綸也不好獨自一人先走，於是一起進了餐廳。美酒大菜讓兩位清朝大員吃得心滿意足，酒酣耳熱之際，孤拔提出，若三天沒有修好，請寬限再停幾天。早已醉醺醺的何如璋口不自主地打起中國官場的流行腔調：「好說，好說！」

張佩綸、何如璋從法國輪船上回到辦事處，便收到了何璟送來的朝廷關於基隆戰爭及沿海沿江加強戒備的密諭。

張佩綸說：「這隊法國輪船不知與攻打基隆的軍艦有沒有聯繫。」

「他們是商船。」何如璋滿有把握地說，「洋人經商做生意的人地位很高，他們並不受政府的控制，也沒有必要做政府的工具。」

「可他們畢竟是法國的船隻，現在兩國交兵，我們不能不防。」

「不是說好三天之內叫他們走嗎，走了就沒事了。」

不料，三天之後，他們並沒有走，何如璋也並不去催促。奇怪的是，這個清流幹將，在京師上奏摺時反覆提醒當政者要對洋人提高警惕，要採取有效防範措施，現在身為會辦福建海疆事務大臣，面臨着東海海面上的緊張局勢和八隻法國船隊，居然就輕易地相信「商船」的謊言，毫不加以提防，也沒有叫他們到期開走。就這樣，為國家也為他自己種下了損失慘重的禍根！

七月三日，是一個平常而平靜的日子，馬尾船廠三千號員工跟往常一樣，都在各自的崗位上勞作。空闊的馬尾港內停泊着十一艘中國兵艦，這些兵艦都是馬尾船廠自己造出來的，其中有幾艘曾在海面上為國防出過大力。比起西洋人造的兵艦來，它們自然遜色一等，但在中國以及東南亞諸國來說，這仍然是一支強有力的艦隊。每艘兵艦上都裝有火力較強的炮位：主炮位安裝在船頭上，船尾的炮位相對地要弱一些。巨大的鐵錨從船頭拋入江中，粗壯的鐵鏈將船頭繫在江邊的泊碇上，一隻承載量達數萬噸的大船，便靠這一錨一鏈固定在江中某個位置上。上午漲潮時，潮水從下游湧進，江水倒流，沒有繫絆的船尾隨着流水漂向上游，船頭指向下游。下午退潮時，船尾便順着水流漂向下游，船頭則指向上游。一天裏，每隻船都這樣上下漂動兩次，大家都習以為常。

今天也一樣，上午，海水漲潮了，滾滾東海之水從閩江口一波一波地湧進馬尾港，十一艘兵艦的船尾都隨着江水的倒流而漂向上游，裝有主炮位的船頭指向下游，而下游不遠處則停泊着在馬尾港內呆了近一個月的八艘法國「商輪」。

中午過後，海水退潮，船尾又慢慢漂下來，接近洋輪的部位由船頭換成了船尾。

就在這時，法國駐福州領事館派人向中國閩浙總督衙門送來一份緊急公文，翻譯打開公文套，不禁大吃一驚，忙將它遞給何璟，並聲氣急迫地說：「這是一份宣戰書。法國政府定於本日下午兩點向停泊在馬尾港內的中國兵艦宣戰。」

何璟聽了這話，眼色頓時變成灰白，全身虛汗直冒，嘴裏吐出的話語無倫次：「好好的，宣甚麼仗？洋人怎麼能這樣做……哪有這樣宣戰的道理……馬尾港停的不是商船嗎？」

這時，福州商會會長林旺發正在衙門，見了這份宣戰書也大出意外，對何璟說：「趕快告訴船廠。」

何璟疑惑地問：「他們是向船廠宣的戰，船廠難道沒有收到？」

林旺發掏出懷錶一看，驚道：「現在是一點三十八分，離宣戰時間不到半個鐘點了。不管他們有沒有收到，都要告訴他們這件事。」

「來不及了！」何璟已氣得手足失措。

「到電報局發電報呀！」

林旺發提醒了制台大人，巡捕奉命立即飛馬奔赴福州電報局。

馬尾電報局很快收到了這份緊急電報。當譯電生譯到「宣戰」二字時，兩手不自覺地發起抖來，正要將下面一句話翻譯出來時，「轟隆隆」，巨大的炮聲由江面傳過來，震得電報房的彩色玻璃「哐啷」作響，譯電生手中的筆也被震得摔到地上。

此刻，會辦福建海疆事務大臣張佩綸、船政大臣何如璋正在床上睡午覺，突然間被這震天動地的炮聲震醒，何如璋瞟了一眼架在桌上的那隻孤拔送的懷錶，長短針標明的時間是：一點五十六分。

一股混合強烈刺激味道的濃煙瀰漫在馬尾港，整個船廠，立即陷於驚駭恐怖之中。

「張大人，制台衙門來電，法國洋輪要向我宣戰。」

譯電生匆匆將電文全部譯完後，急急忙忙趕到張佩綸的住所，一邊遞過電報，一邊氣喘喘地說着電報的主要內容。

張佩綸拿起一件長袍子披在身上，顧不得正三品大員的尊嚴，赤着腳從床上跳到地下，接過電報紙，急速地掃了一眼後，便奔到窗口旁向江邊看去：往日平和秀美的馬尾港，此刻已淪為殺氣騰騰的水上戰場。

下午一點半鐘，奉孤拔之命，八艘法國輪船一齊掀掉罩在炮位上的帆布，露出船頭船尾所安裝的德國克虜伯炮廠最新出產的遠射程強火力的鋼炮。和平友好的商船偽裝剝去後，顯現的是兇惡猙獰的兵艦原形。所有艦上的人員都各就各位，就像獵鷹盯兔子樣的死死盯着前面一百多丈遠的中國兵艦，指揮艦的發號令台上站着的正是法國海軍中將孤拔，舉着一支單筒遠鏡，紋絲不動地瞄着前方，他旁邊站的是海軍中尉米歇爾。

隨着潮水的退下，前面的兵艦的艦尾正在慢慢漂下，眼看所有的艦尾都已漂下，孤拔掏出胸前口袋裏的懷錶，打開看了一眼，對着身旁的米歇爾下命令：

「各艦作好準備！」

「各艦作好準備！」，米歇爾將命令傳下去。

「開炮！」孤拔惡狠狠地吼着。

「開炮！」米歇爾的喊聲剛落，伏爾他號左邊的豺狼號已迫不及待打響了第一炮。接着維拉號、台斯當號、特隆方號等其他法國兵艦相繼發出炮彈。

中國兵艦上的人員，從艦長到水手都沒有預料到這一點，就在一片慌亂之中，最靠近法艦的琛波和永保兩艇已被炮彈打中，艦艇上到處都是火燄，正在可怕地慢慢往下沉。

張佩綸衝出門外，來到江邊，眼看着琛波、永保兩艦被烈燄包圍着，漸漸失去了平衡，一頭高一頭低，搖搖擺擺地在江面上掙扎，不覺跌足長歎，心中已失了方寸，只一個勁地大聲喊叫：「為何不打炮還擊！」緊跟在他身後一起跑到江邊的船廠協辦稟道：「主炮位在船頭，他們無法還擊！」

「該死！」張佩綸情急之中罵道，「這些蠢豬，還不快把船頭掉過來。」

「來不及了！」協辦繃起着臉答。難道就這樣讓他們活活的打！張佩綸痛苦萬分。眼看着自己的兵艦被擊中而不能還手，心中悔恨不已：悔不該上當受騙，悔不該前幾天沒有下死決心讓這些魔鬼離開馬尾！除了痛苦和悔恨，張佩綸拿不出一點實際辦法。他能做甚麼呢？他既不能跳到閩江裏去將中國兵艦的船頭都扭轉過來，將炮火猛烈地對着那一羣卑鄙無恥的騙子強盜，又不能飛到伏爾他號去，怒斥孤拔、米歇爾，叫他們停止這種罪惡的行為，以正義去壓倒邪惡，用良知去熄滅戰火。他一無實戰經驗，二不懂船炮戰術，此時，即使他能借用電報指揮江上的中國兵艦他又能指揮出個甚麼名堂來？

張佩綸想大罵一通引狼入室的何如璋，但何如璋連影子也看不到了，氣得他在岸上毫無目的地來回奔走，沒有走幾步，便已兩腿發軟，渾身顫抖，終於癱倒在江邊。江面上，馬尾港裏的中法兩國水戰越來越慘烈了。

孤拔為他們的突然襲擊獲得成功而大聲獰笑，他又下達了「連續發炮」的命令。一發發兇猛的炮彈呼嘯着向中國艦隊打去，有的打在船上，立刻引發出一片煙火，有的打在江上，則馬上激發幾丈高的水浪。

中國的水師官兵並不是懦弱的，他們經過幾秒鐘的思索後，便明白過來這是怎麼一回事。儘管事前無一絲毫準備，且眼下的處境極為不利，憑着軍人本能的血性和勇敢，他們在沒有統一的指揮下，艦自為戰，人自為戰，給予侵犯者——無恥的騙子以猛烈的回擊。

福勝、建順兩艦的艦頭上都各裝有兩座十八噸的大炮，他們一面急忙掉轉船頭，一面用船尾所安裝的十噸炮向敵艦開火，豺狼號只得集中火力對付這艘中國兵艦。

揚武號的船尾裝有兩座十二噸的炮位，在十一艘中國兵艦中，揚武號是船尾火力最強的一隻。眼看着船頭一時掉不過來，艦長決定充份發揮自己艦尾的优勢，認真對付這羣卑劣的洋鬼子。他看出伏爾他號是敵艦隊的指揮艦，便命令炮手瞄準着號令台射擊。兩發炮彈同時從揚武號艦尾射出。妙極了！第一炮便恰好打中伏爾他號的艦橋，橋上的五個法國兵頃刻之間便斃了命。第二發炮彈打中了發號台，發號台被打得稀巴爛，只可惜偏了點，那個罪惡的大頭子孤拔沒被擊中，他被震倒在地，爬起來後又哇哇直叫，命令打炮。揚武號的尾炮又接連發出幾發炮彈，雖壓住了敵艦的火力，但遺憾的是未打中伏爾他號的要害。這時，一艘在伏爾他號旁邊的魚雷艦偷偷地對着揚武號發出一枚魚雷，魚雷箭一般地在水中向揚武號飛去，打在右舷下。

轟的一聲，揚武號爆炸。開戰後的二十七秒，立了大功的揚武號悲壯地沉沒了。

這時，福星、濟安、飛雲等兵艦都中了敵炮。就在隨時都有滅頂之災的時候，各艦上的炮手仍在用尾炮回擊敵艦的挑戰，維護着中華民族的尊嚴。

振威號是一艘剛出廠的新艦，它的炮位上裝的也是德國克虜伯廠新出的鋼炮。現在它的船尾後面跟着的是法國的維拉號和台斯當號兩艘兵艦，他們正利用船頭主炮位的優勢，全力猛撲振威號。振威號毫不畏懼，一邊用尾炮英勇還擊，一邊全速掉頭，在掉頭的過程中，恰遇法國的特隆方號向它側面駛來。振威號狠狠地射出一炮，擊中特隆方船頭側面，一股濃煙立時將特隆方號的船頭罩住。

特隆方號沒料到振武號的炮火威力這樣大，氣急敗壞地也向振武號發來一排炮彈，有兩發打在振武號的船弦上，立刻穿成兩個大洞。江水從洞口急湧而入，振武號還在繼續掉轉船頭。好了，主炮位正好面對跟蹤的維特拉號和台斯當號。振武號將一肚子仇恨發出去，一排炮彈連珠般射出，兩艘敵艦都被打中了，維拉號在江面搖搖晃晃，似要沉水。這時，伏爾他號身邊的魚雷艦從煙火中衝進，瘋狂地向振武號發射一顆魚雷，擊中了它的船頭。就在振武號即將沉水，炮位就要沉沒的那一瞬間，振武號用盡全身力氣，將最後一顆克虜伯炮彈射出。它迅速直前，將法艦台斯當號的旋轉輪打得粉碎，輪機手及其身邊的揮旗人被擊斃，身後的艦長右臂離開身體不知去向。就在這個勝利的炮聲中，振武號帶着對船廠、對閩江、對父老鄉親的深深眷戀，永不屈服地沉入江底。

這就是中國近代史上著名的馬尾之役。從打第一炮開始，到振武號的沉沒，前後不過半個鐘頭，中國十一艘兵艦全部被擊中，傷亡將士七百餘人，經營了三十多年的福建水師全軍覆沒；而法國八艘軍艦無一沉沒，只有兩艘遭到重創，死傷不過三十來人。

大清帝國在世界面前再一次暴露出它的衰敗無能，懦弱可欺！

當看到振武號悲壯沉江的那一刻，癱倒在岸邊的張佩綸眼前一黑，暈了過去。

「轟隆隆，轟隆隆」，猛烈的炮聲將張佩綸驚醒，他看到身邊不遠處車間騰起了煙火。

「不好了，法國人的炮打到岸上了！」一肚子造船技術卻憚於兵戈的船廠協辦，嚇得臉色慘白，他本能地意識到，必須離開這裏，否則將性命不保。

「張大人，我們快走！」協辦扶起張佩綸，張佩綸的兩腿仍然無力。

「快過來扶着張大人往後山走！」

協辦招來幾個工役，大家架起張佩綸，扶着協辦，轉身向後。

張佩綸覺得自己此時離開船廠，正好比守城的官員棄城而逃。臨陣棄逃，論律當有死罪！張佩綸心裏一震，不由地停住腳步。船廠的第一號主管官員，自然是船政大臣何如璋。「何大人呢？何大人在哪裏？」他茫然地問身邊的工役。「何大人早已轉到後山去了。」一個工役答道。何如璋早已走了，這話使張佩綸驚慮的心略為安定下來。論職守，自己是整個福建海疆的會辦大臣，不只管一個馬尾船廠，馬尾的守土之責在何如璋身上。他都先走了，我還等甚麼！

「轟隆隆，轟隆隆」，又是一陣炮轟聲，江面上得勝的法國艦隊掉轉炮位向岸上打來，他們在發洩征服者的淫威，試圖徹底摧毀這個中國最大的造船基地，炸死手無寸鐵的三千員工！可憐的馬尾船廠四處受炸，房屋倒坍，數十名員工倒在血泊之中，更多的人在抱頭鼠竄，向樹木茂集的後山奔去。

一發炮彈就在張佩綸等人的身邊炸開，塵土飛揚，剛才還是一塊平整的地面上，立時出現了一個足可埋下四五個人的墳坑。

從小在錦衣玉食的官衙裏長大的張佩綸，從來沒有見過這種驚心動魄、生死繫於瞬間的戰爭場面。此時，他早已方寸大亂，六神無主，只有求生的本能在強烈地驅使他挪動腳步，一步一步地向後山密林裏逃去。這一逃，鑄成了張佩綸終生不能洗刷的恥辱。他那令人目眩的光彩形象，因此而黯然失色，轟然圮塌。

2 馬尾一仗，毀了兩個清流名臣的半世英名

馬尾之役的慘敗，震驚全國，朝野均為之悲沮，更為舉國同憤不能寬恕的是駐在船廠的兩位大員的行為。福建海疆事務會辦張佩綸和船政大臣何如璋，竟然貪生怕死，臨陣脫逃，致使繼三號的江上全軍覆沒後，四號、五號在法艦的炮擊下，船廠因無人主持秩序大亂而損失慘重。

慈禧太后甚是惱怒，立即將張佩綸、何如璋罷官削職；過兩天，又將張佩綸薦舉徐延旭、唐炯的事加上一個「濫保匪人」的罪名，新賬老賬一起算，發往邊塞流放充軍。接着又將閩浙總督何璟、福建巡撫張兆棟一併解職，勒令致仕回籍，詔命東閣大學士、軍機大臣七十三歲的左宗棠赴福州督辦軍務，欲藉他的聲威鎮撫東南，懾服法人。調楊昌濬為閩浙總督。同時下詔宣討法國罪狀，公開向法國開戰。

聖旨下到福州的時候，張佩綸尚躲在馬尾港三八里外的彭田鄉。

張佩綸在彭田鄉已經十一天了，這十一天裏，他一直在極度的痛苦中度過。出事的那天下午，他被船廠協辦和一羣工役攙扶着來到鼓山腳下，想在一家農舍裏安頓下來，誰知那農夫聽說他們是船廠逃奔出來的，便不讓他們進屋。工役特別說：「這位是福建海疆會辦張大人。」那農夫冷冷地看了看張佩綸，不屑地說：「張大人我們也不接待！馬尾港打了敗仗，帶兵的大人應堅守陣地，士兵們死在沙場，

你做大人的卻逃跑，有良心嗎？」

說罷「砰」的一聲把大門關了。

張佩綸受了這番指謫，滿臉羞慚，只得繼續向前走。又走了十多里，來到彭田鄉。吸取鼓山的教訓，他們不再找普通農舍而是去找鄉長。彭田鄉的鄉長是一名老紳士，聽了介紹後，對着衣衫不整的張佩綸十分鄙夷地說：「你就是那個號稱清流健將的張幼樵嗎？哼，你也有今天！想當年我的堂弟只因一個小小的過錯，你就上章糾彈他，工部為他求情，你硬是不罷休，一連三疏，終於害得他連降兩級。老夫還以為你是一個正派的人，原來你才是一個真正不負責任、不要人格的大奸佞。你滾吧，老夫家裏不能容忍你這個口是心非的清流！」

這一頓奚落，真的把張佩綸的臉面掃盡，恨不得去掘地以藏。

本來想離開彭田鄉，遠遠地走去，只是經這兩番辱罵，張佩綸心更虛，體更弱，實在不能再走了，幸而附近有一所尼姑庵，庵裏只有一老一小兩個尼姑，都是膽小的女人，看來了一大羣身著官服的男人，不敢阻擋，船廠的逃命者再也不敢打起張大人的牌子了，胡亂在尼姑庵裏住了下來。

第二天、第三天，張佩綸接連打發人去船廠探聽消息，晚上回來時都說，這兩天法國天天向船廠打炮，車間多半被炸毀，何大人沒有下落，其他管事的一個也找不到。

第四天晚上，派出的工役回來說：法國軍艦開走了，炮不打了，但船廠的人恨死了兩位大人，何大人藉押送銀両回福州離開了船廠。工役對張佩綸說，不要回船廠了，回去後會被人打死，不如乾脆在這裏呆着，過幾天再回福州去。

張佩綸聽到這些話以後，心裏有說不出的恐懼和悔恨。他知道自己的罪過太大了。法國的軍艦在馬尾二十多天，居然就輕信謊言沒有看出它的真正意圖，怎麼糊塗至此！

炮火一響，自己就驚惶失措，拿不出一點辦法，平日裏那麼多主意都到哪裏去了，難道說對軍事的籌劃只能由安靜的書齋裏產生，一到真刀實槍的戰場，就一點謀略都出不來了？尤其千不該萬不該的是，不該離開船廠，那天怎麼就這樣懵懂，這樣混賬！

張佩綸想到錐心的時候，捶胸打背，嚎啕痛哭！他想起僅僅只在三個月前，自己還是一位令人敬仰畏懼的堂堂都察院左副都御史，十多年裏，劾大員，糾顯宦，談洋務，議兵事，直贏得海內盛譽，天下聞名。說起張佩綸，誰人不稱讚是一個氣貫長虹、節如勁竹的清流名士？他的那些擲地有聲的奏疏，多年前便有琉璃廠的書商找上門，請求他們選擇其中一部分雕版付梓，刷印幾千份，好使那些敬仰他的人天天誦讀，張佩綸答應過兩年再說。倘若不是做這個背時的福建軍務會辦，來到這個倒楣的馬尾船廠，要不了多久，他就可以由副都御史而升都御史，由都御史而拜大學士，他的那些煌煌奏議，便會被千百萬士人奉為經典，惠及今時，澤被後世。

可是現在，一切都改變了，一切都破滅了。張佩綸想，他一定會遭到嚴懲，因為結怨太廣，仇家太多，那些人必定會羅織罪名，周納深文，甚至有可能被判處殺頭抄家。至於那些金聲玉振般的奏疏，更會成為一堆廢紙，再也沒有人去理睬了。「張佩綸」三個字，從此以後將會成為「只會為文，不會辦事」「口頭上的英豪，骨子裏的懦夫」等等的代名詞，千秋萬代成為士大夫的反面教材。

張佩綸這樣想來想去後，萬念俱灰，身如槁木，連起床的力氣都沒有了，一天到晚僵臥冷床，氣如游絲，奄奄待斃。

聖旨到了福州後，會辦衙門的官員們四處查訪，終於在彭田鄉的尼姑庵裏找到張佩綸。聽完聖旨，他暗自慶幸沒有殺頭，一絲生機又從體內恢復。他無理由也無臉面作任何申訴，叩頭謝恩完畢，稍過幾天便穿起囚服踏上戍途！一路上他時刻擔心，生怕再有後命。果然不出他所料，不少人上摺痛斥他，更有許多清流黨的怨敵，此時都要將他從戍途上召回，交刑部議決，處以立決。慈禧權衡了一下，沒有召他回京，只是將戍邊的年限由五年增至八年。

張佩綸剛披上囚衣，陳寶琛又中箭落下馬來。本來，馬尾之戰爆發前，因擅許賠償法人五十萬軍費一事，慈禧早已對陳寶琛不滿，戰火燒起來之後，陳寶琛又奉曾國荃之命巡視長江入海口及沿海防務要塞，督促加強戰備，防禦法國兵船從長江口打入。

陳寶琛在巡視過程中，親眼看到海防要塞軍紀渙散，防守鬆懈，將士們對從西洋進口的槍炮火藥的使用，懵然不知。軍中賭博之風盛行，有的通宵不眠，一夜之間的勝負達數百兩之多。營官尅扣軍餉幾成通例。更為嚴重的是，前線最高將官陳湜萎靡貪侈，險詐驕縱，不僅品性惡劣，而且才能平庸，當此非常之時，恐壞國家大事。陳寶琛回到江寧之後，把這些情況如實告訴曾國荃，豈料曾國荃不但不支持陳寶琛，反而指責他不該隨便批評前線將士，擾亂軍心。

原來，陳湜乃曾國荃的同鄉姻親，又是百戰沙場過來的生死之交。曾做山西巡撫時，陳為山西按察使。曾做江督時，又奏調陳為水陸馬步統領。陳的貪驕，曾不是不知，但陳是他的心腹，他有意維護。陳寶琛不知深淺，口無遮攔，曾如何不惱！

但陳寶琛依然秉他在京時的清流亢直之氣，認為不向朝廷如實反映，則有負太后的重託。聯繫到曾國荃平日的倚老賣老荒廢公事，陳寶琛憂心忡忡，於是給慈禧上了一道辭氣激烈的奏疏，在稟報江南海防的實情後筆鋒直指陳湜：「直視兵戎為兒戲，等紀律於弁髦。其才智足以濟其奸，貪權適以成其驕。在曾國荃不過任用姻私，失知人之明，在國家則直豢養無賴，釀玩兵之禍。臣若謬託和衷，坐觀成敗，於曾國荃則為姑息，於皇太后、皇上則為不忠。」

既以點到曾國荃，陳寶琛乾脆一吐痛快：「曾國荃自奉命督防以來，初尚踴躍，一入直境，日就頹廢，老病日增，志氣日挫。見賓客則臥榻而呻，談戎機則涕流而道，觀其愁苦龍鍾之態，幾若旦晚就木之人。若以為真耶，孱暮衰氣豈可臨戎；若以為偽耶，挾詐畏難豈非負國？」

陳寶琛這一道密摺進京不久，便有平時用重金收買的宮廷耳目密報曾國荃。曾國荃、陳湜知道後，怒火萬丈。這些白刀子進紅刀子出的人對背後搗鬼的秀才恨之入骨，報復起來決不手軟。

曾國荃一面指使人上奏朝廷，無端給陳寶琛加上一個收受法國人五萬兩銀子的賄賂罪名，又無中生有地說陳寶琛在江南期間狎娼嫖妓，行為不軌，有傷風化。還有人上奏揭老底：保舉徐延旭、唐炯是張佩綸與陳寶琛的合謀；張既是濫保匪人，陳不應逃脫責任。

江寧城裏，曾國荃從此不理睬陳寶琛。所有會辦南洋事務大臣應該參與的事情，曾國荃一律不讓他參與，將陳寶琛晾在一旁，無事可做。陳湜更指使一些兵痞子在陳寶琛的住宅四周尋事生非，無理挑釁，弄得陳寶琛形影孤單，悽悽惶惶，日不能食，夜不安寢，處境尷尬，心緒煩亂，如坐針氈，如處火爐，狼狽至極！

這時，陳寶琛才悔不該來到江寧做曾老九的會辦，才知道清流只能存於京師，離開京師那個圈子，則孤立無援，寸步難行；也終於明白，世事的複雜，實事的難辦，遠非書齋裏可以想得到的，至於忠誠正直、廉潔律己，這些書生們所推崇的品德，也只是在文章裏才有光彩，而在現實世界中，它們並沒有多高的地位，更沒有絲毫的力量可言！

陳寶琛的迂腐，終於為自己招來苦果。慈禧採取對張佩綸同樣的手法，新賬老賬一起算，一道上諭，將陳寶琛連貶五級！

陳寶琛身心交瘁，心灰意懶，他也不想回京師去做一個低微的小京官，便藉母老為由，回籍侍親。朝廷很快批下來，成全了他的「孝心」。

陳寶琛離江寧那天，江寧各大衙門無一人相送，倒是一羣丘八在碼頭上焚紙燃炮，意謂送瘟神，弄得陳寶琛又憤又羞，欲哭無淚，如漏網之魚般匆忙開船。

誰知陳寶琛這次回籍，一住便是二十四年，直到光緒、慈禧相繼過世、宣統登基之後才回到京師，那已是白髮皤然，垂垂老者了。可憐一個正派清流名士，直到臨死還不知道他這一生究竟栽倒在何人的手裏！

而就在他黯然離寧的時候，恭王府裏的鑒國主人在私心慶賀，醇王府的高參孫毓汶在暗自得意，李鴻章也有出了一口氣似的舒坦。至於那些遭張佩綸、陳寶琛糾彈的人則更是彈冠相慶，喜形於色。更有許多對清流抱有仇恨、討厭、嫉妒、輕視種種複雜心態的人，此時都把目光盯在這幾年甚得聖眷、官運極好的清流中的幸運兒張之洞的身上，且看他究竟有幾分能耐！

馬尾之役的戰況很快便傳到廣州，接着，嚴懲福建大員及對法宣戰等聖諭都下達到各省，張之洞這些日子來心情甚是沉重。他既為戰事失利而憂憤，更為老友的不幸而痛苦。他實在不明白，一向精明氣壯的張佩綸，何以在戰場上如此窩囊無用，再不濟，也不能臨陣脱逃，這不是有無指揮才能和臨陣經驗的事，這是關乎於責任操守的大是大非！

張佩綸多年來在張之洞腦中的高大形像開始低矮褪色，兩廣總督的心裏不由得對老朋友生發出幾分鄙薄來。

朝廷已向法國宣戰，兩廣毫無疑問成了備戰的重點，廣東又是重中之重，廣東軍事上的要務首在增強武器裝備。張之洞請張樹聲通過李鴻章的關係，為廣東再購買二十尊德國克虜伯鋼炮，又請彭玉麟派人去香港向英國軍火商買一批槍支彈藥。

就在這時，桑治平、王之春從越南回到了廣州。

在衙門簽押房裏，桑、王將此次去越南實地考察一個多月的情況向張之洞作了詳細報告。

目前中國在越南的兵力有四支，即駐紮在諒山的由廣西巡撫潘鼎新統領的桂軍約三千人，駐紮在鎮南關的由提督銜總兵楊玉科統領的滇軍約一千五百人，駐紮在文米的由原布政使王德榜統領的湘軍約一千二百人，以及駐紮在宣光一帶的由劉永福統領的黑旗軍約四千人。四支人馬合起來雖近萬人，但各自獨立，沒有形成一股統一的力量。名義上潘鼎新負有總指揮權，但楊、王、劉均不服他。潘鼎新的桂軍其實多為安徽子弟，是新淮軍，軍紀差，力量弱，潘本人遵循其老主子李鴻章的旨意，重在和而不在戰。桑、王都認為潘不能擔負越南戰場上的主帥重擔。

張之洞凝神聽着這來自前方的實實在在的消息，心裏琢磨着，潘鼎新任不了主帥，誰又來做頭領呢？

桑治平、王之春興奮地告訴張之洞，他們這次在宣光山林裏遇到了一個奇人唐景崧。

唐景崧這個人，張之洞數月前已風聞其名。他原本是吏部的主事。越南出事後，他主動請纓入越，要為朝廷招撫黑旗軍。唐景崧的這個行動，對於京師官場而言乃是一個驚人之舉。隨着太平軍、捻軍之亂的次第平息，十餘年來，京師又恢復過去的文恬武嬉歌舞升平的時代。京中各部曹的官員習慣於按部就班，因循守舊，巴望的是公務少，拿錢多，遷升快。漕運早已恢復，海運也已暢通，南方的稻米瓜果絲綢茶葉源源不斷地運進京城。人在北京，可以坐享各地的美味。大部分京官不願外放，倘若硬要外放，最好是兩司巡撫，若放的是道府一級，則非江浙蘇杭不可，若分到雲南、陝甘，即便是連升兩三級，也都視為畏途，千方百計找門子拉關係，以求改調或乾脆免去。大家都如此習以為常的時候，突然冒出了一個唐景崧，居然要離開京師安樂窩，到萬里絕域去招撫嘯聚山林的劉永福。不要說越南乃蠻荒小國，眼下又正處在兵凶戰危之時，單說招撫劉永福便風險極大，倘若事機不成，豈不貽笑天下？京師中那些老成穩重、聰明圓熟的大小官僚對唐景崧此舉大不以為然。但也有人深為讚賞，認為這才是英雄豪傑的作為，正所謂「萬里覓封侯」。不歷艱險，不行萬里，如何成得了大功業？李鴻章、曾國荃等人讚賞，張之洞也讚賞。他笑着對桑、王說：「唐景崧是今天的張騫、班超！」

桑治平告訴張之洞，唐景崧為劉永福籌劃了上、中、下三策。上策是乘越南內憂外患之際，揭竿起義，取代陵福而做越南王。下策為據守宣光一帶，坐待法人得勢而被驅逐。中策是與潘、王、楊等人合作打敗法人而保持在越南的地位。

張之洞說：「劉永福接受了哪一策？」

王之春說：「中策。」

張之洞點點頭後又問：「你們見到了劉永福嗎？」

「見到了，並與他相處了三四天。」王之春說。

關於劉永福，張之洞只知道他早年參加過天地會，與朝廷對抗過，失敗後率部逃到越南，因為打贏過法國人，早兩年被越南封為宣光副提督，其他方面所知甚少。

「劉永福這個人怎麼樣，可用不可用？」

桑治平說：「這個人雖識不了幾個字，但頭腦明白，一直沒有忘記自己是中國人，他手下的黑旗軍也還可以打仗。在他所接受的唐景崧的中策基礎上，我們勸他打敗法國人，藉立功之機回國，結束異國他鄉的流浪歲月。他同意了，但提出三個要求。」

張之洞忙問：「他有些甚麼要求？」

桑治平說：「第一，他希望回國後，能給一個相應的官職，他的部屬能至少保留一半人。」

張之洞說：「立功受賞這是正理。保留一半舊部，也可商量。此事將來由我奏請朝廷。」

「劉永福認為潘、王、楊部均不可指望，故他希望能讓唐景崧回廣西招募一支二千人的子弟兵，由朝廷發餉。」

「這個也好辦！」張之洞爽快地答應了。

「第三，劉永福希望能由馮子材來指揮在越南的中國軍隊，請總督敦勸馮子材出山入越。」

張之洞頗為吃驚地說：「劉永福信得過馮子材！」

王之春說：「劉永福講，若由潘鼎新做主帥，必不能服眾，若馮子材出山，打敗法國人或有希望！」

聽了桑治平、王之春的稟報，對越南的戰事，張之洞的心裏踏實多了。

為鄭重其事，張之洞專門從虎門、黃埔前線請回彭玉麟、婁雲慶、吳宏洛，又召集包括粵軍提督、總兵在內的廣東省的高級文武官員，一起商討越南戰場上的局勢及應對策略，會議開了整整三天。會後，張之洞又和桑治平私下計議了兩個晚上，最後對越南局勢形成一個較為完備的認識。張之洞和桑治平都認為，軍事實力上，中國跟法國比，若比水上之仗，是絕對不如，若比陸地之仗，除武器不如外，其他方面多有勝過之處：如兵力上可以超過法國，對地理的適應上要強過法國，供應給需上也比法國有優勢。在越南北圻要打贏法國不是不可能的。擴充軍隊很有必要。張之洞決定召唐景崧回國，由他在廣西招募四營一千五百子弟兵，並發給他二萬銀子的軍餉。但目前在越南缺的是一個能服眾望的軍事統帥，故請馮子材出山是最重要的事情。考慮到各方面的原因，張之洞接受桑治平、王之春的建議，親自到欽州去敦請馮老將軍。

二十年前，張之洞做客胡林翼武昌署中時，便聽胡說起過馮子材。那時他以總兵身份駐軍鎮江、丹陽一帶。胡林翼和湘軍將領們都看不起綠營，獨對馮子材表示佩服。馮子材的過人之處，除馮本人武功超眾用兵有方外，還表現在他的廉潔上。當時湘軍為籌軍餉而建釐金制，無論水陸，遇關設卡，凡經商做買辦的，值百抽十。綠營本有固定軍餉，不能抽釐，但許多綠營將領見此有大利可圖，便擅自設卡抽稅，與湘軍爭利，湘軍對此也無可奈何。馮子材的軍隊所在地鎮江、丹陽本是富庶之區，部屬也有勸馮子材學別的綠營樣，但馮子材卻不為所動。所部駐紮鎮江一帶六年，軍紀也較好，沒有發生與地方爭鬥之事。曾國藩賞識馮子材，經他力薦，馮子材得以升廣西提督，並獲黃馬褂之賞。同治九年，出駐鎮南關，平定越南北圻匪盜。光緒元年任貴州提督。三年前，因年高而致仕，家居欽州原籍。

欽州屬廉州府，向正西方向走二百餘里是劉永福的老家上思，往西南方向走二百餘里，則到了越南的邊界。從廣州去欽州，以走水路為宜。

張之洞請桑治平再麻煩一次陪他走一趟，桑治平對馮子材心儀已久，欣然同意。這種出訪，通常都是大根陪護，但這些天，他正害着病，於是就由前向才從山西來投奔的張彪頂替。

張彪是山西榆次人，二十剛出頭，因拳腳工夫好，當年在太原府時與大根要好，又因為都姓張，便結為拜把兄弟。大根沒有親兄弟，便將張彪視同手足。衙門裏有大根忙不過來的事，大根便請張彪幫忙，幾件事辦得好，得到了張之洞的讚賞，便正式招進衙門做了馬弁。張之洞來廣州，本來張彪要跟着來，恰逢母親病逝，便回榆次辦喪事去了。在家裏住滿一百天後，他千里迢迢一人趕來了廣州。

小海輪沿着近海區走了三天，這天傍晚由龍門海駛近淡水灣，然後再從欽江入海口溯流而上，不到八里便是古老的欽州城了。剛踏上碼頭，便見欽州縣令劉勉勤帶領一班人馬迎上來，一個粗壯的漢子舉着一把碩大的淡黃色萬民傘走在最前面。張之洞見到這把萬民傘，眉頭馬上皺了起來，命令立即收起。劉縣令笑容可掬地對張之洞說：「打萬民傘迎接貴客，是欽州縣由來已久的風俗，請大人賞臉接受吧！」

張之洞板着面孔說：「甚麼樣的貴客可以享受這種禮節？」

劉縣令答：「知府以上的文官，參將以上的武官，發了大財的商賈，這些人都可以享用萬民傘迎接的禮節。還有兩種人，一是新科進士回籍，二是年過八旬四代同堂家風清白的百姓，祝壽時也可以動用一次萬民傘。」

聽到這裏，張之洞的臉色開始緩和下來，對着劉縣令和其他前來迎接的人說：「在別的地方，萬民傘是用來送那些為百姓做了好事的清官離任的，想不到貴縣的風俗當作迎接客人用。我向貴縣提個建議，今後官員，無論文官還是武官，以及發財的商賈來欽州，一概免去這個禮節。官府的開支乃民脂民膏，百姓一絲一粟都來之不易，能省則省，切不可鋪張講排場。至於商人，為富不仁者多，不能再以萬民傘來助長其氣燄。但貴縣對新科進士回籍，和四代同堂家風清白的八十老者祝壽動用萬民傘，卻是很好的舉措，可以起着激勵士人發奮讀書，敦勸百姓尊老齊家的好作用，今後應當保持。本督還希望兩廣各縣都向貴縣學習，凡對厚風俗、利教化的良行善舉，縣衙門都應當予以表彰推行。」

劉縣令和所有前來迎接的人員，齊聲稱讚制台大人的這個好建議。張之洞高聲說：「今天，就從我開始，收起萬民傘，我們一路步行進驛館。」

想不到張之洞如此體恤民情，大家不約而同地歡呼起來，簇擁着他一同進城，引得許多百姓圍觀，都在悄悄議論：兩廣還從未見過這樣平易的大官！

吃晚飯時，劉縣令對張之洞說：「宋知府昨夜派急足通知卑職，說大人到欽州的目的是看望馮老將軍。馮老將軍住在荔枝灣，我這就派人到荔枝灣去告訴他，叫他明天上午到城裏來，如何？」

原來是昨天廉州府通知欽州縣的，怪不得劉縣令事先就在碼頭上等候，張之洞的本意是並不想這麼麻煩縣衙門的。他說：「不要麻煩馮老將軍了，我們到荔枝灣去看他。」

劉縣令說：「荔枝灣離城有二十多里，路不好走，還是叫他來吧。」

張之洞放下筷子，沉下臉說：「我是專程來看望馮老將軍的，幾百里的路都走了，還在乎這二十多里嗎？馮老將軍快七十歲了，叫他進城，我們舒舒服服地坐着，於心也不安呀！再說，我還要藉這個機會查看查看貴縣的風氣和田裏的農活哩！你明天和我一道去，我們都不穿官服，也不騎馬坐轎，馮府不要事先通知，沿途百姓也不要驚動。你能走嗎？」

劉縣令雖不到四十，卻因長期養尊處優，早已發福，肚子大得像懷胎七八個月的孕婦一樣，平時連一兩里路都不願走，來欽州做了近三年的縣令，足跡不出城外五六里。現在要他走二十多里的路，他如何吃得消？但在這個年近半百的總督面前，他敢露出半點為難嗎？忙連聲答：「能走能走，卑職也常常到四鄉去視察民情的，天氣熱，明天我們早點吃飯，早點動身。」

「好，明天我們五點半鐘吃飯，六點鐘動身，沿途也不打尖了，中午之前趕到荔枝灣。」

張之洞也不同縣令商量，就這樣做了決定。

3 海隅荒村，張之洞恭請馮子材出山

次日清早，張之洞、桑治平、劉縣令連同張彪及縣衙門裏的兩個僕人，一共六個人，組成一個不大不小的行列，向荔枝灣走去。

早上天氣涼爽，帶露水的晨風吹到臉上濕潤清涼，望着四周的青山綠水，碧葉黃穗，張之洞心裏很是舒坦，不斷地向劉縣令問欽州的民情民風。劉縣令昨夜作了充份準備，要在總督面前表露出好形象，故走了十來里路狀態還算好。眼下正當七月下旬，倘若在山西，氣候明顯地是秋涼了。但廣東地氣炎熱，雨水充沛，依然是盛夏的光景。過了九點，太陽便曬得使人難受了。張之洞也漸有勞累之感，看身旁的田疇，比起城郊來又差得太多，顯得有點貧瘠荒涼，他的心情受到影響，更覺勞累不堪。回頭看了看一旁的劉縣令，也開始汗流滿面，喘着粗氣，步履蹣跚了。他拍了拍劉縣令的肩膀笑着說：「老弟，歇會兒吧，你是太胖了，負擔重，走遠路，瘦人要爭光。」

一聲「老弟」，把劉縣令的眼睛說得大大的。他壓根兒沒想到，這位制台大人竟然這樣隨和平易！他略帶幾分慚愧之色苦笑道：「不瞞大人說，卑職的確是累了。但大人不說辛苦，卑職何敢言累，卑職不善走路，都是這身蠢肉害的，今後要下決心餓瘦它！」

張之洞哈哈笑道：「老弟是福氣好，我是想胖也胖不起來，幾十年都這樣了，吃甚麼都不長肉！」眾人都跟着總督開心地笑起來，歇了一會兒後，劉縣令強忍着全身散架似的痛苦，跟着張之洞和眾人一步步地向前走着。終於，僕人告訴他，荔枝灣到了，他忙把這個喜訊告訴張之洞。

張之洞放眼看眼前的荔枝灣，左右兩邊都是連綿的小山，正前方一片汪洋。在陽光照耀下，碧波蕩漾，白鷗起伏，顯然那是南海。近處分佈着大大小小的水田，田裏隨處可見一塊塊突兀而起的黑色大石頭。稻葉青中顯黃，穀穗大多下垂了，但禾苗稀疏，穀穗也不長，看來不像是豐收的景象。左側有一道小山谷，隱隱約約可見山谷裏有房屋村落。欽州縣衙門的一個僕役對眾人說：「馮老將軍就住在那道山谷裏。」

「那我們就到那邊去吧！」

張之洞說罷，先邁開步，大家都跟了上來。

田裏有幾個漢子在勞作，抬起頭來，以頗為驚異的眼光看着這一行陌生的客人。

快要到小山谷的口子邊，只見附近的一塊小田裏，有一個人正牽着一條大水牛走上田塍。那人頭戴一頂斗笠，身穿一件白布無袖短褂，一條過膝蓋的半長黑布褲，赤腳上流着泥水，個子矮小，從背影上看，像是一個十五六歲未成年的男孩。

僕役走上前去指着山谷問：「馮府在這裏嗎？」

那人轉過身來，摘下斗笠，大家這才發現原來不是小孩，而是一個老頭子。這老頭子滿頭白髮，卻沒有留鬍鬚。他一邊用手理着頭髮，一邊問：「你們去馮府做甚麼？」

老頭子說着扯了扯繩索，大水牛跟在後面邁開笨重的四蹄。

「我們去馮府找馮老將軍？」

老頭子牽着水牛慢慢地走在前面，又問：「找馮老將軍有甚麼事嗎？」

僕役頓時神氣起來，帶着幾分自豪地口氣說：「制台張大人從廣州來到欽州，督署的桑老爺和我們縣令劉老爺陪着他老人家一起來見馮老將軍。」

「制台張大人？」老頭子突然停住腳步，盯住僕役的臉問，「你是說他和劉太爺一起來看馮老將軍。」

「是呀！」僕役挺了挺胸脯。

老頭子的目光迅速打量了眾人一眼問：「他在哪裏？」

張之洞從這一道目光中看出一種迥異常人的神采，驀然間一道靈感閃過：莫非此人就是馮子材？他忙跨前一步，走到老頭子的身邊：「老人家，我就是張之洞，特地從廣州來荔枝灣拜訪馮老將軍。」

老頭子沒有吱聲，將張之洞從頭看到腳，與此同時，張之洞也將眼前的小老頭認真地看了看：頭臉不大，面色黑裏透紅，極少皺紋，兩道眉毛不太濃密，眉梢處長着幾根特別明顯的長壽眉，身軀短小卻勻稱協調，年近古稀卻精力彌滿。

「啊，你就是張大帥，真正是遠來的稀客貴客。」老頭子臉上露出燦爛的笑容來。「老朽就是馮子材，張大帥這麼遠來荔枝灣，老朽不敢當，不敢當。」

「你就是馮老將軍！」張之洞激動萬分，下意識地伸出手來，要來拿馮子材手中的繩索。「我來替你牽牛。」

「使不得，使不得！」馮子材急得忙將手中的繩索握得緊緊的。

劉縣令見狀，趕緊走上去說：「我就是欽州縣令劉勉勤，本縣來給馮老將軍牽牛吧！」

「也使不得，也使不得。」馮子材的手向一邊躲着，正在這時，從小山谷口邊快步走出一個三十來歲穿戴整齊的漢子來。

馮子材高興地說：「我的老二相華來了，讓他來牽吧。」

說話間，馮相華來到父親跟前。馮子材指着張之洞和劉勉勤說：「快來參拜二位大人老爺。」又對兒子說：「你先牽着牛快點回家，好好準備一下，我就來。」

馮相華向張、劉各鞠了一躬，張之洞見馮相華精壯麻利，心裏想：果然虎父無犬子。

馮子材將手中的繩索交給兒子。

張之洞真誠地對馮子材說：「老將軍為國家立過許多大功勞，而今年事已高，應該在家享享清福，何苦還要親自牽牛扶犁，做這等艱苦力田之事。」

馮子材爽朗地笑了兩聲說：「兒孫和鄉親們也都對我這樣說，按理應該這樣，家裏既不缺勞力，也不缺錢用，還要我這老頭子下田做甚麼？不瞞大帥，我是一世勞動慣了，早年下的是力氣活，軍中二三十年，不是打仗，就是操練，沒有一天休閒過，養成習慣了，非動不可。一天不動，這渾身筋骨就酸脹。我下田，說是做農活，其實是活動筋骨，圖個自己舒暢。」說罷又哈哈大笑，大家也都開心地與馮子材一起笑。桑治平想起那年去解州拜訪閻敬銘，一樣地做過大事業，一樣地處過高位，一樣地離開權位要退下隱居，打發日子的方式卻迥然不同。他對眼前這個開朗爽快的小老頭立即生發親近之感來。

「大帥，你從廣州到荔枝灣這個偏遠的海邊來看我，叫我如何擔當得起！」

馮子材的話，不是表面上的客套，而是發自內心的感慨。

六十八年前，馮子材出生在這裏一個半農半漁的家庭。家裏苦，他從小沒有讀過一天書，但天生聰明機靈，學甚麼會甚麼，而且比別人都幹得好。他種田，是一個好莊稼漢，打魚，是一個能幹的漁民。二十多歲時投軍，做了一名綠營士兵。憑着勇敢和機智，他一步一步地從最低級的武官升了上來，職位迫使他不能不識字。識字讀書之後，他才明白，原來書裏有許多智慧，那些自己用多年的摸索，用血和汗換來的見識，前人早已將它記錄在書上了。馮子材後悔讀書太晚，也因此對有學問的人十分尊敬。

三年前，他卸下貴州提督的要職，回到荔枝灣安度晚年。表面看起來，他已不過問世事，但多年的高級武官養成了他關心天下大事的習慣。他知道越南的戰事，也知道新來的兩廣總督便是大名鼎鼎的名士張之洞。馮子材對張之洞很敬重。一敬重他的探花出身。三年一次的進士考試，全國十八行省，有多少異才俊秀，此人居然可以名列鼎甲，不由得馮子材不佩服。二是敬重他的清流名望。十多年來張之洞的一系列奏疏名動海內，身處軍界要職的馮子材還能不知？他常常讀登載在邸報上的張之洞的奏疏，並要手下的文案和兒孫們認真閱讀，視之為文章範本。

這樣一個巍科清望、令他敬重已久的總督大人，親自來到這個荒寂得幾乎無人知曉的海邊小山谷來看望他，豈不令他感激，令他興奮！

「應該，應該。」張之洞高興地說，「您是大英雄，二十多年前，我還是一個年輕舉子的時候，便已聞你的大名，景仰你的功業，只是沒有機會拜訪你，這次來到兩廣，是朝廷送我這個好機會，我怎能放棄！」

「大帥言重了。」馮子材咧開嘴大笑起來。桑治平在一旁看着，心裏想：此人年近古稀，然笑起來卻不乏孩童的天真，看來是一個胸襟光霽、克享遐齡的老人。

兩榜出身的劉勉勤也一路走一路思量：這樣一個矮矮小小單單薄薄的老頭子，竟是一個戎馬終生軍功卓著的帶兵將領，真是怪事！眼前的荷笠老者和想像中的綠營提督，怎麼也對不上號，合不了榫。他甚至有點懷疑，這是不是一個假冒者？

馮子材帶着大家很快便到了自家門口。比起廣州城裏大商巨賈的住宅來，馮家的府第固然粗樸簡陋，但在鄉間山裏，卻是名副其實的高門大宅。穿過一座三層樓高的木石牌坊，便算正式進了馮府。這裏大大小小高高低低地分佈着二三十間房子，全是馮子材和他的兒孫們及家裏的男工女僕所住的房屋。眾人在馮子材導引下踏進一間大廳堂。廳堂寬敞明亮，擺着一色的仿明紅木傢具，正中供奉着一尊陶瓷關帝全身像，兩旁站着他的兒子關興和護刀將軍周倉。三尊陶像面前香煙繚繞，鮮果滿碟，給廳堂增加一份濃厚的兵家氣氛。剛一落座，便立刻有幾個僕人上來沏茶，擺糕點，馮子材向大家告辭一會。片刻光景，再出廳堂的老將軍身穿一套黑亮的香雲衫，腳踏一雙泰西黑皮拖鞋，腰桿挺拔，精神抖擻。頭上的白髮和渾身的黑裝對比分明，益發顯得老英雄烈士暮年壯心不已的氣概。張之洞和桑治平都在心裏暗暗叫絕，對此行的成功更添幾分信心。

「老將軍，您的身板真好！」張之洞不覺脫口讚道。

「託大帥的福。」馮子材中氣充足地說，「老朽雖已六十八歲，卻還能吃能睡能喝酒，過會兒，我要與大帥痛飲三百杯，一醉方休！」

馮子材的軍人豪氣，令眾人肅然起敬。

張之洞忙笑着說：「我的酒量不大，不要說三百杯，只怕五六杯就要醉倒在這荔枝灣回不去了。」「好哇！要真的醉了，就在我這裏多住幾天，我餐餐請大帥吃剛出海的石斑魚、大龍蝦。」說罷，又哈哈大笑，那一股氣流彷彿有震動屋瓦的力量。

張之洞趁勢說道：「現在還不是醉酒吃海鮮的時候，老將軍，國家局勢嚴峻得很，法國人已欺侮到我們的頭上來了。前幾天，馬尾船廠遭法國人炮擊全軍覆沒的事，想必老將軍已有所聞。」

「我知道。」馮子材自己臉上的笑容頓時消除。「左相和沈文肅公苦心經營了幾十年的福建海軍，片刻之間便全軍毀滅，太令人傷心痛心了。」

「朝廷為此已向法國公開宣戰，沿海沿江各重要港口碼頭都要嚴加提防。」

「廣東的防守在廣州，廣州的防守在黃埔，黃埔的防守在虎門。」馮子材以一個軍事行家的口吻說着，「不知黃埔港和虎門海口防守力量如何？」

張之洞答：「我來廣州後沒幾天便去了黃埔和虎門，實地查看了一番。黃埔有張軒帥在，虎門有彭大司馬親自坐鎮，武器裝備也還算強。」

馮子材沉吟片刻說：「淮軍軍紀平素不大好，但打起仗來，還能同心協力，武器裝備在廣東來說要算好的了。湘軍軍紀要比淮軍好一些，但裝備不如淮軍，不過有彭大司馬親自坐鎮，想必也可放心。」

想起馬尾船廠的慘禍，又想起在虎門時彭玉麟的話，張之洞憂心忡忡地說：「我們的船炮不如人家，法國人若發起瘋來拚命，虎門和黃埔都有可能守不住。」

「那就讓他進來好了，我們關門打狗！」馮子材捋起香雲衫衣袖，揮舞着手臂。那手臂雖瘦，卻像鐵棍一樣的堅硬有力。「法國人是客，我們是主，他闖進我們的家裏來了，我們還沒辦法收拾嗎？他十個人，我用百個人、千個人對付，塞斷珠江，圍困他三五個月，餓也要餓死他們。我們中國人與洋人打仗，眼下主要還不是輸在武器上，而是輸在氣勢上。仗還沒打，被他的船炮嚇住，心裏先自慌了，如何能打得贏？兵法上說，三軍之帥在氣，氣不餒，則兵不敗。」

這番鏗鏘有力的話，雖然有點像在指責張之洞剛才所說的船炮不如，令他略為不快，至於塞斷珠江，事實上也辦不到，但清流出身的張之洞卻為馮子材這番氣勢、這番血性所感動，所激昂。是的，武器是不如人家，但人家已是殺氣騰騰打上門來了，難道就因此而卑躬屈膝、舉手投降嗎？武器不如的時候，更要提倡氣勢和血性。

張之洞動情地說：「老將軍說得很好，法國人若真的闖進廣東內河來，我們就按你所說的關門打狗，十個百個打他一個，磚塊石頭一齊上！」

「正是這樣，正是這樣！」馮子材舒心地笑起來，露出一口整齊未缺的大牙齒。

這時，一個僕人走進來，附着馮子材耳朵說了兩句話，馮子材起身說：「大帥走了半天路，一定餓了，我們現在就去吃飯。匆忙之間，沒有好招待的，上個月我的一位老部屬送我兩對東北熊掌，現在已開始在火上煲了，晚上請大帥和諸位嚐嚐東北黑瞎子的味道。」

眾人聽了這話都很高興，尤其是劉縣令，過去只是在書本上看到炖熊掌是一道特別珍貴難得的美食，今天跟着張制台，真的撈到了口福。

馮子材將大家引到餐廳，一張十人坐的大圓桌上早已擺滿各色海鮮山珍。廣東人本就講究吃，馮府上下更對吃重視，雖然是匆忙間操持，但菜餚數量之多，烹飪之精，已令張之洞、桑治平等人大為驚訝了。馮子材不斷地給張之洞挾菜，又不停地勸酒，自己是大塊吃肉，大口喝酒，談笑風生，不拘不束。一向與文人學士打交道的兩廣總督，第一次感受到一股濃厚的豪放粗獷之氣。不知不覺間也受到了感染，心緒變得興奮起來。

張之洞對武夫向來懷有偏見，認為他們粗俗、卑陋，今天他才發現，其實與武夫在一起也有很多快樂和興奮。吃喝談笑之間，生命便充滿了人性的真趣，許多不必要的思慮和憂愁自然就遠遠地離你而去了，這有甚麼不好！

吃過飯後，馮子材陪張之洞等人參觀他的兵器庫。兵器庫裏也有西洋人造的快炮和駁殼槍，但更多的是刀矛劍棍，中國古老的十八般武器，件件皆全。看望兵器庫後，馮子材又帶他們去看宅院後的習武坪。這是一塊方圓十餘畝的大土坪，土坪上豎立着不少拴馬樁和箭垛，堆放着各種石鎖石臼，另一角有十幾個人在練習棍棒。馮子材指着領頭的漢子介紹：「那是我的長子相榮，他有上百個徒兒，現在比我神氣。」

順着馮子材的手勢，張之洞看到一個身材不高的中年漢子，正在揮動一根棍子做示範動作，遂問道：「老將軍有幾位公子。」

「就兩個。」馮子材笑了笑答，「孫子倒不少，大大小小加起來有七個了，還有三個孫女。」

「好福氣呀！」張之洞隨口讚道。

「我還餵了十多匹好馬。」馮子材得意地說，「要不要去看看？」

張之洞心裏一動，這個老將軍真非比等閒，有人有槍有馬，若世道一亂，他真可以佔山為王，做一方豪強！這種局面，哪個文人可以做到？

看了馬圈後，馮子材請張之洞回到客廳休息喝茶，經過半天的交往，張之洞對請馮子材出山的念頭更堅定了。這的確是一個不可多得的將才，越南戰場的統帥，非他莫屬。不過，畢竟年近七十，他還願意重披戰甲，親赴凶危之地嗎？

張之洞思忖片刻後，決定就此切入正題。

「老將軍，我想請教你，法國人本是在越南北圻一帶與我較量，這次突然犯我海疆，六月中旬，攻打基隆炮台，七月初又襲擊我馬尾船廠。這兩次海盜行為究竟是為了甚麼？老將軍戎馬幾十年，深知用兵之道，請指教指教。」

從見到張之洞那一刻起，馮子材的腦子裏就一直在想：他到荔枝灣來做甚麼，是因為視察到了廉州而就近看看我這個老頭子，還是專門為了一件事來的？聽了這話後，他明白了，原來因初掌軍權不懂軍事而來當面討教的。馮子材頗為感動。這幾年的兩廣總督，從曾國荃到張樹聲，仗着自己昔日的戰功，從來不將他這個綠營宿將放在眼裏，用兵打仗的事，沒有一次諮詢過，他也索性不過問。現在張之洞親來荔枝灣討教，給他一個很大的臉面。與所有久任要職的致仕官員一樣，馮子材也是十分看重在位者對自己的態度的。他思索了一下，鄭重回答：「依我看，這是敲山震虎。」

「敲山震虎」這四個字同時在張之洞和桑治平的心中震盪，不約而同地將目光盯住這位年雖邁氣猶雄的前綠營提督。

「四年前，我率兵在鎮南關外住了三個月，對法國與越南之間的關係比較了解。越南君臣既昏庸又懦弱，法國控制它不需要多大的力氣，這中間主要是防着我們中國這一層。我們中國不想把北圻交給法國，也不希望法國通過紅河進入雲南，所以這幾年一直有軍營駐紮在那裏。在陸地上，法國人雖然槍彈也比我們好，但我們還是可以和他們拚一拚的，中法之間有勝有負。但在海上，法國則佔絕對便宜。上次打諒山不利，他們便想利用自己的長處，用海戰來迫使朝廷讓步，所以有了基隆和馬尾之戰。法國的目標還是在越南。」

馮子材這一席話，使得張之洞和桑治平大受啟發。是的，打基隆，打馬尾，都只是手段，目的是要逼中國軍隊退出越南。不愧是老於軍事的將領，一眼便看穿了法國人的鬼蜮伎倆。

「老將軍說得很好，使我們茅塞頓開。」張之洞望着馮子材說，「老將軍多年為廣西提督，又在越南駐紮過，依您之見，如果我們齊心合力，同仇敵愾，是否可以在越南打贏一場大仗，殺下法國人的威風？」

「當然可以。」馮子材不假思索一口咬定下來。「不瞞大帥說，當年在鎮南關，我就想過，我們中國所有在越南的人馬聯合起來，打它一場大仗，狠狠地殺一殺那些洋鬼子的威風。但一來當時朝廷沒有向法國宣戰，二來我也不具備聯合其他人馬的地位，所以也只是空想而已。」

張之洞聽了這話很高興，立即接話：「老將軍，現在朝廷已公開向法國宣戰，可謂天時已備，假如給您一個地位，讓您有統帥所有在越各路軍隊的權力，您是否還願意將您當年的設想變為現實？」

「這個嘛。」馮子材這時才真的明白了：原來張之洞是想請我出山！他心裏一陣驚喜。人們常說老驥伏櫪志在千里，馮子材就是這樣一位志在千里的老驥。過去的輝煌，既是他生命中的亮光，也是他生命的支柱。在回首往事的時候，他常有按捺不住的再創輝煌的雄心，只是時過境遷，今不如昔，許多該具備的條件都不具備。在新總督這番熱切的心情面前，面對着這個重大的問題，馮子材猶豫起來。他的一隻手用力地摸着乾瘦的尖下巴，沉吟良久才開口，「不瞞大帥說，光緒七年軒帥也曾派人來過荔枝灣，請我出山帶一支人馬再進越南，我以年邁力衰為由推辭了。我其實並不年邁力衰，而是不願領這個命。」

「為甚麼？」想不到在關鍵的時候，馮子材退縮了，張之洞略感失望。他急切地想知道，這位老將軍推辭張樹聲的理由。

「這最主要的原因，也就是我剛才說的，那年軒帥來找我時，條件仍不具備，一則朝廷未宣戰，二則軒帥也只是叫我帶一支人馬入越，並未賦予全權指揮的權力。另外，在對待洋人的態度上，我與軒帥也有很大的不同。我這老頭子是倔強的，寧折不彎。洋人欺壓我們，我寧願死，也要痛痛快快跟他們幹一場。軒帥不是這樣，他與李少荃一鼻孔出氣，只是忍呀忍呀的，我也不願在他手下做事。」

張之洞心裏舒了一口氣，說：「這些顧慮現在都可不必有了，老將軍還有別的甚麼難處嗎？」

「軒帥雖然不做總督了，但在越南的軍隊主要還是淮軍的勢力，廣西巡撫潘鼎新坐鎮北圻。潘這個人還不如張，不好相處，我去越南的話，如何與他共事，彼此的位置又如何擺？」

這倒真是一個大難題！潘鼎新身為廣西巡撫，按朝廷的制度，他並不是張之洞的下屬，張之洞無權將他從北圻調回，更無權罷他的巡撫之職；何況潘是淮軍宿將，資格比起張之洞來要老得多。有潘在北圻，馮就不可能做統帥，這也是明擺着的事情。張之洞雙手輕輕地來回搓着，手心沁出熱汗來，一時想不出一個兩全其美的辦法。桑治平也在為此思索着，他也一樣想不出一個好主意，見張之洞頗為為難，不能不插一句話來為總督解圍：「老將軍，此事容張制台與朝廷再商量，除此外還有別的難處嗎？」

馮子材望了桑治平一眼後說：「除開淮軍外，北圻的最主要的軍隊便是黑旗軍。劉永福是中國人，卻領了個越南的提督職。此人是個梟雄，不服管束，甚麼人都不在他的眼睛裏。我在北圻三個月，沒有與此人見過面。聽人說早年投過長毛，與我的軍隊交過手，若叫我去指揮他，怕不行。」

張之洞聽到這裏，心裏大為舒暢起來，忙說：「老將軍，你知道這次是誰賣力推舉你嗎？仲子，你對老將軍說說。」

桑治平笑了笑，將前向在宣光與劉永福會面的情形簡略地說了說後，強調指出：「劉永福一再講，越南戰事，只有老將軍你出來，才能壓得住台面，潘鼎新究其實不是一個帶兵打仗的料。他的黑旗軍一定配合老將軍，為中國人爭一口氣。」

馮子材快活地笑了起來，說：「沒料到，劉二這個人看人還有眼光，不記前嫌，氣量也不錯。不過，他手下那班子人馬我不稱心，不怕大帥說我老頭子背後嚼人，他率的黑旗軍裏強盜毒販子、烏龜王八蛋，甚麼都有，不能指望那些人做大事。」

張之洞忙說：「老將軍知道他有個幫手唐景崧嗎？」

「聽說過，據說也是廣西出的進士，在朝廷官做得好好的，卻主動請纓來越南，給劉二當參軍。」

桑治平說：「我在宣光跟唐景崧相處過三天，此人有才有識，張制台已答應由唐景崧親自回廣西招募四營子弟兵。這四營子弟兵可以作為配合老將軍的一支兵力。」

馮子材點點頭，沒有做聲。

張之洞將馮子材的每句話、每個動作都看在眼裏。他看出馮子材雖有顧慮，但率兵出關的可能性是存在的。他決定對這位當年叱咤風雲的老將軍動之以情，曉之以理，務必要使他丟開顧慮，重上沙場。

「馮老將軍，」張之洞斂容凝望着馮子材，聲調厚實而沉重，「我雖沒有明說，大概你也聽出來了，我這次來荔枝灣，就是專程來請您出山，請您率子弟兵再赴關外。促使我作出這個決定的，一是老將軍您本人幾十年來的戰功，二是桑先生和雷瓊道王道台此次去越南後當面聽的劉永福的推薦，來到荔枝灣，親眼見到您精力旺盛，氣概不減昔日，更使我欣慰。」

「歲月不饒人，精力、氣概都不如從前了。」馮子材忍不住插了一句話。桑治平發現，自從見到馮子材以來大半天了，這好像是他說的第一句歎老的話。

張之洞笑着說：「趙王問廉頗老矣，尚能飯否。我看中午餐桌上，您大塊吃肉，大口喝酒，知廉頗未老！」

馮子材又開懷大笑起來，依然是滿臉的燦爛。

「自從道光二十年，我們與洋人在南海上開仗以來，四十多年間，直到最近的基隆、馬尾之役，我們與洋人打過多次大仗，但每次都是我們吃虧，尤其是法國人更可恨，不僅用武力，而且還利用傳教士欺侮我們。這個令人惱火的法國，是與我們結下深仇大恨的了。這次基隆、馬尾之役更是猖獗至極。」

「這兩次海戰，真把中國軍人的臉丟光了。」馮子材狠狠地插話。

「是的。」張之洞趕忙抓住這個話頭。「凡有點血性的中國軍人，莫不為這兩次的失敗而痛心疾首。所以我們想趁着朝廷與法人宣戰的機會，請老將軍出馬，大家全力支持，周密計劃，在越南北圻打一個大仗，殺下法國人的威風，為中國百姓，更為中國軍人爭這一口氣。」

這幾句話說得馮子材胸腔裏的熱血開始加速流動起來，他在心裏頻頻點頭，兩隻眼睛緊地盯着滿身書生氣的制軍大人，聚精會神地聽他說下去。

「來荔枝灣之前，我和彭大司馬、張軒帥以及桑先生都仔細計議過，海戰，我們的船炮的確不如法國人，取勝的把握不大；但陸戰，我們的武器差不了多少，至於地理、民情、軍需供應等方面，我們更要勝過法國。所以，只要馮將軍出馬，我們對在越南打一場大勝仗是很有信心的。」

「大帥分析得好，海戰或許不如人，陸戰並不弱得太多。」做了幾十年陸軍將領的馮子材，深為讚許張之洞的這番中肯之言。

桑治平插話：「老將軍過去打長毛、打捻子，戰功雖多，但終究只是朝廷的忠臣，若這次在越南打贏了法國，那就是我們堂堂華夏的英雄。」

這兩句話的背後，其實還藏着許多話，諸如打贏長毛、捻子，究其實還是在替滿人賣力，悠悠史冊對此事的評價究竟如何還很難說；但若打贏法國，那就是建的岳飛、戚繼光的功業，千秋萬代都會長受敬重，久享祭祀。但這種話，不是至親深交，豈能隨便說出，只可點到為止，能不能意會得到，就只能看這位老軍人的悟性了。

不料，馮子材兩眼突然發出一束亮光來，興奮地望着桑治平，許久，才長長地吐出一句話：「桑先生這話，說到馮某的心坎裏去了。馮某從軍數十年，近十幾年來，常為此事感到遺憾。桑先生此話，給我指明了一條光明大道。馮某願赴越南，只是手中無兵無餉，如何打仗？」

「你需要多少兵？」張之洞問。

「大約要六七千人。」馮子材胸有成竹。

「兩廣各鎮綠營，隨你挑選好了。」

「哼哼。」馮子材冷笑兩聲。「不怕大帥你笑話我不自量，在馮某看來，兩廣綠營，無一兵可挑。」

張之洞尚在驚愕之中，桑治平插話：「如此說來，請老將軍自募子弟兵如何？」

「要打勝仗，也只能如此了。」馮子材斷然回答。「只需三個月，我馮家子弟兵就可以出關，只是這筆軍餉如何辦？」

張之洞摸了摸下巴上濃密的長鬚，思索了一下說，「我回廣州後，即刻給你撥五萬銀子，供你招募，以及在國內訓練之用。三個月若出關，我按過去湘軍的規矩，每名陸勇月發四兩二錢，按月發足。你看如何？」

馮子材當然知道，當年曾國藩給湘軍陸勇每月發四兩二錢銀子，是有點重賞之下招勇夫的味道，遠比綠營的待遇要高。湘軍戰鬥力強，這是一個重要的原因。他於此看出張之洞的誠意，忙說：「這當然很好了，關鍵是今後不要欠餉。」

「這你放心。只要我張之洞做兩廣總督，就不會欠馮老將軍的餉，要不要我給你立個字據。」

「那倒不必。」馮子材有點不好意思地笑起來。

「那就這樣定了。」張之洞起身走到馮子材的身邊，握住馮子材的雙手。「那我即刻上奏朝廷，請朝廷委任老將軍幫辦廣東軍務之職。老將軍奉旨後便可在廣東招募子弟兵，三個月出關。今後仗怎麼打，我們再隨時互通聲氣，相機行事。」

馮子材也站起來，略帶激動地說：「馮某本不想再過問國事了，只為大帥親臨荔枝灣的情義不能負，故答應大帥之請，組建馮家軍，再進鎮南關。不過，馮某最後還有一點請求。」

「老將軍儘管說。」雖然話說得爽快，但張之洞的心裏卻冒出一絲涼意，他不知道這位暮年烈士出山時還有甚麼特別的要求，萬一答應不了，又如何辦呢？總不能讓前功盡棄吧！

「潘鼎新現在是以廣西巡撫的身份幫辦關外軍務，按常規當節制所有駐越南北圻的軍隊，但此人雖為淮軍頭領二十餘年，其實不懂打仗。我只希望大帥給我一個答覆：馮某在越南，不歸潘鼎新指揮，遇事直接與大帥商量；緊急關頭，要給馮某以調度指揮其他在越軍隊的權力，若這點權沒有，即便出山也可能無功而回。」

馮子材的這個最後請求，實際上又回到先前所說的在越南的地位問題。張之洞不能不佩服馮子材的老辣，轉來轉去，還是轉到這個重要的事上來了。看來，馮子材所募的子弟兵不能從藩庫裏開支。若從自籌而來，則屬團勇一類的軍隊，可仿湘勇前例，不按朝廷經制之師對待；不是經制之師，自然可以不受制度所限，不歸潘鼎新指揮可以行得通。至於緊急關頭，指揮全越清軍，到時再說。想到這裏，張之洞斬釘截鐵地說：「可以，老將軍的子弟兵只聽老將軍您一人的將令，不但潘撫不能約束，即便本督，也不遙制，相信老將軍當會以國家為重，以朝廷為重，以老將軍數十年來所成就的英名為重，善自處理。」

馮子材感到了一種全權的信任感。他緊握張之洞的手說：「那就這樣說定了，走，我們一道吃熊掌去。」

第二天上午，馮子材正要陪同張之洞一行到荔枝灣四處走走的時候，廉州府快馬趕來的衙役報告一個不幸的消息：張樹聲已於三天前病逝廣州。張之洞大吃一驚，急忙告別馮子材，匆匆回奔五羊城。

4 來了個精通十國語言的奇才

張之洞匆匆趕回廣州，先不回衙門，徑直來到高隆街張樹聲在穗的寓所。這裏已經是白花如雪，挽幛如林了。李鴻章送的輓聯貼在丈八白綾上，高高地懸掛在靈堂正大門的兩側楹柱上，十分引人注目，其餘映入眼簾的盡皆淮軍系統的高級文武官員的輓聯。他們挑盡字典中的最好詞語，不惜破格逾等吹捧曾與他們一道平髮平捻，而今無官無職的那個皖北強梁。在踏入張府的那一刻，張之洞直覺這是駐粵淮軍集團在着意為之。他們近在給廣東粵軍以威脅，遠在向朝廷施加壓力，其用意則很明顯：淮軍團結一致，力量強大，不可輕慢。

清流出身的張之洞本能上有一種不可名狀的壓抑之感。

張樹聲的長子張華奎，見張之洞一身平常裝扮，也不見祭禮奠儀等等，心中老大不快，前去碼頭迎接的兵備道李必中悄悄對張華奎說明了原由。張華奎見張之洞家門都沒進便來弔唁父親，又感動了。他趕忙以孝子之禮跪着接待，將張之洞引到張樹聲的靈柩前。

張之洞對着靈牌凝思着。想當年這位淮軍統領指揮千軍萬馬，搏擊沙場，是何等威風凜凜叱咤風雲，而今說走就走了，生前的戰功、袍澤一樣也帶不去。做過統帥，做過巡撫，做過總督，不料到了最後卻一官半職都沒有，靈牌上的頭銜空空蕩蕩的。此刻的祭堂儘管熱熱鬧鬧風風光光，但那位長眠者的心境，一定冷落寂寥，有苦難言。想到這些，一絲人生無常的感歎，不由自主地在張之洞的腦中湧起。他跪在張樹聲的靈柩前，滿懷哀憫地磕了三個頭。

張華奎恭恭敬敬地扶起張之洞，將他帶到書房坐下後，將張樹聲的遺摺捧了出來，請張之洞代為轉奏朝廷。張之洞打開前總督的遺摺，認真地看着。前一段文字依舊是為自己辯護，只是語氣較往日低沉，遺摺的最後，張樹聲以一個深受厚恩的三朝舊臣的身份，鄭重敦請朝廷變法自強：

「西人立國之本體，在育才於學堂，論政於議院，輪船大炮電線鐵路皆其用，中國遺其體而求其用，常不相及，縱令鐵艦成行，鐵路四達，猶不足恃也。宜採西人之體以引其用，則奠國家長久之業矣。」

張之洞雖不能完全贊同這個意見，但張樹聲臨死仍念念不忘國家的忠心卻強烈地震動了他。何況此刻戰火已經點燃，廝殺在即，藉張樹聲的身後之事安撫淮軍，讓湘淮粵三軍精誠團結一致對外，乃眼下的頭等大事。張之洞站起來，誠懇地對張華奎說：「請大公子放心，本督將親自擬摺為軒帥請恤。」

第二天，張之洞盡心盡力地為張樹聲擬了一道請恤摺，以繼任者的身份，歷敘張樹聲在兩廣任上的政績，再一次為張樹聲洗刷這幾年來所受的指謫。又追敘張三十餘年來的戰功，請求朝廷將其任上的處分予以開除，生平事跡交國史館立傳，並在原籍和立功省份建祠享祭，蔭子庇孫。又換上素服，帶着一班高級官員再次親臨祭奠，在張樹聲的靈前親自宣讀這道請恤摺，請前總督在天之靈安息。張華奎和守靈的淮軍將士無不感激，鄭重表示：朝廷已發出對法宣戰的指令，淮軍將士聽從制台調遣，同仇敵愾，堅守大清南大門。

料理完前總督的喪事後，張之洞全力以赴辦理另一件大事：籌餉。

眼下當務之急是要拿出一大批銀子出來，這批銀子的主要用途：一是從洋人軍火商手裏買二十座克虜伯鋼炮及一萬顆炮彈，二為唐景崧新募的景字營及馮子材即將招募的子弟兵發放餉銀，三為湘淮粵三軍因備戰而必添的急用軍需和賞銀，這幾項款子加起來，將在百萬兩左右。

這可是一筆龐大的數字，要是在先前的山西，如同上天摘星攬月，是想都不敢想的事，廣東富裕，或許可以四處騰挪擠壓，湊起這百萬銀子出來。他將巡撫倪文蔚、布政使龔易圖、按察使沈鎔經等人找來商量，孰料這幾位熟知錢糧底細的人聽後大為犯難。倪文蔚告訴張之洞，早在去年，便因海防吃重，經費不敷，張樹聲不得不奏請朝廷同意，向香港匯豐銀行借高息銀二百萬兩，去年八月提取一百萬，今年三月又因庫款緊絀提取一百萬，向匯豐銀行所借的二百萬銀子已全部提盡。

張之洞還不知有這件事，心裏也焦急起來，頓時有一種「空存抱負卻無法展佈」之感。他想起二十年前胡林翼對他說過的一番話來。

那是在武昌撫台衙門裏，身在安徽前方的湘軍首領曾國藩給胡林翼來了一封十萬火急的信。信上只寫了幾句話：請在十天內速籌八萬兩銀子，不然將人心潰散，無法維繫。胡林翼拿着這封信對侍立一旁的張之洞說：「現在正是春荒時節，湖北農人行乞啃樹皮度荒，道路上只見難民，沒有商人，釐卡收不到釐金，街市蕭條，也收不上稅，而四處要錢要糧的信函不斷前來，藩庫一洗再洗，幾乎淘空。我現在到哪裏去弄八萬兩銀子。但沒有銀餉，軍隊隨時都會嘩變，又怎麼能指望他們打仗，這也是實情，真難辦呀！」

看着恩師滿臉憂愁一籌莫展的樣子，張之洞也覺得心頭茫然。他絞盡腦汁，想為恩師分憂：「奏請朝廷，讓戶部撥下銀兩呢？」

胡林翼搖搖頭說：「朝廷這些年來也是山窮水盡，走投無路了，才要各省自籌餉銀。向朝廷要銀是一句空話，再說，即使能給你一點銀子，十天之內也到不了安徽呀。」

「可不可以請江蘇、河南、山東就近接濟呢？」

「別省接濟？」胡林翼冷笑道，「誰會接濟你？別說他們也一樣地拿不出銀子，就是拿得出，他會拿銀子來讓你成事，讓你立功出風頭？也就是我胡潤芝，才和曾滌生患難與共，急他之急，別的省巴不得你湘軍全軍覆沒，他在一旁看火色哩！」

張之洞聽了這話，心裏驚道：「這國家難道就是湘軍的，與他們無關？各省官吏原來都存這種心，怪不得長毛能得逞。」

「香濤呀，」胡林翼歎了一口氣，語重心長地對着他說，「讀書做文章畢竟是容易的事，治理天下，真正的硬功夫在於經濟二字。是否社稷之臣，就看這經濟二字做得如何。至於經濟中，理財又是頭一項，你今後要在這方面積累些實學。曉得理財，才可談事業。」

張之洞重重地點了點頭，將恩師這幾句話牢牢地記在心裏。

前幾年在山西，因為來不及大興作，銀錢一要尚不太突出，現在這百萬銀子的大事硬綁綁地擺在面前，張之洞似乎突然深刻理解了恩師二十年前的教導：經濟、理財，真正是治天下的第一樁大事。

他雙眉緊擰地問龔易圖：「你可以擠出多少銀子出來？」

布政使哭喪着臉，摸着腦袋想了半天說：「頂多二十萬，這還得擔風險，準備挨罵。」

張之洞聽了很不高興：「堂堂廣東省藩庫，就這樣窘迫！這話怎麼講？」

龔易圖解釋：「藩庫賬面上是有些銀子，但一項項都有安排，挪動不得。能挪動的銀子，今年春上都動用了。現在只能在上繳朝廷的銀子裏扣除一點，這就要擔風險。給廣州商人加重稅收，就得準備挨罵。」

二十萬兩解決不了大問題，怎麼辦呢？張之洞望着眾人：「就不能有別的法子了？」

龔易圖咬了咬嘴唇，說：「法子只有一個，那就是再向香港匯豐銀行去借商銀。」

對呀，張樹聲可以借，我為甚麼不可以借！張之洞立即作了決定：「就按龔方伯意見，再向匯豐去借二百萬兩。」

「太多了，太多了！」老邁的巡撫忙搖手。「張大人您不知道，英國人的息太重了，我們還不起。」

「多少息？」這是第一次與外國商人打交道，張之洞不清楚洋人的行情。

「五五的息錢。」倪文蔚的神情很是憤慨。「軒帥去年八月借二百萬，借據寫好按五五還息，到今年八月我們就要還息十一萬，我們至今一錢息銀未還。到明年八月還的話，息上再生息，就不只二十二萬了。如果再借二百萬，光息錢就會把我們拖垮！」

山西的錢莊老闆若放四分的息，便會被罵為黑心。洋人竟然收五分五的息錢，豈不貪婪太甚！

「不能低一點？」張之洞問倪巡撫。

「洋人從不討價還價。」龔易圖儼然一個與洋人辦交易的老手。

「那就借一百五十萬吧！」

「張大人，我看先借一百萬吧。」倪文蔚說，「以後要用的錢再想辦法，先把這個難關過了再說。」

「好，就依倪撫台的意見，先借一百萬。」張之洞想了想：也是，息錢太重了，能少借就少借點。

他轉臉問龔易圖：「上次的錢，軒帥是通過誰去與匯豐銀行打交道的。」

龔易圖答：「軒帥請盛宣懷的朋友鄭觀應去辦的。」

「鄭觀應這個人，張大人知道嗎？」沈鎔經插話。

張之洞搖了搖頭。

「鄭觀應寫了一部書，名叫《盛世危言》，說的是中國應該向西方學習的事。張軒帥遺摺中的辦學堂開議院等話，就是受鄭觀應的啟發。彭大司馬也很看重這部書，還親自為它作了序。」

彭玉麟頗為之作序，可見這部《盛世危言》不一般。張之洞問臬司：「你能找一部給我看看嗎？」

「我家裏就現有一部，明天送給您看。」

張之洞又問：「鄭觀應這個人呢？能見到他嗎？」

龔易圖說：「他正在南洋經商，一時回不來。」

「喔。」張之洞輕輕點頭。「那這次叫誰去和匯豐銀行打交道呢？」

沉默片刻後，倪文蔚說：「前兩天，我衙門裏的巡捕趙茂昌對我說：劉玉澍從香港帶回一個奇人，英語流利，還能講德語、法語、俄語好多個國家的話，又在香港住了三四年。若叫這人去辦借款的事，應該不在鄭觀應之下。」

能說這多國家的洋話？張之洞心裏生出幾分疑惑來，問：「劉玉澍是個甚麼人，他莫不是從香港帶回一個騙子？」

倪文蔚說：「劉玉澍是早些年分發來粵的候補知府，福建人，對洋務極有興趣，也能說幾句英語。今年春上，福建沿海一帶風聲緊，軒帥見他人尚可靠，又是閩人，便派他到福建去打探情況，隨時報告軍情，上月他取道香港回廣州。劉玉澍帶的這個人我沒見過，不知他是不是騙子。張大人如果對此人有興趣，明天我叫趙茂昌帶着劉玉澍來見您。」

趙茂昌是廣東巡撫衙門的文巡捕，江蘇武進人，人長得清秀，文筆書法都不錯，聰明伶俐會辦事，深得倪文蔚的賞識。他十五歲入錢莊學徒，二十歲納資捐了個佐雜小官。巡撫衙門有報往總督衙門的公文要件，倪文蔚常遣趙茂昌親自遞送。趙茂昌也熱心於此事，跑總督衙門的腳步甚為勤快，對張之洞格外殷勤。張之洞對他的印象也很好。這次，劉玉澍從香港帶回的奇人便是先告訴趙茂昌，再由趙茂昌告訴倪文蔚的。

「好啊，明天叫趙茂昌和劉玉澍一起來見我。」

第二天上午，張之洞在簽押房接見趙茂昌和劉玉澍，沒有任何寒暄，待二人坐定後，開門見山便問劉玉澍：「聽倪中丞說，你從香港帶回一個能講幾個國家洋話的人。你把這個人的情況跟我細說說。」

劉玉澍是第一次見張之洞。他見這個名滿天下的總督，大眼大鼻滿口大鬍鬚，臉上無一絲笑容，一副冷峻威嚴的樣子，心中不免有幾分怯意。趙茂昌見狀，忙笑嘻嘻地為劉玉澍打氣：「不要緊張，張大人最是平易隨和，你慢慢地說。反正你已經對我講過，有遺漏的地方，我幫你補充。」

經趙茂昌這一開導，候補知府心緒平靜下來，向張之洞稟報：「卑職上個月結束福建的差事，從廈門乘船，取道香港回廣州。在船上餐廳裏，我看到一個年輕的中國人正跟一個英國人興致勃勃地聊天。卑職也略為懂一點英語，但不敢跟洋人直接對話。這個年輕人能操一口流利的英語，卑職很是羡慕，一邊吃飯一邊仔細地聽他們談。許多話聽不懂，但卑職大致聽得出他們在談莎士比亞的戲劇，談狄更斯的小說，間或也談到牛頓、法拉第。卑職對這個年輕人肅然起敬。」

莎士比亞、狄更斯、牛頓，這些名字，張之洞還是第一次聽到，他不知道他們是些甚麼人。劉玉澍既然聽到別人談這些名字便肅然起敬，看來都是英國了不起的人物。若是一個平素熟悉的幕僚，張之洞一定會問個究竟。但對初次見面的這個候補知府，張之洞尚不願如此不恥下問，他只是隨意點點頭，表示在認真地聽。

「傍晚，我到餐廳吃晚飯，又見這個年輕人與另外兩個洋人在高談闊論，這次我卻一個字都聽不懂，不知他們說些甚麼。只見這個年輕人一邊口不停地說，一邊手舞足蹈，那兩個洋人頻頻點頭，時時露出會心的笑意，看得出那兩個洋人是很欣賞這個人的。卑職心裏納悶，見一個侍應生過來，我悄悄地指着那兩個洋人問他。侍應生告訴卑職，這是兩個德國人。卑職聽了一驚，莫不是這個年輕人在跟兩個德國人講德語。怪不得我一個字聽不懂，這個人不簡單，我要跟他聊聊。」

張之洞一隻手在輕輕地捋着長鬚，臉上露出微微的笑意，顯然，他也被這個既能跟英國人談話，又能跟德國人談話的年輕人給吸引住了。

「我一邊慢慢地吃，一邊注視着對面的餐桌，見他們三個人走出餐廳，我也便跟着出來。走到甲板上，兩個洋人與那個年輕人握手道別，我趕緊跨上一步，衝着那人的背說，喂！年輕人，請到我房間裏坐坐好嗎？那個年輕人回過頭來，朝我一笑點了點頭。我這時看清這個年輕人鼻樑很高，眼睛深陷着，兩隻眸子灰灰藍藍的。卑職突然一驚：莫非他不是中國人，是個洋人不成？再細細地看，他的皮膚黃黃的，辮子黑黑的，一身藍底金花寧綢長袍上罩了一件考究的黑細呢馬褂。他是個中國人呀！」

趙茂昌噗哧一聲笑了起來，張之洞也聽得有趣，忍不住插話：「這個人到底是不是中國人？」

「大人問得好！一到房間，卑職第一句話就問他，你到底是中國人還是洋人？那人大笑起來，露出一口雪白好看的牙齒，用不太規範的閩腔官話說，我是中國人，不是洋人。卑職試探着問，你是福建人嗎？他答，我正是福建人。卑職一聽樂了，這麼說，我們是同鄉了。年輕人，你叫甚麼名字，他說我姓辜，名鴻銘，字湯生。卑職也將自己的名字告訴了他。卑職稱讚他英語、德語都說得好，了不起。他笑着說，我不但會講英語、德語，我還會講法語、俄語、葡萄牙語、拉丁語、意大利語、希臘語、馬來語，連同我的母語漢語，我懂十門語言。卑職想，這真是一個罕見的奇才，便問他，你怎麼會講這麼多的洋話。他於是告訴我，他出生在南洋檳榔嶼，父親是中國人，母親是葡萄牙人。養父母是英國人，十歲時跟着他們去了英國。在英國讀完大學後，又去德國學工程，再到法國留學，故而能說這麼多洋話。」

張之洞笑道：「這麼說來，我明白了，他原來是個混血種，又是中國人，又是洋人。」

「大人說得對極了。」趙茂昌忙恭維。「劉玉澍還說，他親耳聽過這個辜鴻銘的一則笑話。卑職從這則笑話裏知道辜鴻銘是個極聰明風趣的人。」

「甚麼笑話？你說說。」張之洞很有興致地問。

「劉玉澍和辜鴻銘一起坐船從香港來廣州，辜鴻銘和船上一個法國老太太用法語談得熱火。法國老太太說，我身體不好，醫生建議找個好地方療養一段時期，聽說廈門是個好地方，最宜療養，不知是不是這回事。辜鴻銘說，不錯，廈門真是一個好地方。我剛到廈門時，站不起，只能在地上爬着走，成天睡在床上，拉屎拉尿都不能控制。在廈門住了兩年後，不但可以走路了，還能跑步。成天在四處跑，拉屎拉尿，也都正常了。法國老太太聽後高興極了，說，先生這麼重的病都療養好了，我一定去。當辜鴻銘將他與老太太的談話告訴劉玉澍後，劉玉澍問他，廈門哪有這麼好，你不是在騙人家嗎？辜鴻銘說，我沒騙她。我一歲時，父母就帶着我在廈門住了兩年。一歲的小孩子當然不會走路，只會爬，拉屎拉尿也沒有節制。到了三歲，自然會走會跑，也不隨便拉屎拉尿了。我哪裏騙她？」

「哈哈哈」，張之洞禁不住大笑起來。「這個混血種太有趣了。下午你們帶他來衙門，我見見他，合適的話，就讓他在我這裏做事，我身邊還真缺少一個這樣的人哩！」

中午，張之洞把辜鴻銘的情況告訴桑治平，請他尋兩本洋人的書，一本法文的，一本俄文的，下午帶着這兩本洋書和他一起會見辜鴻銘。桑治平聽說天下竟有這樣的奇才，又驚又喜，一口答應。

下午四點，張之洞處理好應辦的公事，將已在會客室等候一個鐘頭的辜鴻銘和陪他前來的趙茂昌、劉玉澍招了進來。

辜鴻銘踏進簽押房門的時候，張之洞抬起頭來，將他仔細地審視一番。的確如劉玉澍所說，此人隆準碧眼，黃膚黑髮，一副華夷混合外表。高挑的身材，穿一套筆挺的細呢藍底條紋西裝，腳上是一雙發亮的黑皮鞋，頭上留的是西式分縫短髮，渾身流露出一股英挺峻拔的氣概。桑治平看在眼裏，心裏想，辜鴻銘的這種氣概更接近洋人，加上他的高鼻子灰藍眼珠，真可以稱得上三分中國模樣，七成外國味道。

「你就是辜鴻銘？」待大家都坐下後，張之洞直接發問。

辜鴻銘也將張之洞認真地打量一眼後，嗓音宏亮地回答：「是，我叫辜鴻銘，字湯生。」

儘管語音不太準確，但張之洞和桑治平都能聽得懂。

「你是福建人？」

「祖籍福建同安，屬泉州府。」

「聽說你生在馬來西亞的檳榔嶼，你家是從哪一代離家出洋的？」

「高祖尉庭公十五歲跟人漂洋過海到馬來亞務農，因勤勞刻苦，中年以後家道殷實。曾祖禮歡公因此被推舉為檳榔嶼華人首領，先祖龍池公一直在當地政府任公職，先父紫雲公在檳榔嶼主持一個橡膠園。到我這一代，辜家在馬來亞已是第五代了。」

辜鴻銘這一番不假思索如流水般的應答，令張之洞頗為滿意：生長在海外，卻沒有忘記祖宗根系，是個真正的中國人。

「聽說你在泰西很多年，在那裏讀的大學，為甚麼沒有留在泰西做事而來到香港，這次又願意跟着劉玉澍回國來呢？說說你的這個過程吧！」

張之洞習慣性地捋起長鬚，微露一絲笑意的雙眼盯着坐在對面的這個華夷混血兒。

略為思考一下後，辜鴻銘用四聲不太協調的福建官話說：「我在檳榔嶼長到十歲時，義父布朗先生要回他的祖國英國去。布朗先生喜歡我，向我的父親提出帶我到英國去讀書。因我還有一個兄長在檳榔嶼，於是父母就同意了。臨走時，父親叫我在祖宗的牌位上磕三個頭，叮囑我，今後不論到了哪裏，不管在泰西生活多久，都要永遠記住自己是中國人，根在福建同安。」

張之洞和桑治平聽了這句話，不覺為之動容。一個已在海外居住四五代的中國人，竟然有如此深厚的家國情誼，這是他們過去從來沒有想到的。眼前這個年輕混血兒的份量，在他們的心中顯然加重了。

「我到英國後，布朗先生安排我在中學讀書，讀拉丁文、希臘文、法文和德文。後來我進了愛丁堡大學的文學院，畢業後，又到德國萊比錫大學學土木。從德國出來，布朗先生將我帶到巴黎，讓我跟一個很漂亮很富有的妓女做鄰居。」

「跟一個有錢的妓女住一起？」趙茂昌忍不住插話，布朗對辜鴻銘的這個安排太使他羨慕了。

張之洞等人雖沒有插話，但這句話也大大提高了他們的興頭。

「我起先不願意。布朗先生嚴肅地對我說，你小小的年紀，我叫你跟她做鄰居，難道是讓你當嫖客嗎？你不要小看了她，她雖是妓女，卻是一個很有本事很有頭腦的人。他的客人都是法國上流社會的頭面人物，你可以在這裏見到很多人，可以由此看到法國的上層社會究竟是個甚麼樣子。這個妓女對中國有很濃厚的興趣，你可以給她講中國，她會給你講她的客人們。你在她這裏可以學習別處學不到的許多學問。我這是真正地在培養你。你住在這裏，好比再上一個大學。」

把妓女的住處當作大學，就好比將京師的八大胡同當作國子監一樣，用這樣的方法來培育自己的義子，這洋人教育子弟的作法真令人匪夷所思。張之洞停止撫鬚的右手指，聚精會神地聽這個混血兒的下文。

「我在這裏住了半年，親眼見到法國的不少部長、議員和將軍。他們一個個衣冠楚楚地進來，風度翩翩地出去，而在那個女人的房子裏卻幹着荒唐下流的勾當。那個妓女親口對我講了許多關於這些人的愚蠢貪婪卑鄙可恥的故事。她使我對巴黎上層社會徹底失望和厭惡。」

桑治平沉吟着。他想起自己過去壯遊天下時，甚麼地方都去過，就是沒有去過妓院，以為那是低賤骯髒之處，非君子該去的地方。現在聽辜鴻銘說來，倒真的是放棄了一個最能洞悉官場的地方。京師八大胡同，每晚該有多少化了裝的大官顯宦頻頻出沒。如果有一個八大胡同的名牌妓女朋友，她一定可以向你提供許多最為隱秘又最為可靠的朝廷真情。唉，這個機會再想彌補都不可能了！

「我回到蘇格蘭，跟布朗先生談起在巴黎的感受。布朗先生對我說，不只是巴黎，倫敦、柏林也是一個樣的，法國、德國和我們英國，都是世界的強國，世人不知內裏，以為甚麼都很好。其實，高層官場已腐化墮落，總有一天國家會要崩潰的。後來，我去看望我的老師愛丁堡大學的老校長卡萊爾。卡萊爾聽了我的訴説後，長長地歎了一口氣説，孩子，你是中國人，你還是回到你的國家去吧！你的國家有幾千年的古老文明，是世界上最了不起的國家之一。我一向很尊敬黑格爾，佩服他的哲學觀念。後來我讀到一本介紹你們中國最古老的經書《易經》的小冊子，才知道黑格爾的那一套是從中國的《易經》裏學來的。但黑格爾卻不説明，這不是在欺騙世人嗎？黑格爾是一個很有學問的大教授，尚是不能完全的誠實，可見這誠實二字之難。又是看了介紹中國的書以後，我才知道早在幾百年前，中國的學人便在傾盡全力研究『誠意』『不欺』這些大課題，並以『不誠無物』和『慎獨』這樣的高度來修煉自己的品德，積累了一整套修身養性的有效方法。這比我們西方的學者不知要高明多少倍了！」

一向只是洋人瞧不起中國，說中國沒有鐵路輪船、沒有機器炮艦，這些話雖倨傲無禮，聽了很不舒服，但也只得忍了，因為中國的確沒有這些東西；至於說中國沒有學術，沒有文明，這就讓人很惱火。現在第一次聽說泰西也有大學者稱讚中國的古老學術，而且稱讚的是正宗中國儒學，這怎麼能不令視學術為生命的兩廣總督欣慰！坐在眼前的這個深受泰西文化浸淫的混血兒，在他的眼裏立時變得親切起來。

桑治平插話：「你是聽了這個老師的話，回到東方來的？」

「是的。」辜鴻銘望着桑治平點了點頭，他弄不清楚這個與總督並排坐在一起的人的身份。「我在四年前就離開了蘇格蘭。」

「那你為何沒有很快回國呢？」桑治平接着又問了一句。

「是這樣的。」辜鴻銘整了整脖子上的淺色絲領帶回答，「我離開蘇格蘭後，第一個願望是要回檳榔嶼看望我的母親，我的父親則早在我大學畢業前夕便去世了，他沒有等到我學成歸來的一天。我在家裏還沒有住到一個月，馬來亞的英國殖民政府得知我的留學情況，委派我一個公職，要我即刻到新加坡赴任，因為那裏很需要像我這樣懂得多國語言的人做秘書。母親說我應該為政府效力，我於是接受了這個職務。我在新加坡一邊處理公務，一面利用新加坡的有利條件練習中文，閱讀中文書報。半年下來，我的中文水平提高很快。這一天，突然有一個人來到新加坡，因為他，使得我終於下定決心辭掉公職迅速回國。」

這是個甚麼人，有這樣大的説服力，能使辜鴻銘置母命與政府的委派於不顧，竟然奔回自己的國家？

「此人剛從法國留學回來，途徑新加坡，名叫馬建忠。」

馬建忠是個甚麼人，張之洞不知道。他問桑治平：「你知道這個人嗎？」

桑治平想了想，問辜鴻銘：「他是江蘇人嗎？」

「是。他告訴我，他是江蘇丹徒人，有兩個哥哥，大哥名叫馬建勳，二哥名叫馬相伯。」

「我就想到他有可能是馬建勳的兄弟。」桑治平説，「馬建勳，我見過一面，那時他在亳州做淮軍糧台。馬相伯現在天津北洋衙門做事。馬家三兄弟，在江蘇被視為當年的馬氏五常。」

張之洞點點頭，心裏思索着：馬建忠一回國，李鴻章就通過其兄的老關係將他收羅過去了。這是李鴻章的過人之處。李鴻章可以這樣做，我張之洞現在也是一方總督，我為甚麼不可以這樣做？他李鴻章可以仗着總督的實權，廣納各方人才，我今後也應該如此。收下一個辜鴻銘，通過他的關係再網羅一批留洋人才，看來往後的事情要更多地仰仗從西方歸來的讀書人。一種渴望留住辜鴻銘的願望，在張之洞的心中油然而起。

張之洞的臉上現出藹然之色，問辜鴻銘：「馬建忠和你説了甚麼？」

「馬建忠對我説，中國是一個有着五千年古老文明的國家，當中國已經高度發達的時候，歐洲這些國家還處在愚昧摸索之中。中國的四大發明恩惠了全世界，若沒有中國人的這四大發明，歐洲決沒有今天的發達強盛。我問他甚麼是四大發明。馬建忠告訴我，四大發明，一是造紙術，一是印刷術，一是指南車，一是火藥。有了造紙術和印刷術，才有歐洲的書報，有了指南車，才有了歐洲輪船航海業，有了火藥，才有歐洲的大炮機槍。我沒有想到，外國引以自豪的這些東西原來都是靠的我們祖宗的發明，我頓時有一種揚眉吐氣之感。」

張之洞說：「我們中國人仁慈，發明了指南車，不去造輪船渡海侵略別人，而是造福遠行者不迷路。發明了火藥不去造子彈殺人，而是做鞭炮，使得過年過節熱熱鬧鬧高高興興。」

桑治平、趙茂昌，劉玉澍都笑了起來。趙茂昌說：「張大人說得好極了，我們中國人是君子，洋人是小人。」

「馬建忠還對我說，」辜鴻銘繼續說下去，「中國有好多種學問。兩千年前有過一次百家爭鳴，大家敞開心懷，把自己的聰明才智都表露出來，經過爭論，最後歸納為十大家。他告訴我，儒家叫人如何修身養性，道家叫人如何養心適性，墨家叫人如何勤勞兼愛，縱橫家叫人如何從事外交，至於陰陽家、雜家更是有許多神秘的學問，西方人只能莫測高深，不能窺探其奧妙。要了解這些，就得要回到中國去，在那方水土上生存，才能識那方水土精髓。」

張之洞不覺哈哈笑了起來說：「這個馬建忠也真會說話，他應該到總署去做事才好。」

「聽了馬建忠這番話，我決心即刻離開新加坡回國。我問他，我回國後要拜誰為師最好。馬建忠想了一下說，要說中國傳授學問的老師真是成千上萬，就名師來說，也數以百計；但在我看來，都不必去拜訪，也不必去投靠。中國現在最大的問題是國勢頹唐，誰有拯救中國於頹唐之中的本事，誰就是今天中國最大的學問家。我很高興地說，我的想法跟你一樣，回到中國後，要投身於中國的實務中去，各家各派的學說可以利用空暇去瀏覽。」

張之洞想，自己也應該算是一個拯中國於頹唐的大學問家了，不知這個海外學子的心目中有沒有自己。

「馬建忠對我說，你若十多年前回國，可以去投奔曾文正公，他是中國公認的有真才實學的第一號大人物。我笑道，十多年前，我還是一個小孩子，他也不會接收我。馬建忠笑了說，是呀，可是他現在過世了，你回國見不到他了。不過，他有一個得其真傳的學生，名叫李鴻章，他是眼下中國公認的第一號大學問家。你回國後找他，若需要的話，我可以為你寫一封推薦信。我說，好，我去找他。」

張之洞的臉色立時沉下來。他也知道，無論是聲望還是實力，李鴻章都遠在他之上，但是，當一個海外學子在他的面前如此抬舉李鴻章而全然沒有提到他時，他心裏仍然極不舒服。趙茂昌將張之洞臉色的變化看在眼裏，尋思着要在適當的時候說幾句話。

「我離開新加坡，回到檳榔嶼，將這一想法告訴母親，母親支持我。此時恰好有一英國的探險隊要到中國去，我就隨着他們一起出發。在翻越滇緬邊境時，我們遇到了許多險惡，我意識到隨時都有生命的危險。我志不在探險，如果死在那裏，將大為不值，我於是離開探險隊來到香港。在香港遇到一個人，他告訴我，要到中國去投李鴻章，你這點學問遠遠不夠。不如在香港住幾年，多讀點中國書。我聽信了他的話，一住三年。上個月，我偶然遇到了劉玉澍先生。他對我談起了您，我在香港的報紙上也看過關於您的介紹，於是就隨他來到廣州，希望見到您。」

聽到這裏，張之洞才舒服過來，看來海外還沒有無視我張某人。張之洞臉上變化的這一小細節，又被趙茂昌看在眼裏。他趕緊對張之洞說：「這幾天，我和辜先生談了幾次話。我告訴他，馬建忠的話說得不準確，當今天下第一大學問家不是李中堂，而是我們張制台。」

張之洞聽了這話很高興，滿臉堆上笑容，和氣地對辜鴻銘說：「你就在我這裏住下來，不要到別的地方去啦。我以後常給你講中國學問，中國最大的學問在我的肚子裏。」

辜鴻銘認真地問：「請問張大人，你肚子裏的這門學問叫甚麼？」

「這門學問叫甚麼？」張之洞哈哈笑起來。「它叫天人合一之學，是天底下最高最深的莫大學問。我今後慢慢地傳授給你吧！」

桑治平想起張之洞要他找的兩本書，連忙拿出來，走到辜鴻銘的面前說：「這是一個朋友送我的兩本書，可惜我不懂洋文，你能幫我看看嗎？」

辜鴻銘接過來，看了看上面一本的封面，又翻了翻，說：「這是笛卡兒的《哲學原理》，此人已死去二百多年，是法國很有名的哲學家、科學家。他寫了很多書，這本《哲學原理》是他的代表作，這是法文原版。因為講的道理太深奧不好讀，我在巴黎時用了整整一個星期才讀完。」

辜鴻銘把《哲學原理》還給桑治平，將手中的另一本封面瞄了一眼，說：「這是一本俄文小說，書名叫《父與子》，作者是俄國著名作家屠格涅夫。這本書別看它厚，很好讀，作者才華過人，語言優美。我在愛丁堡大學讀書時，一天就把它讀完了。」

這番話使在座的兩個中國讀書人聽了目瞪口呆，做聲不得。張之洞深感當今中國，正缺少也正需要的就是這種人，不管他提出甚麼要求，要多高的薪水，也要把他留在兩廣總督的幕府裏。

張之洞滿是關愛地對辜鴻銘說：「辜先生在海外十多年，積累了豐富的西方學問，又學過泰西語言，國家正要的是你這種人才。我想請你留在廣州，跟我一道做一些對國家和百姓有用的實事。至於薪水和待遇，我都會從優考慮。你願不願意留下，有甚麼要求嗎？」

「我願意。」辜鴻銘爽快地回答，「我現在也提不出甚麼要求，以後我想起甚麼，再給大人提出。」

「好。」張之洞滿意地點點頭，將辜鴻銘從頭到腳又重新打量了一番，說，「你不向我提要求，我要向你提一個要求。」

辜鴻銘有點緊張，不知這位自己國家的大官員會提出甚麼要求來。

「辜先生，你既然已回到中國來，就要做一個完全的中國人。今後在我的衙門裏做事，不要穿這身西裝，明天趙茂昌帶你到城裏裁縫店去做三套衣服，冬天一套，夏天一套，春秋一套，就算是我送給你的禮物。另外，你的頭上沒有辮子，要把辮子留下來，一時長不出，先去買條假辮子來。對朝廷來說，這有沒有辮子，不是一個留頭髮的問題，而是忠不忠的大事。這裏面的緣故，叫劉玉澍告訴你吧！」

「我知道。」辜鴻銘說，「我第一次離家到英國去的時候，父親就對我說，今後不管遇到甚麼情況，你頭上這條辮子一定要留下來，這是中國人的標記。」

「那後來為甚麼沒有了呢？」桑治平望着辜鴻銘頭上梳得很好的西式分頭，饒有興趣地發問。

辜鴻銘笑了笑說：「我剛到英國時，學校裏的同學都笑我腦後的辮子，說它是豬尾巴。我記着父親的叮囑，不管別人如何取笑，我一直不剪。一直到十七歲那年，我進了愛丁堡大學，我的一個同班女同學對我說，你的這條辮子真可愛，烏黑油亮，好玩極了，你送給我吧！我很喜歡這個美麗的英國姑娘，心裏猶豫好長一會，最後還是下了決心，當即拿剪子剪了辮子，對那姑娘說，你喜歡它，就送給你吧。那姑娘很感動地收下了。」

滿屋子裏人都笑了起來，桑治平笑道：「原來辜先生是個多情的男兒，祖宗傳下來的辮子為一個姑娘而剪了。」

張之洞關心地問：「後來那個姑娘嫁給了你嗎？」

「沒有。」辜鴻銘似乎並不把它當作一回事，說，「畢業後她去維也納學音樂，我去萊比錫學工程，就那樣分了手，再沒見面。」

趙茂昌忙問：「你後來娶的哪國女子？」

「我至今未成家。」辜鴻銘說，「馬建忠對我說，中國古代男子是三十而授室，我還只有二十八歲，不急。」

「好！」張之洞說，「到時我來給你找一個好姑娘！」

辜鴻銘笑了笑，沒做聲。

張之洞也起身說：「眼下就有一件緊要的事要你來辦。你帶着兩廣總督衙門的公文到香港去，找到匯豐銀行的老闆，為兩廣借一百萬兩銀子。具體如何辦理，過會兒桑先生再給你詳細交代。」

辜鴻銘等人剛出門，巡捕便進來報告：「粵海關道黃萬全求見。」張之洞叫巡捕帶他進來。

5 馮子材威震鎮南關

黃萬全進來向張之洞打個躬後，即從左手衣袖袋裏掏出一個五寸長兩寸寬的紅紙袋來，雙手捧上，說：「這是七、八、九三個月公費銀，三張銀票，每張三千両，共九千両，請大人過目。」

張之洞大吃一驚：這是怎麼回事！是行賄嗎？光天化日之下，一個粵海關道竟然敢來總督衙門公開行賄，是這個道員膽子太大呢，還是把我這個制台太小看了呢？張之洞想到這裏，心裏一股怒火猛然升起。他拉下臉來厲聲喝道：「你這是幹甚麼？還不趕快給我收回去！」

黃萬全瞪大着兩隻眼睛，茫然望着張之洞那張鐵青的長臉，托紅紙袋的手不由得抖了起來。「大人，您千萬別誤會了，職道沒有別的意思，這是粵海關的例行公事。」

例行公事？張之洞想，這中間必有名堂，便將拉長的臉收回來，語氣和緩地說：「你坐下說，這到底是怎麼回事？」

黃萬全這才明白張之洞還不知這件事情，神色安定了許多。他坐下，將紅紙袋暫時又放回衣袖袋裏，悄悄地說：「大人原來不知道，容職道稟告，這是一樁已奉行十多年的成例了。早在同治年間瑞麟任兩廣總督時，因督署開支龐大，公款不夠，當時的粵海關道傅璟為總督分憂，每個月從關稅中提取一千兩銀子以補充開支，從此便成定例。不管誰做粵海關道，他都照樣上繳這些銀子，也不管誰做了粵督，都照樣接收；不同的是，這筆銀子是一年年增加，從一千到一千五，到二千。上年曾九帥來廣州後，他的開支更大，遂乾脆來了個每月三千，一季上繳一次。職道以為大人已經知道，故未說明，這是職道的不是，希望大人寬恕。」

張之洞想：總督衙門的開支不夠，就從粵海關稅中提取，這不明擺着是從國庫中揩油嗎？這樣明目張膽地侵吞國庫，居然可以名正言順地成為慣例，居然可以奉行十多年而無人告發，這國法紀綱到哪裏去了！常言道上行下效、上樑不正下樑歪。總督衙門可從海關稅中取錢，巡撫衙門便可以從鹽稅中取錢，縣衙門便可以從賦稅中取錢。這樣一來，豈不全亂了套？這個成例要廢除掉，不能再沿襲下去了！正要這樣對黃萬全說，轉念一想：一個月三千，一年便是三萬六，眼下唐景崧、馮子材新招的勇丁要軍餉，在越南的各支隊伍也望銀眼穿，大戰在即，銀子就是士氣，銀子就是勝利，剛才還在要幸鴻銘到香港去借洋款，為甚麼這筆銀子不收下？既然已實行多年，這三千兩銀子從關稅中提出早已有了合法的途徑，就讓它這樣繼續吧，我張之洞今天就拿這筆錢去補充軍營好了。

「黃道。」

「職道在。」

「這筆銀子既已成十多年的定例，本督也不想改變。你就從這季度的九千兩開始，每季度上報一個冊子，交給督署軍需處，由軍需處作補充軍餉用。督署衙門的其他任何開支均不得用它，我今後還要專摺向朝廷奏明此事。」

「大人清廉，職道欽佩，職道這就去辦。」黃萬全忙起身告辭。

黃萬全走了以後，張之洞想，還不知兩廣各級衙門這種陳規陋習有多少。本是違法行為，大家都這樣做，見怪不怪，就成為合法的了，真是豈有此理！他恨不得立即就來一個全面肅清官場風氣的舉措，但戰火瀰漫，形勢逼人，眼下最大的事情只能是全力備戰，其他事，不得不壓一壓了。

是的，戰爭已是當前舉國關注的頭號大事了。

法國海軍六月攻打台灣基隆失敗後，八月中旬，在司令孤拔的率領下，再次侵犯台灣。法艦十一艘攻打基隆，又派出五艘進犯滬尾。當時這一帶的清兵僅三四千人，為全力保滬尾，不得不放棄基隆。法軍佔據了基隆這個台灣北部的重要港口，並向四路擴大它的侵略領地，部署向台北推進。台灣巡撫劉銘傳不得不向他的老上司李鴻章請援。李鴻章卻只派遣劉銘傳留在大陸的老部屬一千五百餘人，坐英國貨船由台東登岸。這支軍隊對台灣局勢的緩解幾乎不起作用。劉銘傳對此大為失望，他致電李鴻章，再次告急。李鴻章回電劉銘傳：現在北洋只有快碰船二隻，斷不足以抵擋鐵艦的巨炮，即使派到台灣來也無濟於事，只得請求朝廷另設他法。

閩浙總督左宗棠上疏朝廷，責問南北兩洋的兵輪為何坐視不救，應當立即開赴台灣救急。於是朝廷命兩江總督曾國荃派出兵輪五艘迅速赴難。兩江水師統領吳安康率領開濟、南琛、南瑞、馭遠、澄慶五艘兵輪駛向台灣海峽。行到浙江洋面，突遇九艘法艦。時大霧迷蒙，吳安康以寡不敵眾為藉口，令各艦駛入鎮海。結果馭遠、澄慶二船為法艦所擊沉。南洋援台一事宣告失敗。正當台灣局勢危急萬分的時候，幸而法國海軍提督孤拔病死澎湖，軍心受到影響，攻打台灣的炮火逐漸淡了下來，台灣才免於全島淪陷。

在越南北部，法國陸軍對清軍的進攻也在全面鋪開。經過三個多月的操練，唐景崧所招募的景字營開出鎮南關，協助劉永福駐紮宣光附近。經張之洞奏請，朝廷授劉永福記名提督，並加唐景崧五品銜。緊接着，馮子材在廣東招募的十八營子弟兵，也操練成軍，由他的兩個兒子相榮、相華分任左右翼長，由欽州、上思浩浩蕩蕩開進越南。古稀名將統率的這支七千人的新粵軍，給整個越南北部戰場注進一股強大的活力，駐紮關外的所有清軍莫不為之一振。

與此同時，廣東碣石鎮總兵王孝祺也奉張之洞之命，統率八營將士由梧潯溯西江，經龍州出鎮南關。王孝祺安徽合肥人，是張樹聲的小同鄉，也是張樹聲插起招軍旗的第一批鐵桿兄弟，二十餘年來跟着張樹聲轉戰南北，移功升至總兵。王孝祺驍勇善戰，卻也強悍任性，他跟吳元洛等其他淮軍將領一樣，原本壓根兒瞧不起無一天沙場履歷的文人張之洞。幾個月下來，他從張之洞對張樹聲和淮軍的一連串舉措中，看出新總督的才幹，也看出此人雖不是帶兵打仗的將軍，卻有鎮撫全局的帥才氣度，遂樂意聽從命令，帶兵入越，再立新功。

這三支人馬共三十營一萬二千將士出關入越，無疑大大增加了朝廷在越南北部的軍事力量。其實，朝廷早已在越南投入不少兵力。此時，廣西巡撫潘鼎新統帥兩營精銳新兵營駐紮在諒山城內。環繞着諒山的有三路人馬，分別為駐在穀松的中路蘇元春十八營，駐在南甲的西路楊玉科九營和駐在那陽的東路王德榜十營。這三支軍隊距諒山均只百來里路程。此外，還有劉永福的四千黑旗軍。所有在越南北圻的朝廷軍隊加起來不少於三萬人，若是紀律嚴明，武器精良，指揮有方，這三萬人馬堪稱一支雄師勁旅，不但可以有效地抵禦法軍的挑釁，甚至可以將侵略者趕出北圻。可惜，事實不是這樣。軍紀散漫，武器低劣，是當時清末軍營的通病，出關入越的與在國內的，沒有甚麼區別。更糟糕的是官銜最高、負有統帥所有在越軍營的廣西巡撫潘鼎新，是個徒有空名無真本事的老官僚，各路統領差不多都不買他的賬。馮子材的十八營子弟兵，入越後一直在鎮南關外徘徊着，要靜觀形勢的變化。他拒絕接受潘鼎新的調遣，潘鼎新也不敢指揮他。

法國則不斷地向越南加強軍事部署。老將尼格理任總指揮，頻頻向清軍挑起戰爭，試圖憑藉強大的國力和精良的軍事裝備，把所有北圻的清軍趕回關內，讓越南北部成為法蘭西的殖民地。孤拔統率的海軍進犯台灣，其戰略目的仍是配合越南。這一點，經馮子材一針見血地指出後，張之洞也越來越看清楚了。他上疏朝廷，明確指出，儘管法國在東南海疆挑起事端，而其用意卻在越南，故振全局在爭越南，而爭越南又在此數月內。

辜鴻銘不負所望，從匯豐銀行借來了一百萬洋款，張之洞用這筆洋款迅速從洋人軍火商手中購買槍炮彈藥，同時在軍餉上也儘量滿足前線將士的要求。又接受辜鴻銘的建議，在香港定購大批西方報刊，派專人每天送到廣州督署，由他翻譯，擇其重要者，送給總督，以便從西方報載中掌握法國的軍事動態，為越南戰爭提供訊息。

十一月，法軍七千人在遠征軍總司令波里指揮下，大舉進攻豐穀，王德榜大敗，向蘇元春求救。蘇元春竟然按兵不動。半個月後，法軍又大舉進攻穀松等部，王德榜也坐視不救。蘇元春無奈退兵威埔。張之洞得知此事，對蘇元春、王德榜的行為甚是惱火。他一面上疏朝廷，一面任命馮子材為幫辦廣西軍務，以便讓馮取得僅次於潘鼎新的軍事調遣權。十二月，法軍乘連敗清軍中路、東路的兵威進攻諒山。潘鼎新既已失去中、東兩路的屏障，西路楊玉科又戰死沙場，遂丟掉諒山倉皇逃命。逃跑途中，從馬上摔下來，跌斷左手。他又羞又急，從諒山逃到幕府，從幕府逃到憑祥，又從憑祥逃到龍州廳，驚魂尚未安定。法軍攻陷諒山，又佔領鎮南關，將一座數百年的雄關徹底摧毀後才退出。關內關外難民，跟着逃兵一起沿着北江流竄。廣西全省大震。

朝廷對潘鼎新這種棄城而逃的行為非常憤怒，立即下令撤職嚴辦，並命廣西按察使李秉衡護理桂撫一職，擔當起統領越南北圻一帶的重任。

諒山丟失，固然給越南戰局帶來極大的不利，但天下事禍福相依，因潘鼎新的革職導致李秉衡的上任，又給局勢帶來新的轉機。

李秉衡是清末官場上不多見的清廉能幹之員，雖是捐納出身，卻操守甚佳，早在做府縣官員時，就有「北直廉吏第一」之譽。張之洞欽佩李秉衡這種為官之風，他以晉撫身份向朝廷推薦了一批人才，李秉衡也列在其中。

經張之洞的推薦，李秉衡很快便擢升為浙江按察使，隨即平移廣西。李秉衡感激張之洞的知遇之恩，張之洞也對李秉衡格外信任，二人之間相處融洽。

就在朝廷任命下達的同時，張之洞也給即將出關統兵的李秉衡一封急信。信上說，這兩個月來越南戰局惡化，關鍵在於各路統領不能協調合作，而這種局面根本原因又出在潘鼎新的身上。潘鼎新德不能服眾，才不足以制敵，希望李秉衡以前車之覆為鑒，將越南北圻的軍事總指揮權交給馮子材，由馮全權督辦關外軍務。

張之洞對李秉衡說，如今的局勢，與咸豐十年江南大營潰敗時差不多。當時朝廷為了挽回敗局，不得不將東南事權委之於曾國藩一人。眼下馮子材、劉永福都是可獨當一面的人。為此，他為前線謀劃一個大的戰略部署：東西兩線合作用兵，東線諒山委之於馮子材，西線宣光委之於劉永福。

這時候，馮子材的心情正頗為抑鬱。原來，潘鼎新既是巡撫，又兼廣西陸路提督之職。他被撤職後，朝廷任命蘇元春為廣西提督，卻並不按常例擢升他這個幫辦。六十八歲的原廣西提督看到四十歲的蘇元春位居他之上，心中甚是不快。

李秉衡帶着張之洞的信，一到鎮南關，便去拜會駐在關外的馮子材。

「老將軍，」李秉衡誠懇地說：「局勢危殆，關外各軍羣龍無首，我雖奉朝廷之命護理巡撫在關外督戰，但其實不懂軍事，還請老將軍出面，挑起這副重擔。」

馮子材冷冷地說：「蘇元春不是擢升廣西提督了嗎？這重擔自然由他挑，我不過幫辦而已。」

李秉衡說：「蘇元春雖被升為提督，但他的聲望和能力畢竟不能與老將軍相比，王德榜在上次戰事中與他結了仇，現在如何會聽他的？王孝祺是淮軍宿將，資歷年歲都已在蘇元春之上，他也不會聽蘇元春的。至於劉永福，他早就說過，只服老將軍一人。」

馮子材冷笑道：「既然這樣，又何必讓蘇元春佔着廣西提督這個位置呢？」

李秉衡見馮子材年近古稀，做過多年的提督了，如今還這樣計較名位，心裏雖不以為然，嘴上仍耐心地解釋：「三個多月前，老將軍尚未來越南，潘鼎新便已向朝廷推薦了蘇元春出任廣西提督。他是廣西人，在廣西辦了多年的團練，與廣西村寨頭領、土司交往頗多，也算得上一個地頭蛇，故而潘鼎新推薦他，朝廷也便接受了；但在越南作各路人馬的統帥，他顯然不夠資格，更不能跟老將軍比。老將軍二十年前就是提督了，還在乎這個官銜嗎？再說，與一個兒輩的人去慪這個氣，也不值。」

李秉衡的這番話不無道理。馮子材想：我都快七十歲了，已致仕多年，還在乎職務高低嗎，只是心裏不順氣罷了！

已是正午時候，他留下李秉衡在軍營吃午飯，彼此都不再談這件事。吃過午飯後，他安排李秉衡休息，自己也照例睡午覺。馮子材倒下後很快便鼾聲大作，書生出身的李秉衡面對着嚴峻的局勢心中焦急萬分，坐立不安。正在這時，軍中信使來到營外。李秉衡忙走出門，指着信使手中的一封用火漆封口的信函：「這是甚麼？」

信使答：「這是兩廣總督衙門發給馮軍門的信。」

「噢。」李秉衡心裏想：又有甚麼緊急軍情嗎？「你直接送給馮老將軍吧！」

原來，信使送來的並不是緊急軍情，而是張之洞寫給馮子材的私人信件。信上說：上次在荔枝灣，老將軍說過要有制勝之把握，必須有統率各軍的權力，當時鑒於潘鼎新以桂撫在關外督軍的緣故，不便答應，只能在今後相機而動。現在潘已去職，蘇元春雖升為提督，但不孚眾望，不能統轄各軍，廣西提督亦未有轄制關外各軍之權，我已請李護撫台恭請老將軍出面主持大計。時機已到，盼老將軍以國事為重，臨危受命，挽回大局，為華夏爭光。近日，外國報紙透露法國遠征軍中的一個重要消息，願老將軍切實把握。從敵人營壘獲取軍情，常常是出奇制勝的秘訣。老將軍用兵一生，自然比別人更深知此中道理。另紙附莘鴻銘翻譯的英國《泰晤士報》上的一則花邊新聞：法國遠征軍東線總指揮尼格理少將貪戀女色，跟一個河內歌女打得火熱，居然將歌女從河內召來諒山相伴，軍中多有不滿。

馮子材看到這則消息，一個想法突然冒出來，他彷彿從中看出打勝仗的苗頭了。

他興衝衝地走進李秉衡的休息間，爽快地對愁眉未展的護理撫台說：「我同意出面指揮全局軍務，但你要蘇元春、王孝祺、王德榜等人保證，完全聽我的將令，不得稍有違抗；若有違者，老夫將以軍令處置。」

李秉衡聽了這話，愁雲頓時消去，高興地撫着馮子材的雙肩說：「老將軍放心，這事包在我的身上。說句實話，蘇元春他們也是從心裏服老將軍您的。」

馮子材從明暗兩方面制定他的作戰計劃。明的一面，即保衛鎮南關，收復北圻失地。馮子材帶着蘇元春等人仔細查勘鎮南關四周的地形，決定將軍營移進關內距關樓八里處的關前隘。此地東西高聳，中間兩道山嶺相距約四十丈寬，馮子材在這裏筑一道兩人高連接東西山嶺的土石長牆。牆外挖一條一人深的大溝，東西兩道山嶺上建三座炮台。王孝祺的軍營紮東嶺，蘇元春率部紮三里之外的幕府，王德榜率部屯於五里外的油隘，構成對關前隘大營的犄角之勢。馮子材和他的兩個兒子則率部紮在土石長牆內。

王孝祺私下問馮子材：「鎮南關內外佈置得這樣嚴密，法國已經將關樓焚毀而去了，他還會再來嗎？他若不來，我們豈不白費力？」

馮子材笑道：「法國人想要獨吞越南北圻，不容中國插手，只要我們還有一支人馬在這裏，他就不安心。現在我們有七十多營、三萬將士紮在鎮南關內外，他更是一天到晚吃睡不香，要不了多久，便會主動來找我們挑戰的。」

王孝祺說：「鎮南關內外現在可以說是嚴如鐵桶，諒他們再來，也佔不到便宜。不過，法國人乖滑，他們在關口上一旦失利，便會撤退逃跑。我們若採取包圍陣式，截斷他的後路，將他們全部殲滅在此地就好了。但這要事先知道他們從哪條路來，先期埋伏在那裏才好，如何能預先知道呢？」

馮子材遙望着關外草樹濃密的荒蕪之地，沉默良久後，悄悄地說：「辦法是在想，能不能成功，就只有看天老爺幫不幫忙了。」

原來，暗的一面在同時進行，不過他不想對王孝祺明說罷了，這種事只能越隱蔽越好。

馮子材在越南住過幾個月，與當地人有些聯繫，通過他們的查訪，很快便落實《泰晤士報》的花邊新聞說的是實情。這個歌女名叫溪筍。溪筍已沒有父母，有個大姐已出嫁，還有一個小妹在一家小餐館當招待，日子過得都不寬裕。溪筍做歌女，收入也不多，她其實並不愛這個法國老頭，只是圖他的錢而已。

打聽到這些情況後，馮子材叫他的小兒子相華裝扮成一個越南生意人的模樣，在本地翻譯的陪同下，悄悄來到法國人佔領的河內城。傍晚的時候，他們找到溪筍的大姐溪草家。溪草和他的丈夫阮志清對這兩個不速之客的來臨頗為驚訝。

翻譯對溪草夫婦說：「我是從順化來的。」

順化是越南的都城，從順化來的，意味着是從朝廷來的。溪草和他的丈夫都是小老百姓，翻譯隨意編造的第一句話，便將兩個人鎮住了。他們瞪着兩隻眼睛怯怯地聽着。

「我給你們說實話吧。法國人在我們越南是呆不久的，朝廷上下，從國王到各位文武大臣都恨死了法國人，請中國派兵到我們國內來，就是為了要把法國人從我們越南趕出去，跟法國人混在一起是沒有好下場的。」

溪草的心在怦怦亂跳，妹子跟一個法國將軍相好，最近又去了諒山這些事，她都是知道的。親戚朋友、左鄰右舍中有知內情的，都在背後指指點點，還有的人罵溪筍是越奸。作為親姐姐，溪草也為妹子擔着心。她有時也勸妹子不要跟法國人混在一起，但妹子不聽，又常常拿點錢給她花，她也便不說甚麼了。現在，這個男子板着面孔說出這種硬話來，着實讓她害怕：莫非他是朝廷派來的人，要來捉拿妹子？溪草看了看丈夫，丈夫的臉色也明顯地變了。

「你的妹妹溪筍做了法國頭領的情婦，還跟着他去了諒山。」

「我們不知道。」溪草想為自己打掩護。

「這件事，英國的報紙都登出來了。」翻譯瞪了溪草一眼。「不知道，我今天就正式告訴你們。」

阮志清急了，說：「我們不是越奸，溪筍也不是越奸，她只是圖那個法國佬的錢罷了。」

「做法國佬的情婦，就有越奸的嫌疑，到時法國佬被趕出越南後，你妹子的日子就不好過了。」翻譯這一副政府代言人的模樣，使溪草夫婦更害怕了。

「我這就去諒山，叫她回河內來，離開那個法國佬算了。」溪草以哀求的口氣說，「求求你們，今後不要找她的麻煩。她也是命苦，沒有法子。」

「離開就行了，就沒事了？」翻譯冷笑道，「除非為國家立有功勞。」

阮志清問：「她一個小女人，能為國家立甚麼功勞？」

相華開口了：「只要她願意，她可以立大功。」

翻譯把相華的話轉告後，說：「這位便是我們從中國請來的將軍。他的軍隊很強大，法國人打不過他們。若你妹子能夠幫忙的話，打贏法國人要省事很多。你的妹子立了功，朝廷自然不會再找她的麻煩了。」

溪草忙問：「她怎樣幫忙呢？」

相華通過翻譯與他們交談起來。

「要你妹子努力打聽法國人的軍事情況，遇有大事，應立即報告我們。」

「這些情況如何到達你們那裏呢？」

「你們兩夫婦明天跟我們一起去諒山，找一處離你妹子最近的地方住下來。你去見你妹子，將這件事告訴她，要她一有事就告訴你，然後你再告許我們的人。我們有人天天來聯繫。」

溪草兩口子對坐着不開口，相華從口袋裏拿出一錠銀子來，說：「這是五十両紋銀，先給你們，事情辦好了，再給你五十両。另外，給你的妹子三百両銀子。」

望着這一錠沉甸甸的銀子，阮志清的眼光頓時亮了。他一年辛辛苦苦，起早貪黑地做事，一年下來，賺不到二十両銀子，辦好這件事，一下子就是一百両銀子，抵五年的辛勞，妹子還可以得三百両；如果再從妹子那裏分一百両的話，就可以起屋買田，做起富人來，一家子舒舒服服了，何況還可以為妹子洗去越奸的恥辱。他用肩膀碰了碰妻子：「怎麼樣？」

溪草的想法跟丈夫一個樣，於是點了點頭，答應下來。就這樣，溪筍的姐姐姐夫便在諒山住了下來，尼格理的動向也便隨時傳到馮子材的耳朵裏。

這一天，由溪筍那裏傳來一個極為重要的消息：後天，也就是二月七日，尼格理將率大批人馬從諒山出發，沿神木、敦土一線從東邊進攻鎮南關。尼格理已向波里誇下海口：一舉踏平鎮南關，將中國軍隊徹底趕出關外。

馮子材得到這個消息，將鎮南關的軍事力量作了一番調整，又安排駐紮油隘的王德榜部先天夜裏潛伏在敦土，待戰爭打響後，切斷法國人的後逃之路。同時，馮子材又飛騎將這個消息告訴西線的劉永福，一旦鎮南關的仗打贏了，便乘勢進攻宣光、光復、廣威、敦江等，來個東線西線全面開花。

果然，二月七日一大早，尼格理便帶着裝備精良一千名法國士兵浩浩蕩蕩向鎮南關開赴，真的沿着神木、敦土一線前進。王德榜看着這一隊法國人從眼皮底下走過，又緊張又興奮。這個跟着左宗棠轉戰南北的前楚軍首領，兩個拳頭攥得緊緊的，暗暗下定決心，一定要把後門關得牢牢的，讓這羣趾高氣揚的洋鬼子有來無回，一個也不能跑掉。

中午時分，尼格理來到鎮南關口。尼格理也是戰火中打出來的軍人，是一個富有經驗的強悍的指揮官。當他的軍隊來到鎮南關口時，便藉助望遠鏡將關前隘中國軍隊兵力部署都看清楚了。東西兩道嶺上的炮台顯然都是為了保衛進口關隘的。西邊的炮台，其火力點又集中關隘後，對關隘前威脅最大的是東邊的炮台。

尼格理知道，要打開關隘，必須先要拿下東嶺的三座炮台。他將部隊分成兩部分，自己帶六百人進攻東嶺，參謀長米歇爾率領另外四百人攻打正面的土石牆。

他指揮士兵構築臨時工事，裝上炮架，開始對東嶺炮台發起猛烈的攻擊。守衛在這裏的王孝祺早有準備，沉着應戰。

雙方的炮火都很激烈。法國人倚仗着先進的軍事裝備，和屢戰屢勝的昂揚氣概，全然不把中國軍隊放在眼裏。中國軍隊憋足了一肚子怒火，又加之這次早已成算在胸，也一掃過去的怯弱和慌亂，並不害怕山下敵人的囂張氣燄。尼格理與中國人打過幾次交道，還是第一次感受到這種與往日不同的氣氛。他不時拿起望遠鏡向嶺頭遙望，又哇拉哇拉不停地叫喊着。他手下三十多門大炮，隨着他的喊叫和手臂揮動，將一發發帶着火光的炮彈飛一般地向山頭射去。

臨近傍晚時，山頭中國軍隊的炮聲突然稀少起來。原來，平素預備的炮彈打得差不多了，臨時從大營裏趕運上山的幾十箱炮彈卻大部分是啞炮，有的甚至射到一半便頭重腳輕似地栽了下來。王孝祺看到這個情況，氣得頓腳直跳：「他媽的，這是怎麼回事！這炮彈是哪裏造的？」

「這是江南製造局造的。」炮手指着木箱上的黑字說。

「我操他八輩子祖宗！這不是要老子的命嗎？」王孝祺氣得將印有「江南製造局」字樣的一個空木箱用力向炮壘外甩去。

他還不解恨，又破口大罵：「這些傢伙統統都要抽筋剝皮下油鍋！老子一個也不讓他活！」

這個意外的變故很快便讓尼格理看到了，他興奮地大聲喊叫：「上帝啊上帝！中國人沒有炮彈了，我們把炮架推過去，瞄準好，一發一發地打！」

法國兵一個個拍手叫好，肆無忌憚地將炮架推移過去。射程近，法國大炮的威力更大了。沒有多久，三號炮台便被炸毀，二十多個炮手全部犧牲。

王孝祺氣得昏了頭，大叫：「兄弟們，跟着老子衝下去，跟洋鬼子們拚了！」

正在這時，相榮已來到山頭。他一把扯住王孝祺的手說：「王鎮台，你這樣下去，不是明擺着去送死嗎？家父要我來告訴你，既然炮彈是啞的，守住幾座空炮台也無用，不如乾脆放棄，我們在關前跟他們來個肉搏戰。」

正說着，法國人的炮彈如雨點般射來。二號炮台裏的炮手們剛剛走出，炮台便被法國人的炮彈炸毀，眼看一號炮台也即將同此命運，王孝祺只得哀歎一聲，帶着駐守在東嶺的所有將士下了山。

尼格理見東嶺很久沒有一發炮彈射出，知道中國軍隊已無還擊力量了，便將令旗一揮，二百名法國士兵扛起三十多門輕型鋼炮，很快便架到東嶺上，扼控關隘口的東嶺三座炮台便這樣全部落入法國人的手裏。

三個月前的那一幕即將在鎮南關再次重演！形勢的嚴峻令馮子材和所有中國將士們心頭萬分沉重。幸而，此時天色已完全黑下來，法國人要吃飯、睡覺、休整了，白日的鏖戰，遂暫時停止。這一夜，古稀老將軍望着關樓上的一彎冷月，久久不能安歇。戎馬一生的榮譽，軍人的尊嚴，志士的愛國情，交織在一起，促使他作出背水一戰、殺身成仁的悲壯決定。

天亮的時候，他把王孝祺、蘇元春等高級將領和兒子相榮、相華召在一起，沉痛地說：「東嶺的炮台已經丟失，鎮南關面臨隨時被攻破的危險，現在我們面前只有兩條路。一條就是像有些人那樣，為保自己的命而棄關逃跑。自己的小命暫時保住了，但成百上千的士兵和百姓要因此而喪命，朝廷也不會輕易饒過，撤職罷官，自不待言，充軍殺頭也不為過，即便不死，萬千人口罵手指，活着比死還受罪。」

馮子材炯炯發亮的眼睛將四周人掃了一眼，見所有的人都在屏息靜氣肅然恭聽。他繼續說下去：「還有一條路那就是奮勇向前決不後退半步，與敵人拚到底。各位將軍們，老夫為大家所選擇的就是這條路，而且只有這條路。不要說拚死沙場馬革裏屍是我們做軍人的本份，單從今天的局面來看，我們也只有選擇這條路，才是死裏求生的唯一希望。」

馮子材又用堅定不屈的目光將大家打量了一眼，見眾人的目光裏都沒有難色，心裏頗為滿意，嗓門更洪亮了：「各位將軍，法國人只有一千來人，我們有三萬人，三十個對一個，優勢在我們一邊，關鍵是要大家都不怕死，團結一致，和法國人拚到底！」

蘇元春插話：「老將軍說得對，我們是三十個對一個，人多勢大。現在的危險主要是東嶺炮台被法國人佔去了，對我們大為不利。我提議趕緊將西炮台移下來，安在東嶺山腳下，仗打起後，炮火對準東嶺，壓住法國人的火力。我們全力以赴殲滅長牆外的法國兵，先把眼前的敵人吃掉後，再對付東嶺。」

馮子材說：「蘇軍門的建議很好。你現在趕緊下令，把西炮台移下來。」

蘇元春立即吩咐旁邊的一個參將去西嶺傳達命令。

就在這時，一個把總慌慌張張地進來報告：「不好了，老將軍，法國人已在填溝了。」

「慌甚麼？讓他們去填！」馮子材的臉色突然變得鐵青，他猛地撕開身上的黑馬甲，吼道，「各位兄弟，為國立功的時候到了！誰是英雄好漢，誰是孬種混蛋，鎮南關頭見個明白！老夫今天就把這條老命送在這裏，你們統統都要跟着我上來！」

說着，他將掛在柱子上的一把寶劍「嗖」一聲抽出，那劍全身上下發出凜凜寒光。

「這把劍是二十多年前文宗爺給老夫的獎賞，它就是我們大清王朝的國法軍紀。蘇軍門！」

「在！」蘇元春應聲答道。

「今天，這把劍就交給你，你代老夫執行王法。等下炮聲一響，全體將士都要跟着老夫衝鋒上陣。有畏葸不前臨陣逃脫的，你立即用此劍斬下他的頭來。」

「是！」蘇元春響亮地回答，鄭重地接過劍來。

「老將軍，有一隊法國兵已衝過溝來了！」先前的那個把總，人還沒進門便大聲叫起來。

「傳我的將令，開槍射擊，打爛他們的狗頭。」

馮子材的聲音剛落，外面的炮聲便已鞭炮似地響了起來。

一會兒，西嶺炮台的人前來報告：「西嶺十二門大炮都已移到東嶺腳下安裝完畢。」

馮子材下令：「向東嶺山頭開炮，壓住法國人的火力。」

外面的炮聲槍聲喊殺聲越來越大，馮子材手一揮說：「我們都上土石牆！」

王孝祺忙阻止：「老將軍，外面槍子太密集，你不要出去，我們代你上牆指揮！」

「那不行！」

馮子材從桌上拿起一條又長又寬的青色土布，將自己的頭頂圍紮起來，笑着說：「包上它，就不怕炮子了！」

說着，大踏步走出營房門，帶着二子和諸將一起上了土石牆。

牆外，清軍和法軍正在作殊死的搏鬥。儘管山腳的炮彈對東邊嶺頭上法國人的火炮構成壓力，但法國人佔據地勢居高臨下，仍然有不少炮彈落到牆外溝邊，可怕地威脅着守衛關隘的清軍。趁着這有利的機會，深溝又被法國人填滿了一段，大批洋兵哇哇亂如潮水般地踏過深溝，直向土石牆外撲來，形勢越來越危急了。

「馮相榮、馮相華！」

「在！」見老父厲聲呼叫，馮氏兄弟愣了一下後馬上高聲回答。

「跟我到牆外去！」馮子材將上衣脫下甩掉，露出黑瘦的光膀子來，又隨手從身邊的一個士兵手中奪過一把長矛。

「爹！」馮相榮忙去搶父親手中的長矛。「你老不要下去！」

馮子材將手中的長矛往牆上用力一戳，瞪着眼望着兒子：「你怕死？」

「不是！」次子相華也來勸阻。「爹，你呆在這兒，我們下去。」

「老將軍不要下去！」諸將也都來阻擋。

馮子材陰沉着臉，拿起這根一人半高的長矛，快步奔下土石牆。相榮相華知道父親的脾氣，再也不說話，急忙各自操起一把大砍刀緊隨着父親下去了。

馮子材來到牆外，站在一塊突兀的青石上，咬緊牙關死盯着一羣羣跨過深溝來到關隘口的法國人，萬丈怒火升騰在他的胸中。穿出雲層的朝陽，照在他飄拂的銀鬚上，照在他頭上的布帕和腳上的草鞋上，照在他手中那根閃閃發亮的丈八長矛上。這是一尊頂天立地的英雄雕塑，這是一股沖霄長虹的浩然正氣，這是一座萬古不倒的巍峨山峯。懦弱的大清王朝，你是多麼地需要千千萬萬個馮子材啊！多災多難的中華民族，你是多麼地需要這種不畏強暴、誓死捍衛民族尊嚴的氣概啊！

「相榮、相華，我們爺兒三個跟他們拚了！」

馮子材大叫一聲，從青石上跳下來，手中的長矛直向一個法軍小頭目的胸膛刺去。相榮相華緊緊地護衛着老父，揮起大砍刀，左右砍殺。

王孝祺看到這一幅壯烈的情景，早已熱淚盈眶。他振臂高呼：「兄弟們，馮老將軍跟法國人肉搏了，我們都下去吧！」

蘇元春也高高揮起手中的寶劍，大喊起來：「馮老將軍都親自上陣了，我們還怕死嗎？」

古稀老英雄這一壯舉，成了清軍將士最強有力的號令，最崇高的榜樣。頃刻之間，這些平時散漫疲沓、畏難怕苦的綠營團勇彷佛吞下了仙丹靈藥，渾身上下立時平添無窮的膽量和氣力。斷腿斷臂、流血死亡的恐怖好像都不存在了，眼中只有馮老將軍英勇殺敵的偉岸身軀，胸中只有不共戴天的仇恨，聚集在土石牆後的兩萬多清軍如波濤如海浪般湧向牆外，山腳下的十二門大炮也一齊向東嶺山頭射擊，頑強壓住法國大炮的火力。在一股強大力量支持下的清軍，此刻總算像個真正的軍隊了！他們三個四個圍住一個法國人，大刀長矛，一齊向侵略者頭上身上刺去。可憐這些一向驕橫狂妄自以為東方無敵手的法蘭西子弟們，今兒個懵了頭，暈了向，他們壓根兒也沒想到鎮南關內竟然有如此強硬的對手：難道他們不是中國來的兵油子，難道他們今日真的是神靈附體？常言說，一人不怕死，十人不能敵。現在兩萬多人都不怕死了，千名洋鬼子豈能抵抗得住？法國人平時打仗得手，靠的是槍炮的威力，一旦短兵相接，槍炮就失去了優勢，需要的是棍棒拳腳的功夫，而這一方面，洋人普遍不如中國人。

不到半個鐘點，跨過溝來的法國人便大部分躺在牆外起不來了，沒有過溝的見勢不對，紛紛後撤。這時，王德榜率領的軍隊從敦土埋伏點衝了過來。他們人多勢眾，又見前方打贏了，更是氣勢十足，早已嚇破膽的法國兵見了這批截斷歸路的中國軍人，不由得更加心虛膽戰，除開極少數的幾十個逃出包圍圈外，幾乎所有人都成了刀下之鬼。至於那個頭頭米歇爾，因為服裝與眾不同，多時便成了眾矢之的，早被剁成一堆肉醬了。

尼格理沒有想到敗得如此之慘，氣得口吐鮮血，昏倒在地。身邊的副官知道炮台保不久，便趁着還有十幾發炮彈的機會，叫人背着尼格理，慌忙從山背後逃走了。

東嶺炮台很快便被奪回。

還沒有到中午，鎮南關隘之仗便以法國全軍覆沒而獲得大勝。乘着這股強勁的軍威，馮子材指揮東線的蘇元春、王德榜、王孝祺一鼓作氣向諒山進發，幾乎沒有費多大力氣便光復諒山，接下來又連連收復文淵、穀波、委坡、船頭等地。

捷報傳到西線，劉永福的黑旗軍和唐景崧的景字營聯合起來，一舉光復被法國人佔領多時的西部重鎮宣光，緊接着又拿下廣威、鶴江等地。越南北圻的大部分土地已在中國軍隊的控制之下。

這是一個多麼令人興奮的喜訊，這是一個多麼令人珍貴的勝仗啊！中國人對這個勝利已盼望了四十多年！自從道光二十年的鴉片之戰以來，凡中國軍隊與外國軍隊一接火，便注定是中國失敗，外國獲勝。中國人打不贏洋人，似乎已成了舉世皆知的定理，在許許多多中國人的心中，對洋人的恐懼，早已深入骨髓。這種心理，四十多年來一直沉重地壓在大清帝國的頭上，從朝廷到民間，在洋人的面前都直不起腰，挺不起胸！

現在終於有了這一場關外大捷，馮子材統率的中國軍隊在越南北圻為大清帝國，為中華民族揚了一次眉，吐了一口氣。捷報傳到廣州，全城喜氣洋洋，張之洞更是興高采烈。他感謝馮子材和關外的三萬將士揚了國威，振了民氣，也感激他們為他這個兩廣制軍贏得無上臉面。

他以兩廣制軍的名義命令，東線統領馮子材稍事休整後立即進攻北寧、河內，西線統領劉永福迅速攻佔興化。東西兩線齊頭並進，互為聲援，爭取盡快光復整個北圻；並以此為基礎，將所有侵犯越南的法國軍隊全部驅逐出境，使越南重新回到中國的懷抱，成為中國一個穩定可靠的藩屬國。他隨後又給朝廷上摺，詳細稟報關外大捷的前前後後，在表彰馮子材、王孝祺、蘇元春、王德榜、劉永福、唐景崧等人的功勞的同時，也不忘將自己如何謀劃運籌的過程敍說了一番。又着重提出收復河內，全驅法人的宏偉構想，請朝廷准予按此執行，大張遠威，以申天討！

不料，事情遠不是張之洞想得這麼簡單順利。就在關外大捷剛剛獲勝的時候，一場以口舌為刀槍的外交談判便已開始。

究其實，中法的外交會談，在兩國衝突發生之後，就一直沒有停止過，主持這件大事的便是有當今中國第一臣之稱的李鴻章。

李鴻章治理國家的大計簡單地說，對內興辦洋務，徐圖自強，對外息事寧人，以夷制夷。在外交上，凡與洋人衝突，他的主張是能和則和，不能和則儘量減少損失，中國自己無法調停，則請別國洋人出面幫助。

面對着與法國人的糾紛，他採取的亦是這個辦法。先是簽訂條約，希望和平解決衝突。不料法國人並不接受這個條約的約束，蓄意挑起更大的戰爭。李鴻章擔心，戰爭打響之後，中國軍隊吃虧更大。早在第一次鎮南關大戰之前，他便委託中國海關稅務司駐倫敦辦事處的英國人金登幹，去巴黎代表清廷與法國政府秘密和談。法國代表態度強硬，為了贏得談判桌上的更大籌碼，他們發起了這次的再打鎮南關。孰料遭到慘敗，法蘭西舉國嘩然，反對黨議員紛紛責難政府，茹費理內閣不能得到議院諒解，引咎辭職。法國代表一改往日的傲慢無理之態，表示願意全數撤退停留在台灣海峽的艦艇，解除對台灣的封鎖，用來換取中國的開放海口允許法國商船出入。李鴻章認為法國能讓到這種地步便是和談的最大成績了，立即命令金登幹在此條約上簽字，並電令中國所有在越南北圻的軍隊立即停戰，限期撤退。張之洞的宏偉構思付之流水，他對李鴻章的怨恨又加深了一層。馮子材、劉永福等眼看着到手的功勳而不能建立，更是扼腕歎息，憤憤不已！

自從國門被強行闖開以來，直到清王朝覆滅之前，七八十年間這唯一一次的對外勝仗便這樣了結了。它本該以輝煌的句號來結束，卻以遺憾無窮的省略號而令人長歎。這真是中華民族訴說不盡的悲哀。

然而，它畢竟是一個勝仗，它使這場戰爭的最高主帥張之洞贏得朝廷上下一致讚揚，奠定了他日後縱橫政壇的厚實基礎；它也使這位主帥更加堅定開創一番宏圖大業的雄偉信念。同時，它又使得這位名流出身的總督逐漸滋生了捨我其誰天下獨尊的倨傲心態。

張之洞在總督衙門舉辦了一個大型慶功會，除中國官場人員外，還特為邀請法國之外的所有在穗各國領事以及洋商、教會方面的頭面人物參加。他向這些平日趾高氣揚的洋人繪聲繪色地介紹中國軍隊英勇殺敵的感人場面，着意渲染這次大捷所帶來的重大國際影響，使得這些洋人面對美酒佳餚而坐立不安，一個個爭先恐後地端起酒杯，向這個身材矮小、模樣醜陋的制台大人表示祝賀。辜鴻銘跟在張之洞的身邊大出風頭。他時而用英語、德語，時而用俄語、日語，流利無誤地翻譯着，令慶功會上的所有中外賓客驚訝不止。他們在私下議論：張大人從哪裏請來了一個這樣的翻譯奇才！

慶功會結束的時候，七十歲的兵部尚書彭玉麟來到張之洞的身邊，激動地說：「老弟，我盼望多年的勝仗，終於在你的指揮下打成了，為我們中國人爭了臉面。我今天真是太高興了！」

張之洞開懷大笑：「大司馬，我們再來為關外大捷痛飲一杯！」

立時便有一個侍者端來兩杯酒，彭玉麟抬起手來輕輕地接住：「我已經喝得太多，不能再喝了，老弟你也不要喝了。酒不能多喝，喝多了頭就會暈暈的，忘乎所以。」

張之洞聽出了彭玉麟的話中之話，忙說：「大司馬說得好，我們不能讓關外大捷暈了頭。」

「正是這話。」彭玉麟收起笑容肅然說，「關外大捷誠然是一件大喜事，但我今天要特別提醒老弟的是，這場勝仗主要是機緣湊泊，切不可引為常例。我戎馬一生，深知真正的勝負之別在於實力的較量。若論實力，我們遠遠不是法國人的對手，更不要談美國、英國、德國了。提高實力，這才能使中國永遠立於不敗之地。」

張之洞點點頭說：「大司馬所言極是。我也想到這一層了。」

「鄭觀應過幾天就要從南洋回來了，你應當召見他。他是一個很有頭腦的人。」

「好！」張之洞立時想起《盛世危言》一書中所說的種種實業救國的舉措來，他也很想見見這位識見遠在常人之上的商人。「關外的戰爭結束了，我正要和鄭觀應談談他的救危之策。」

彭玉麟發亮的雙眼緊緊盯着張之洞，語重心長地說：「我已經老了，無所作為了，這些年來一直是少荃當家。他雖精力旺盛，雄心勃勃，但年過花甲，歲月不饒人。中國的事情，已經責無旁貸地落在老弟你的肩上，你可要十分清楚地看到這一點啊！」

張之洞凝視着白髮蒼蒼的老英雄，重重地點了點頭，好半天，才從牙縫中擠出一句話來：「中國不會只有一個李少荃的！」